中国法学会后期资助项目文丛

BOOK SERIES FUNDED BY CHINA LAW SOCIETY

中国法学会审稿责任人

李存捧　刘海燕　肖志威

中国法学会后期资助项目文丛
BOOK SERIES FUNDED BY CHINA LAW SOCIETY

行政课予义务诉讼研究

Research on the Imposing Lawsuit in Administrative Litigation

胡煜◎著

法律出版社
LAW PRESS·CHINA

图书在版编目(CIP)数据

行政课予义务诉讼研究 / 胡煜著. -- 北京 : 法律出版社, 2020
(中国法学会后期资助项目文丛)
ISBN 978-7-5197-5165-4

Ⅰ. ①行… Ⅱ. ①胡… Ⅲ. ①行政诉讼－司法制度－研究－中国 Ⅳ. ①D925.310.4

中国版本图书馆 CIP 数据核字(2020)第 234360 号

行政课予义务诉讼研究
XINGZHENG KEYU YIWU SUSONG YANJIU

胡 煜 著

责任编辑 黄倩倩 张 康
装帧设计 李 瞻

出版 法律出版社
总发行 中国法律图书有限公司
经销 新华书店
印刷 北京虎彩文化传播有限公司
责任校对 杨锦华
责任印制 陶 松

编辑统筹 学术·对外出版分社
开本 710 毫米×1000 毫米 1/16
印张 19.5
字数 251 千
版本 2020 年 12 月第 1 版
印次 2020 年 12 月第 1 次印刷

法律出版社/北京市丰台区莲花池西里 7 号(100073)
网址/www.lawpress.com.cn
投稿邮箱/info@lawpress.com.cn
举报维权邮箱/jbwq@lawpress.com.cn
销售热线/400-660-8393
咨询电话/010-63939796

中国法律图书有限公司/北京市丰台区莲花池西里 7 号(100073)
全国各地中法图分、子公司销售电话:
统一销售客服/400-660-8393/6393
第一法律书店/010-83938432/8433 西安分公司/029-85330678 重庆分公司/023-67453036
上海分公司/021-62071639/1636 深圳分公司/0755-83072995

书号:ISBN 978-7-5197-5165-4
定价:79.00 元
(如有缺页或倒装,中国法律图书有限公司负责退换)

中国法学会后期资助项目文丛

文丛说明

为进一步落实中央《关于加强中国特色新型智库建设的意见》，充分发挥中国法学会作为党和政府联系法学法律界桥梁和纽带的作用，着力实现中国法学会作为国家法治建设领域核心智库的发展目标，为专家学者开展法学研究和成果转化提供支持，不断丰富和发展中国特色社会主义法治理论体系，中国法学会特决定设立后期资助项目，对具有重要理论和实践价值的优秀法学研究成果予以后期资助，纳入“中国法学会后期资助项目文丛”出版。2015 年中国法学会后期资助项目设立以来，累计立项 80 余项成果，已交付出版 70 余部。今后每年我们还将评选确定一定数量的后期资助项目并予以出版。

中国法学会研究部

2020 年 11 月

目　录

Contents

序　言

在传统的行政活动中，国家与个人之间的关系具有两面性：个人相对于国家而言是自由的，仅在维持安全秩序所必要的情况下，国家才能介入个人的领域，并且这一介入须通过命令与服从的权力关系得到保障。从前者推导出了行政公益性原则、比例原则、平等原则；从后者则产生了以权利侵害为要件，撤销诉讼为核心的行政裁判制度。法院从这一角度上来说，一直承担着行政的必要性与个人自由保护之间平衡的功能。可以说，行政裁判源于侵害行政。在干预范围内，法无禁止即自由，一种行为没有被法律所禁止，它就是被允许的。但随着社会的发展和时代的变迁，行政的任务也发生了变化。现代法律制度为了应对社会急遽发展带来的各种潜在的威胁与冲突，带有许可保留的禁令逐步常规化。在给付行政领域中，国家与个人并不是本质上的对立关系；相反，个人产生了请求国家积极介入生活的倾向，国家与个人的关系不再限于单方性质的权力关系。给付行政即成为福利国家背景下行政管理方式的重要类型之一，许多国家也逐渐承认公民获得国家的给付是一种法律上的权利。

如何通过诉讼的途径督促国家行政主体积极地为民众提供公共服务是新时代行政法治应当考虑的问题。传统的为干预行政而设置的撤销诉讼，其审查起点在于已经作成的行政行为，却无法审查行政机关怠于作成某一行政行为的情形。据此，为保障权利救济的完整性和有效性，课予义务诉讼应运而生。课予义务诉讼源于给付行政领域而非干预行政领域，因此其历史远远没有撤销诉讼久远。在这一领域内，如果个人的行为没有得到法律的允许，或者其许可申请被驳回，那么其就只能通过提起课予义务诉讼实现其行为自由。该诉讼类型兴起于第二次世界大战后，最早由德国推行，其后分别在我国台湾地区和日本展开。我国台湾地区于2000年7月修改“行政诉讼法”，参照德国《联邦行政法院法》第42条，将第5条分为两款，分别规定课予义务诉讼针对的两种行政行为形式——不作为和驳回申请。日本则稍晚，于2004年修改《行政事件诉讼法》时明确了课予义务作为法定抗告诉讼类型之一。其条款从第37条之二至第37条之五，涵盖了直接型课予义务诉讼、申请型课予义务诉讼、停止诉讼的要件以及临时课予义务、临时停止措施。目前，课予义务诉讼制度在德国、日本及我国台湾地区已成为较为成熟的诉讼类型。

我国现行《行政诉讼法》中与课予义务诉讼制度功能类似的是行政履行判决，根据该判决，法院可判令被告在一定期限内履行法定职责。该判决类型在1990年《中华人民共和国行政诉讼法》（以下简称1990年《行政诉讼法》）中即已存在，但彼时并没有区分行政法律行为与行政事实行为（行政事实行为因不符合受案条件而被排除在司法审查范围以外）、金钱、实物的给付。1990年《行政诉讼法》第54条第3项规定，行政机关不履行法定职责的适用于履行判决。随着行政行为法基础理论研究的精细化和行政行为法理论体系的逐步健全，2014年修法时，《行政诉讼法》将行政履行判决从第54条第3项中分离出来，单独成立第72条，并同时新增第73条给付判决。虽然条文并未明确给付判决的对象，但学界通说认为第72条和第73条类似于行政课予义务诉讼及一般给付诉讼。

在我国，诉讼类型制度仅存在于学理之中，尚未获得行政诉讼立法的明确承认。学界通常根据现行立法所规定的数种判决类型将我国行政诉讼类型概括为撤销诉讼、给付诉讼、确认诉讼，但此种倒推式的逻辑归纳方式并不十分妥当。诉讼类型是一个完整的体系，它包含了受案范围、原告资格、诉讼期限、举证制度、审理规则、裁判与执行等若干组成部分。“行政案件的审理是一个‘法的空间’的形成过程，这个过程的结果就是寻求公正的行政裁判，其实现有赖于一整套理性的程序规则。”① 不同的诉讼类型有着不同的运作方式，其内涵远远大于判决类型。例如，在我国台湾地区行政课予义务诉讼中，其判决类型就包括课予义务判决（履行判决）、应为决定之判决、驳回当事人诉讼请求判决。课予义务判决仅仅是在当事人请求权成立时法院方可作出的判决形式。

综观整个行政法学与行政诉讼法学，以干预行政为起点并以撤销诉讼为中心的裁判制度研究仍然是学者们研究与关注的重点。相较而言，对新兴的以给付行政为核心的行政课予义务诉讼所给予的关注度则明显不足。作为域外*移植借鉴的产物，行政课予义务诉讼在我国学理探讨尚不完备，实务运行中亦面临严峻挑战。如何填补行政机关怠于履行职责的救济体系之空白对于现实需求和未来发展极具意义，“这一诉讼种类当今在干预行政的经典领域内，至少在给付行政领域内同样重要”。② 基于判决内容的积极性，在可预见的未来，课予义务诉讼极有可能成为行政诉讼的主流。当然，这还需要相当长的一段时间去探索与实践。

具体而言，研究行政课予义务诉讼将有以下三个方面的重要意义：

1. 理论意义

公民可依法申请行政机关作成行政行为的情形甚多，而行政机关对于公民依法申请作成行政行为的案件或予以拒绝或消极地加以搁置者不在少数。公民有权要求行政机关满足其许可请求，只要该请求是合乎法律规定

---

① 章志远：《行政诉讼类型化模式比较与选择》，载《比较法研究》2006 年第 5 期。

* 本书所称“域外”特指“法域之外”。

② ［德］弗里德赫尔穆·胡芬：《行政诉讼法》，莫光华译，法律出版社 2003 年版，第 282 页。

的。建立课予义务诉讼有以下两方面理论意义：一方面，确保公民对于国家公法上给付请求权能够获得司法救济。实体请求权投射在诉讼程序中表现为诉权，离开了诉权，法律规定的其他权利都将沦为“纸面上的权利”。课予义务诉讼的建立，扩展了《行政诉讼法》可保护诉权类型的宽度，最终有益于保障当事人诉权的行使。另一方面，促使行政机关履行其法定义务，从而间接引导行政于合法正途。行政机关违法作为和违法不作为均会侵犯公民合法权益，通过课予义务诉讼使行政机关正确履行其职责无疑有助于监督行政机关依法行政，维护客观法秩序。总体来说，课予义务诉讼乃是立法者希冀该制度能够为公民提供更为完整全面的救济体系，以落实《宪法》保障基本权利的目的；同时，亦是通过司法对行政行为进行审查，确保其合法行使。

2. 规则意义

根据现行《行政诉讼法》第72条以及2018年2月颁布的《最高人民法院关于适用〈中华人民共和国行政诉讼法〉的解释》（以下简称《行诉解释》）第91条，履行判决已十分接近于课予义务判决。但在我国撤销诉讼中心主义下，给付诉讼并未发展出精致细密的理论与制度体系，如诉讼要件、证明责任、审理规则等方面均欠缺相应规范，这一立法空白自然有加以填补的必要。课予义务诉讼的引入则有利于行政诉讼规则的补足，完善公法上给付制度体系。

3. 实践意义

规范层面的“拒绝履行”和“逾期不予回复”均应适用履行判决。然而，在司法实践中却存在撤销行政机关拒绝履行行为的判决方式，这种疏离现状的出现加剧了法院在处理相同案件时同案不同判的风险。即使原告获得撤销行政行为的胜诉判决，“暂时性的胜利”也无法使原告获得完整、彻底的救济，反而使相对人陷入重复诉讼的泥沼中。课予义务诉讼的精细化研究有助于引导司法实践，保障权利救济的实效性，恢复司法权威。

第一章　课予义务诉讼之界说

行政依照“手段”对公民产生的法律效力的不同为标准可以区分为干预（负担）行政与给付（授益）行政，二者的区别在于受到法律拘束的程度不同。在干预行政领域中，因为涉及限制相对人的自由与权利，因此需要法律保留原则的适用，如征税、处罚。而给付行政并未如此严格，如核准商标注册、发给执照。行政法在不断地变化当中，与其紧密联系着的行政诉讼法也因此被带动着不断变化。课予义务诉讼以给付行政兴起为开端，其判决内容与撤销诉讼等其他诉讼形式相比，带有明显的积极性特点。在行政诉讼法上，当事人不服干预行政时，应提起撤销诉讼。若当事人请求行政机关作成一定或特定给付行为而遭到拒绝或不予回应时，则得以提起课予义务诉讼寻求救济。

第一节　课予义务诉讼的界定

课予义务诉讼并非我国本土行政法制概念，它最初源于“二战”后的德国。行政机关不作为或拒绝相对人申请时，相对人可提起课予义务诉讼获得救济。该诉讼类型与撤销诉讼相比具有明显的给付特征，能够给予相对人更为有效和彻底的救济。

一、课予义务诉讼的含义

当相对人面临行政机关拒绝其申请或怠于履行时，相对人可向法院提起课予义务诉讼，要求被告行政机关作成一定的行政行为或特定的行政行为。

（一）课予义务诉讼的背景

1. 干预行政与给付行政

在传统的干预行政领域，行政机关对公民课予义务和负担，限制其自由权和财产权。此种干预多以命令或禁止的形式存在，并以强制的方法予以实现。例如，交通管制、收取税金、征收等。就这一层面而言，司法的意义即在于排除不当干涉。随着行政权力的不断扩张以及社会生活的日益复杂多变，公民对政府的要求从“不予干预”转向“适时给付”，由此诞生给付行政。顾名思义，给付行政系对公民作出给付或授予利益，以扶助、奖励等方式为之。例如，照顾、给付、扶助、提供必要公共设施等。虽然有干预行政与给付行政之区别，但二者亦存在交错契合的部分，或互相配合或互相交替，并非相互对立且不相容的领域。因此，政府为扶助个人或改善大众生活，也可能采取干预的手段。

2. 课予义务诉讼的产生

在自由主义法治时代，市民反对君主及其公务员进行国家的管制与监督，要求将行政活动限制为保障社会安宁，并且该活动应当受到法律约束。私人、社会和经济事项，在个人自由竞争原则下进行，此为“夜警国家”。据此，源于干预行政领域的撤销诉讼历史源远流长。而来自给付行政的课予义务诉讼则起源于第二次世界大战结束后，至今不过百年。进入20世纪后，随着工业化的高速发展，加上战祸频发，个人的需求逐渐增加，人民对国家的依赖亦与日俱增。国家的功能不再消极地局限于维护公共安宁，还要积极地为人民提供经济、社会、文化等方面的给付。例如，废水处理、垃圾处理、卫生保障、医疗等。在这一时代背景下，课予义务诉讼即有存在的必要性。公民要求政府作出一定行为或特定行为而未获准许时得依照课予义务诉讼寻求救济，从而获得必要的照顾与扶助。

（二）课予义务诉讼的内涵

1. 课予义务诉讼的“立法”例

课予义务诉讼的概念属于“舶来品”，其在不同的国家和地区称谓略有不同，但具体内涵基本相近。

“二战”后德国引进了课予义务诉讼这一新兴诉讼类型，课予义务诉讼也被称为“义务之诉”，因义务之诉是给付诉讼中的特殊类型，因此又被称为“特别给付之诉”，“原告可以以义务之诉请求法院判决行政机关作出被拒绝的，或者停止作为的行政行为。”[①] 德国《联邦行政法院法》第42条第1项规定，“通过诉讼，可以导致撤销或废止一行政行为（确认无效之诉）或判决有义务作出一个被拒绝的或不作为的行政行为（负义务之诉）”，并在第113条规定判决主文的撰写方式，“违法拒绝作出行政行为或对其不作为，原告人权利受侵害的，法院可宣布行政机关的该义务，其他情况下，应作出对义务的宣判，根据判决的法律观对原告人作出答复”。义务之诉可分为对行政机关拒绝作出某具体行政行为的否定性决定之诉，以及对行政机关单纯不作为提起不作为之诉。除此之外，还可要求法院判决行政机关根据法院的法律观点对原告作出答复之诉。

2000年，我国台湾地区在“修法”时以德国作为镜鉴建立课予义务诉讼：“人民提起课予义务之诉，不仅可以单纯请求行政机关以行政处分的

---

① ［德］弗里德赫尔穆·胡芬：《行政诉讼法》，莫光华译，法律出版社2003年版，第282页。

方式进行活动，也可以请求进行一个完整的特定活动。”① 我国台湾地区“行政诉讼法”第5条请求应为行政处分之诉讼分为两款，第1款规定：“人民因中央或地方机关对其依法申请之案件，于法令所定期间内应作为而不作为，认为其权利或法律上利益受损害者，经依诉愿程序后，得向高等行政法院提起请求该机关应为行政处分或应为特定内容之行政处分之诉讼。”第2款规定：“人民因中央或地方机关对其依法申请之案件，予以驳回，认为其权利或法律上利益受违法损害者，经依诉愿程序后，得向高等行政法院提起请求该机关应为行政处分或应为特定内容之行政处分之诉讼。”无论是拒绝作出行政行为还是单纯不作为均可以课予义务诉讼获得救济。

日本通过2004年修改《行政事件诉讼法》，也将课予义务诉讼予以法定化，将其作为典型的行政诉讼抗告诉讼之一。日本《行政事件诉讼法》第3条第6项规定，本法中所谓“课予义务诉讼”是指在下列情况下，请求法院命令行政机关作出处分或裁决的诉讼：（1）行政机关应当作出一定的处分却没有作出时；（2）在基于法令向行政机关提起请求作出一定处分或裁决的申请或审查请求的情况下，该行政机关应当作出该处分或裁决却没有作出时。第37条第2项、第3项则细化规定了课予义务诉讼的诉讼要件和胜诉要件。

在英美法系国家（地区），司法审查中的公法救济手段专门针对行政机关和低级法院的决定，表现为特权令的形式。因此，虽然没有“课予义务诉讼”这一提法，但也有类似的制度设计，即运用令状手段实现国民的权利救济。在英国，司法审查是根据普通法上的越权原则进行的，根据英国法院判例产生越权的理由包括：违反自然公正原则、程序上的越权、实质的越权。② 公共机构不履行法律规定的义务则属于实质的越权，救济手

① 陈清秀：《行政诉讼法》，台北，翰芦图书出版有限公司2002年版，第118页。

② 参见王名扬：《英国行政法比较行政法》，北京大学出版社2016年版，第129页。

段是执行令（*Mandamus*），“这是有监督权的法院命令低级法院和执行机关履行法定义务的特权令”。[①] 执行令仅仅适用于公法上的义务，该义务的来源不以法律明确规定为限，也包括法律的解释。执行令的使用范围包括行政机关拒绝履行法定义务，但在迟延答复造成重大损失时不待拒绝即可发出执行令。拒绝的表现形式比较多，如不合理地延迟答复、提出申请人无法接受的履行条件、固执地保持模棱两可的态度以及避免直接答复。[②] 在私法上的救济手段，禁令（又称阻止令），其中积极性质的禁令（*mandatory injunction*）是用来阻止消极违法继续存在，该禁令和执行令作用相同，但在公法关系中很少适用。阻止令原是衡平法上的制度，由大法官法院发出禁止私人和私人团体的违法行为的命令，但后来扩张适用于公法关系组织和公共机构的越权行为。

美国与英国类似，也运用执行状命令下级法院、行政机关或官员执行其依法应当执行的职务。但执行状在美国遇到两大障碍，一个是管辖权的问题；另一个是羁束权力与自由裁量权力在大部分情况下难以区别。因此，美国《联邦民事程序规则》在第 81 条中废除了执行状，改用其他诉讼方式。

2. 课予义务诉讼的概念

通过对上述两大法系国家和地区课予义务诉讼制度或类似制度的介绍可以看出，课予义务诉讼的概念几乎已隐含在各国和地区之立法中，由此基本可以梳理出该制度的概念：行政相对人就行政机关对其申请作出的不予回应或驳回的决定，可通过向法院提起诉讼要求行政机关作出一定行政行为，甚至是特定的行政行为的诉讼。我国学界就课予义务诉讼亦有描述，如应松年先生认为：“课予义务诉讼是指原告认为特定行政机关对其

---

① 王名扬：《英国行政法比较行政法》，北京大学出版社 2016 年版，第 155 页。

② 参见王名扬：《英国行政法比较行政法》，北京大学出版社 2016 年版，第 156 ~ 157 页。

负有特定义务，在不履行或违法履行的情况下，请求法院判令该行政机关如期履行其特定义务的诉讼。”① 马怀德教授认为：“行政课予义务诉讼，即行政相对人请求法院命令行政机关作出具体行政行为，或作出含有特定内容的具体行政行为之诉讼。”②

（三）课予义务诉讼的内容

因两大法系本身性质的差异，大陆法系习惯以诉的种类为划分，英美法系则习惯以权利的种类为划分，故而有关于请求行政机关作为或不作为的救济手段之称谓不尽相同，或为课予义务诉讼或为执行令，但二者均指向同一内容。在此就课予义务诉讼的内容进行以下梳理：

第一，提起该诉讼的主体是行政相对人，涉及何人提起诉讼或原告资格的问题。

第二，行政相对人提起该诉讼的原因是行政机关针对当事人的申请，在法定期限内无任何外部表现，或明示拒绝、驳回当事人申请的行为意思表示。也就是说，不予回应和拒绝都属于课予义务诉讼的适用对象。

第三，行政相对人提起该诉讼的目的在于请求法院判令行政机关履行其法定义务。此义务可分为作成相对人要求的特定的行政行为以及单纯对申请进行回应，至于回应内容在所不问。

第四，行政相对人要求行政机关作出的行政行为是行政法律行为而不是行政事实行为。针对行政事实行为或金钱、实物应当提起一般给付诉讼，对课予义务诉讼而言具有备位性。

综上所述，课予义务诉讼包含两部分：第一，行政机关对于行政相对人的申请，于法定期限内应作为而不作为，相对人可向人民法院提起课予

---

① 应松年：《行政诉讼法学》，中国政法大学出版社 1994 年版，第 191 页。

② 马怀德主编：《行政诉讼原理》（第 2 版），法律出版社 2009 年版，第 119 页。

义务诉讼请求行政机关以行政行为的方式进行活动；第二，行政相对人对于行政机关于法定期限内作出的拒绝或者驳回决定，亦可向人民法院提起课予义务诉讼，请求行政机关进行一个完整的特定活动。

二、课予义务诉讼的性质

有关课予义务诉讼的性质，有以下几种不同的学说：

（一）给付诉讼说

课予义务诉讼是相对人向行政机关请求作成一定行政行为，遭到行政机关拒绝或经过相当期限仍未作成或搁置不理，致其权益遭受损害而向法院请求判令行政机关作成其所申请之行政行为的救济方法。简言之，课予义务诉讼是公民请求法院判令行政机关作成一定行政行为的救济方法。其目的在于请求法院判令被告作成原告所申请的行政行为，行政机关如依法院的判决而作成原告所请求的行政行为，对原告而言是一种特殊的给付诉讼。故而，实务界与学界的通说认为课予义务诉讼的本质系给付诉讼。

（二）形成诉讼说

该学说认为，课予义务诉讼属于形成诉讼，该诉讼乃是通过法院的判决形成、变更、消灭某种法律状态。对此，日本有学者认为，在民事诉讼法上的给付诉讼中，没有对原告适格等诉讼要件设置特别规定，谁都可以成为原告，无论以谁为被告，仅仅取决于原告是否对被告具有给付请求权。但日本《行政事件诉讼法》却对诉讼要件和胜诉要件都设置了规定。因此，将课予义务诉讼视为形成诉讼是有余地的。[①]

① 参见［日］盐野宏：《行政救济法》，杨建顺译，北京大学出版社 2008 年版，第 161～162 页。

（三）确认诉讼说

确认诉讼说认为，课予义务诉讼从功能上来看与确认有关义务是否存在的确认诉讼基本没有区别。因为在课予义务诉讼的审理过程中，法院无法绕开对行政机关是否负有履行原告所请求的某一特定行政行为的义务，在这一点上，确实与确认诉讼有着相同的功能。

本书赞成第一种观点，即课予义务诉讼的性质应为给付诉讼。就形成诉讼说而言，虽然法院通过课予义务诉讼形成或变更了法律状态，但形成或变更此种法律状态并不能够精准指向课予义务诉讼的本质内涵，当事人提起行政诉讼并非要求撤销变更行政行为，而是以要求作成某项行政行为为主要目的。另外，在民事诉讼法中，给付诉讼没有原告资格的特别设定，在行政诉讼中却必须设置起诉要件的原因在于，如若任何人得以随意向某一行政机关提起课予义务诉讼，将会出现并未曾向被告提起任何给付申请的相对人通过法院要求该被告履行一定或特定法定职责，这显然是荒谬的。司法审查具有事后性特点，法院无法对行政机关尚未作出的行为进行审查，并且侵越行政权，破坏司法权与行政权的职责分配原则。因此，课予义务诉讼必须对原告资格予以一定限制。就确认诉讼说而言，课予义务诉讼区别于撤销诉讼和确认诉讼的显著特点即在于其是一种以积极给付为审查重点的诉讼类型，原告胜诉将会得到被告行政机关作出期待的授益行政行为。虽然这或将改变行政机关与原告之间的法律关系，或者是确认了行政机关不作为或拒绝履行的行为违法，但并不改变给付的本质属性，就像撤销诉讼本身也带有确认行政机关行为违法的必然结果一样。形成或确认只是附加在给付诉讼之上的法律效果，给付诉讼说相比形成诉讼说与确认诉讼说更能精确指明课予义务诉讼的性质。

三、课予义务诉讼的特征

建立课予义务诉讼制度的根本原因在于，该诉讼作为一种新的诉讼类型，具有撤销诉讼无法代替的积极的给付功能，其特征主要有以下两方面：

（一）程序标的的特殊性

传统的撤销诉讼是以作出的行政行为作为标的进行审查，按照作出的主体、程序、事实和证据是否充分为审查标准进行合法与否的评价。而课予义务诉讼则是以未能作出相对人期待的行政行为进行审查，从而诉请法院要求判令行政机关作出原告所期待的特定的行政行为。这一行为可基于行政机关的法定职权产生，亦可基于原告的申请。对于前者，行政机关因某种特定原因，如环保部门有对排污企业进行规制和监督检查之职，不待当事人的申请即应主动为之。如若对排污行为不加以管理，公民即可以生命健康遭受侵害诉至法院要求环保部门责令停止排污并整治受污染的环境。对于后者，当事人申请工商部门核准营业许可，工商部门无论是不置可否或是直接拒绝申请，当事人不服的均可向法院提起课予义务诉讼，要求工商部门予以答复，或者直接要求工商部门作出发放许可证照的行政行为。从这一点来看，课予义务诉讼具有撤销诉讼的内在功能，但撤销诉讼却无法代替课予义务诉讼。撤销诉讼是以作为违法为起点，而课予义务诉讼是以不作为或者违法作为为起点。在一定程度上，二者具有交叉重叠的部分，虽然对于违法的行政行为，撤销诉讼可予以撤销，但却无法似课予义务诉讼那般责令行政机关作出特定行为。但课予义务诉讼在责令行政机关作出原告诉求的行政行为时，已经暗含撤销拒绝当事人申请的行政行为的意味。

（二）救济效果的彻底性

对于行政机关不作为或违法作为的情形，在建立课予义务诉讼以前，当事人可利用确认诉讼、撤销诉讼进行。例如，环保部门本应依职权主动采取措施整治排污的违法行为，但其放任不理导致受污染环境周边的居民人身健康遭受损害而向法院起诉，法院可适用确认违法诉讼判定环保部门不作为违法。在法院判决拘束效力下，环保部门可能作出相应的管理措施，但如何做，何时做，做到什么地步却是确认违法判决无法精确指明的。公民申请人社局就工伤予以认定，人社局作出不予认定决定，公民可依法向人民法院提起撤销该不予认定的决定的诉讼。依据撤销判决的效力，人社局不予认定工伤的决定被视作自始不产生效力，但人社局是否就会在重新作出认定时认定工伤则是未知数。显而易见，确认诉讼和撤销诉讼的局限性在于，仅能就行政机关已经作出的行为予以评价，却无法就将来的权利实现给予原告承诺。但课予义务诉讼的积极性表现在当事人请求权成立且已臻成熟时，可以直接判令被告作出原告所要求的特定行政行为，当然这种给付判决必然隐含着对被告不作为或违法作为的评价。例如，不作成某一行政行为将会侵害重大法益且产生不可逆转的损害，法院不仅可以判令环保部门履行职责，还可以直接判令其在具体期限内采取何种措施、如何履行职责。课予义务诉讼与其他诉讼相比独特的积极性决定了其救济效果的彻底性。就法院而言，可以避免司法资源的浪费以及程序的空转；就当事人而言，可以减轻财力、物力的损耗，不必陷入循环诉讼中。当然，法院并非任何情况下均可判令被告作出某种特定的行政行为，仅当原告请求权成立且被告没有裁量余地，在某些极端情况下因行政机关的裁量收缩，其不得不作出原告所指定的行政行为时方可。

第二节　课予义务诉讼的类型划分

类型的划分与精细化处理，有助于全面贯彻权利救济的完整性。课予义务诉讼是公民请求法院判令行政机关作成一定行为的诉讼。从行政相对人的角度来看，当其向行政机关提出申请要求该机关作出某一行为时，将会得到以下三种结果之一：第一，行政机关许可其申请，并作出相应决定；第二，行政机关拒绝其申请，以书面或口头形式送达；第三，行政机关经过法定期限或合理期限，未作出任何回应。从行政机关的角度来看则有两种情形：第一，行政机关应当依职权作出一定行为或不作出某一行为；第二，行政机关依行政相对人的申请方能作出某一行为。另外，就不同法律关系中的课予义务诉讼亦有所划分。据此，以行政相对人和行政机关双重角度以及涉及的法律关系，可以将课予义务诉讼按照不同标准划分为三大类型。

一、以行政机关的回应划分

当相对人向行政机关提交申请，行政机关或直接作出驳回申请的回复，或毫无作为，既无否定之意思也无肯定之意思表达。根据行政机关的行为内容的不同，可将课予义务诉讼分为怠为行为之诉与拒绝申请之诉。

（一）怠为行为之诉

怠为行为（处分）之诉，是指行政机关超过法定期限或合理期限消极对待行政相对人的申请。通常表现为迟迟不受理或者搁置不理，相对人无法从行政机关的该行为意思表示中获取有效信息。此时，当事人可将该不予置评的行为向法院提起诉讼，起诉的目的或要求其作出回应，或要求其作出特定回应。德国将此种诉讼称为不作为之诉，我国台湾地区则称为怠为处分之诉或消极不作为之诉。

当行政机关违法作为侵害相对人合法权益时，可通过诉请撤销该行为从而保障权利不受损。在给付行政领域，相对人通过申请请求行政机关作出一定行为而遭受不予置否的情形不在少数，单纯的不作为与违法作为均会对行政相对人产生权利的侵害，故而行政机关于法定期限内对相对人的申请未作出任何外部表示的行为的，行政相对人可在起诉期限内向人民法院提出课予义务诉讼，请求法院判令行政机关在相当期限内依法作出相应的答复或者要求行政机关作成其申请的行政行为。在审查怠为行为（处分）之诉时，法院只能审查行政机关在一定期限内未作出答复是否合法，而答复的内容属于行政机关职权范围内的事项，法院不能也无法替代行政机关决定。行政机关的外部表现是毫无反应、不置可否，并没有基于申请作出某一行政行为，行政行为不存在自然也无内容可撤销。在原告仅单纯诉请法院判令行政机关作出上述未于法定期限内应作成而未作成的行政行为时，并没有废弃原驳回行为可言。另外，需要说明的是，请求作成的行为不以羁束行政行为为限，裁量行政行为也可以成为诉讼请求。不过，当请求涉及的是裁量行政行为时，法院只能作出原则性裁判，即判令被告在一定期限内履行法定职责。被告履行法定职责的具体内容，法院不能作出限定，该事项应当由行政机关自行决定，否则即有司法权侵越行政权之嫌。

（二）拒绝申请之诉

拒绝申请之诉，是指行政机关对于行政相对人提出的申请，作出拒绝或者驳回的决定。德国将其称为否定决定之诉，我国台湾地区称为驳回处分之诉。对于行政相对人提出的申请，行政机关在法定期限内予以驳回，此驳回的决定构成行政行为。相对人可就该拒绝申请的行政行为提起课予义务诉讼，要求被告作成所被拒绝的特定内容的行政行为或者实体上决定

(当案件欠缺成熟性时)。拒绝申请之诉与怠于行为之诉的诉讼要件基本一致，区别在于针对前者，法院必须审查被诉行政机关是否有行政行为，若行为不存在也就没有展开司法审查的必要。不过，对于拒绝申请之诉在日本存在争议。有学者认为，行政机关对于当事人的申请已然作出了不予受理或者予以驳回的应答，一般提起无效等确认诉讼或者撤销诉讼即可。“亦有学者认为拒绝申请诉讼脱离了撤销诉讼中心主义，并无设置的必要。”① 可以看出，日本撤销诉讼中心主义十分盛行。

在法律逻辑上，基于此种情形欲对当事人施以救济必须阻止行政机关作出行政行为产生拘束力。除诉请人民法院判令行政机关作成原告所申请的行政处分外，在法理上同时亦含有废弃原驳回决定之请求。这一类型的课予义务诉讼，尚可阻止原驳回决定之存续力发生。原告在提起课予义务诉讼时，是否需要同时提起撤销原驳回决定的诉请？一方面，法院如若判令行政机关为特定内容的行政行为，即已包含废除原驳回决定的意思表示。另一方面，为了法律的稳定与安定，原告是否应当在诉讼中声明废除原驳回决定的诉请？如原告未声明，法院是否应当行使一定的阐明权，使其适当声明？对行政相对人作出的驳回决定是行政机关依照国家法律赋予的职权作出的行政行为，在未被司法权撤销之前，它具有确定力和拘束力，应当被予以贯彻执行。原告通过向法院提起课予义务诉讼，期待法院审理判令被告的驳回决定不合法，并且促使被告作成原告申请时所期待的行政行为。据此，有学者认为，从步骤上来说，首先应当撤销不合法的驳回决定，再进一步确定被告所须作出的处分内容。虽然说法院判令被告为特定内容之处分已然含有废弃原驳回决定之意思，但也有学者考虑到诉讼经济、节省司法资源等方面，认为仍然应当先提出废除原驳回决定，以防原驳回决定与法院判决产生冲突。

---

① 江利红：《日本行政诉讼法》，知识产权出版社 2008 年版，第 535 页。

二、以是否依相对人申请划分

这一分类方式来自日本现行《行政诉讼法》的规定，是以相对人的申请为前提的形式性标准。直接型即行政机关应当依职权主动履行法定职责，申请型则是行政机关只能依相对人的申请履行法定职责。

（一）直接型课予义务诉讼

“直接型课予义务诉讼是指行政机关应当作出一定的行政行为但没有作出时，相对人向法院提起行政诉讼请求法院命令行政机关作出一定行政行为的诉讼。”① 直接型课予义务诉讼规定了日本《行政事件诉讼法》第3条第6款第1项，又被称为“一号课予义务诉讼”，该诉讼类型不以相对人提出申请为前提，作为义务是在行政机关应当作出一定行政行为时产生的。这一义务或源于法律法规的规定，或源于行政机关的先行行为，或源于行政机关签订的行政合同，并不局限于法律文本规定。例如，行政机关负担救助义务，当公民陷入危险困境时，不待当事人申请，行政机关亦应主动解救之。

（二）申请型课予义务诉讼

“申请型课予义务诉讼，又称作申请满足性课予义务诉讼，是指在基于法令向行政机关提起请求作出一定处分或裁决的申请或审查请求的情况下，该行政机关应当作出该处分或裁决却没有作出时，相对人向法院提起诉讼请求法院命令行政机关作出一定行政行为的诉讼。”② 日本《行政事件诉讼法》第3条第6款第2项规定，申请型课予义务诉讼又称“二号课予

① 江利红：《日本行政诉讼法》，知识产权出版社2008年版，第534页。

② 江利红：《日本行政诉讼法》，知识产权出版社2008年版，第534~535页。

义务诉讼”。依据日本《行政事件诉讼法》第 37 条之三第 1 款的规定，申请型课予义务诉讼又分为申请不作为型课予义务诉讼与拒绝申请型课予义务诉讼，前者即为前述怠为作为之诉，后者即为拒绝申请之诉。申请型课予义务诉讼的成功提起有赖于原告确已向行政机关提交申请（按照法律规定可为要式或非要式），并且享有要求被告作成某一行政行为的公法实体请求权存在。

三、以不同法律关系划分

前述以是否依照当事人申请为标准划分直接型课予义务诉讼与申请型课予义务诉讼是日本《行政事件诉讼法》所确定的法定类型。除此之外，还曾考虑不同法律关系中的课予义务诉讼。

（一）双方关系中的课予义务诉讼

双方型课予义务诉讼较为常见，一般发生于申请者（行政相对人）与被申请者（行政机关）之间。当相对人向有管辖权的行政机关提交核准证照或准入资格之申请，行政机关不予答复或直接拒绝其申请时，此种争议因仅涉及相对人和行政机关，并不直接涉及第三人，而被称为双方关系中的课予义务诉讼。由于日本行政诉讼以撤销诉讼为中心，因此这类诉讼也可向法院提起确认行政机关不作为违法之诉或者撤销行政机关拒绝申请之诉，但救济的充分性得不到保障，故划分出双方关系型课予义务诉讼。

（二）三方关系中的课予义务诉讼

在三方关系中是否存在课予义务诉讼，日本学界仍存争议，尚未达成一致见解。三方关系型课予义务诉讼，如污染企业对周边居民正常生活产生影响，此时居民是否可以提起课予义务诉讼，请求法院判令污染企业进行规制，日本立法并无明确规定。

第三节 课予义务诉讼与其他诉讼类型的关系

课予义务诉讼与其他诉讼类型的关系应符合“一般权利保护必要”原则，以原告追求的诉讼目的为准。当原告向法院提起行政诉讼，如果其诉讼目标可以通过其他更为简易、经济、快速、便宜的方式达成，则其诉将因缺乏“一般权利保护必要”而被驳回。故而，原告起诉时，如遇有不同种类的诉讼可供其选择，原则上仅能提起最适切的诉讼种类，其起诉方为合法。确认行政行为无效之诉及确认违法之诉，均以行政处分为其确认标的，因而与以行政行为为其内容之课予义务诉讼，必然有部分重叠关系，此等错综复杂的关系，自然给实务操作造成困扰，确有分别加以厘清的必要。以下就课予义务诉讼与其他诉讼种类之关系分别说明。

一、课予义务诉讼与撤销诉讼的关系

（一）是否应合并提起撤销之诉

不服拒绝行为的课予义务诉讼与撤销诉讼之间，因二者均以行政机关驳回行政相对人申请为诉因，因此存在部分甚至是全部的重叠，以及相互选择或相互转换的关系。因而，学术界产生了两种诉讼是否应一并起诉的争议。

1. 德国之通说

德国通说和司法惯例认为，在课予义务诉讼与撤销诉讼出现部分交叉或重叠的情况时，原告仅须提起课予义务诉讼即可。因课予义务诉讼也具有实现撤销之诉的功能，在此层面来说，课予义务诉讼具有双重特征：就原告针对被告要求其作出一定行政行为层面，课予义务诉讼乃是给付之

诉；就达成给付诉讼的逻辑前提层面，须有将驳回申请行为予以排除的必然过程，实为撤销之诉。具体而言，在审理课予义务诉讼时，法院如若认为原告具有充分的理由，那么被告拒绝必然会被法院否定，然后再作出课予义务判决。亦即，课予义务诉讼包含撤销诉讼中对行政行为予以否定的内涵，具有撤销诉讼的功能。至于是否需要在判决中明确载明撤销行政机关的驳回行为，德国通说认为，为了使法律秩序明确，应当予以宣告更为妥当。如若法院并未在判决中说明或宣告撤销驳回行为，一般默认为课予义务之诉的声明一并包括对于先前驳回行为的撤销，理解为法院一并撤销与该判决要旨相反的驳回行为。

2. 日本之规定

与德国并不相同，在日本提起合并诉讼是提起申请型课予义务诉讼的诉讼要件之一，如若缺乏该要件，该诉将因诉讼要件不符合而被驳回。根据日本《行政事件诉讼法》第 37 条之三第 3 款规定，在提起对申请不作为型课予义务诉讼时，必须合并提起不作为违法确认诉讼；在提起申请拒绝型课予义务诉讼时，必须合并提起撤销诉讼或无效等确认诉讼。简单来说，在日本提起课予义务诉讼必须合并提起相应的不作为违法确认之诉或撤销之诉或无效确认之诉。其理由在于：第一，通常课予义务诉讼需要相当长的时间，但通过不作为确认违法判决、撤销判决、无效等确认判决的拘束力，能够迅速解决纷争；第二，课予义务诉讼的诉讼要件也是不作为违法确认诉讼、撤销诉讼和无效确认诉讼的胜诉要件，为了防止法院作出互相矛盾的判决、合理解决纷争，应当合并提起相应诉讼。

作为课予义务诉讼的诉讼要件，合并提起相关诉讼须原告针对同一法院，在同一时间提出不同的诉讼。假如原告单独提起课予义务诉讼，没有提出应当合并的它诉，但在法院作出驳回起诉裁决之前又提起视为瑕疵的治愈。另外，提起撤销诉讼受起诉期间的限制，当提起申请型课予义务诉讼时若超过撤销诉讼时效，则不得合并提起。但无效等确认诉讼与不作为违法确认诉讼没有诉讼期间的限制，因此，原告在提起课予义务诉讼时必须合并提起上述两种诉讼类型。

当原告合并提起不作为型课予义务诉讼与不作为违法确认诉讼，被告在诉讼程序中作出拒绝原告申请的决定时，因不作为违法确认诉讼的诉讼利益确已丧失，则应当转换为提起拒绝申请型课予义务诉讼，并同时将不作为确认违法诉讼变更为撤销诉讼或无效等确认诉讼方能满足申请型课予义务诉讼之诉讼要件。

3. 我国台湾地区之争论

在我国台湾地区，实务上偏向于将课予义务诉讼合并提起撤销诉讼的做法。例如，“最高行政法院”2012 年度判字第 306 号判决：“原告提起课予义务诉讼除声明请求命被告机关作成行政处分（在案件尚未成熟的情形），或特定内容之行政处分（在案件已经成熟的情形）外，另附带声明请求将否准处分（及诉愿决定，下同）撤销，其乃附属于课予义务诉讼之声明，并非独立之撤销诉讼，与课予义务诉讼具一体性，不可分割。”① 实务界认为，判断拒绝申请行为的裁判基准时应当是作出该行为之时，但课予义务诉讼的裁判基准时应当是法院言词审理程序终结前。如果拒绝申请行为具备“合法性”，则可能形成法院在同一判决内，既认定拒绝申请行为“合法”，又判令被告行政机关应当依照原告之诉请作成一定或特定行政行为，从而产生歧义。我国台湾地区学术界对此问题亦尚未形成统一意见。持否定意见的学者认为，不服拒绝处分的课予义务诉讼的提起，其先决条件在于撤销原处分决定，自然也就没有再行提起撤销诉讼的必要。持肯定意见的学者则认为，为了解决行政行为存续力的问题，避免法院作出矛盾判决，应当合并提起撤销诉讼与课予义务诉讼。

---

① 陈清秀：《行政诉讼法》，法律出版社 2016 年版，第 177 页。

（二）是否可单独提起撤销诉讼

对于相对人是否可以对驳回申请决定单独提起撤销诉讼，亦即“分离的撤销诉讼”也不无争议。我国台湾地区否定说认为，分离的撤销诉讼原则上是不合“法”的。从“权利保护必要性”观点出发，提起课予义务诉讼比单独提起撤销诉讼更具有效性，原告应当选择更简易、高效的诉讼种类达成诉讼目标。显然，课予义务诉讼的积极性比单纯提起撤销诉讼更足以有效达成原告之目的。“最高行政法院”2015 年度判字第 588 号判决亦采纳此种观点。“肯定说则认为，只要原告认为单独提起撤销之诉即可获得救济，原则上应予允许。”[①] 具言之，虽然撤销判决仅能使拒绝申请行为失去效力，但根据权力分立原则以及“依法”行政原则，行政机关亦受到行政法院的撤销判决效力的约束，从而应当依其旨意重新作出处理决定。撤销之诉与课予义务诉讼如同确认之诉与给付之诉，乃是互相补充的关系。

德国虽然并不承认单独提起撤销诉讼的合法性，但存在例外情形可以单独请求撤销原拒绝申请行为：第一，原告对于已作出的授益处分已无利益，从而丧失权利保护必要。提起撤销诉讼有助于阻止前述行为继续发生存续力，即有实意。第二，如果驳回该处分对原告而言具有特殊意义，该行为对原告于实体法上仍产生不利益时，即有诉请撤销的必要性。第三，驳回处分因存在程序上或实体上的瑕疵，即使原告没有请求被告作成授益处分，但也可通过撤销诉讼保护其诉讼利益。

（三）其他关联性

例如，污染企业对周边居民生活造成影响，居民提起行政诉讼，要求

---

① Kopp，VwG，§42Rn. 22. 转引自陈清秀：《行政诉讼法》，台北，翰芦图书出版有限公司 2002 年版，第 122 页。

该污染企业增加防护、排污处理时，在我国台湾地区，原告此时诉请的是要求行政机关对于第三人作成负担型行政行为，应当提起课予义务诉讼；反之，如若原告诉请要求行政机关撤销第三人某种许可，如要求行政机关撤销该污染企业在此排污的许可时，则应当提起撤销诉讼。

二、课予义务诉讼与确认诉讼的关系

“在所有诉讼种类中，确认之诉被认为是最棘手的。”① 确认诉讼的目的并不是满足原告实体法上的请求权，而是对现存请求权提供特殊的权利保护。“确认诉讼以追求确定的判决的既判力加以确认为目标，其判决并不包含给付命令。”②

（一）确认诉讼的种类

确认之诉是一种旨在澄清各种迥然不同问题和法律关系的诉讼类型，该诉讼名下的诉讼种类繁多。在不同的国家和地区有少许差异，故而与课予义务诉讼的关系也略显复杂。

德国之确认诉讼分为一般确认之诉、预防性确认之诉、确认无效之诉、继续确认之诉、中间确认之诉。一般确认之诉和中间确认之诉确认的是一种“法律关系”，而预防性确认之诉确认的是一种未来的法律关系。无效确认之诉和继续确认之诉确认的是一种行政行为，该行政行为没有或者不再起作用从而无法适用撤销诉讼，只得采用确认之诉。

日本确认诉讼分为无效等确认诉讼和不作为违法确认诉讼。无效等确认诉讼是指请求确认行政行为是否存在，有无效力；不作为违法确认诉讼则是指行政机关对于当事人的申请不予应答时所提供的救济类型。二者的

① ［德］弗里德赫尔穆·胡芬：《行政诉讼法》，莫光华译，法律出版社 2003 年版，第 311 页。

② 陈清秀：《行政诉讼法》，法律出版社 2016 年版，第 219 页。

不同在于，行政机关作出的行政行为侵害相对人权益时，相对人可提起无效等确认诉讼或撤销诉讼获得救济。而当相对人向行政机关提交申请，未获得任何应答时，由于并不存在某一行政行为，故没有无效确认或撤销之余地，但为了实现权利救济，设置了不作为违法确认诉讼。[①] 该诉讼不受起诉期间的限制，又被称为“准撤销诉讼”。“不作为违法确认诉讼指行政机关对于国民基于法令的申请在相当长的时期内不作出任何应答行为时，相对人可以对于该不作为请求法院确认违法。”[②] 2004 年日本修改《行政事件诉讼法》之前并未设立课予义务诉讼。行政机关不作为或拒绝作为时，民众可通过不作为违法确认诉讼和无效等确认诉讼实现救济。但确认诉讼显然无法针对不作为行政施以救济，作为折中的方法，不作为违法确认诉讼担负起对行政机关不作为行为的评价，因此，对于撤销诉讼而言也具有补充性质。即便新法增设了课予义务诉讼，确认诉讼的意义仍然十分重大。

根据我国台湾地区“行政诉讼法”第 6 条之规定，确认诉讼可分为确认行政处分无效之诉、确认“公法”上“法律关系”是否成立之诉、确认行政处分“违法”之诉。确认“公法”上“法律关系”是否成立的诉讼中包含对行政命令、事实关系、将来的“法律关系”、过去的“法律关系”的确认。由于行政处分能够引起“法律关系”发生、变更和消灭，是以间接影响行政“法律关系”，故而允许提起确认行政处分“违法”之诉。就确认行政处分无效之诉而言，不受起诉期间的约束，亦无前置诉愿程序的要求，盖因在提起该诉时，原告须已向原处分机关请求确认无效未被允许或经过请求 30 日内不为答复之程序已类似于诉愿前置程序。

（二）是否应合并提起课予义务诉讼与确认诉讼

德国《联邦行政法院法》第 43 条第 2 款规定，“原告人的权利如可以

---

① 参见江利红：《日本行政诉讼法》，知识产权出版社 2008 年版，第 493 页。

② 江利红：《日本行政诉讼法》，知识产权出版社 2008 年版，第 493 页。

通过形成之诉或给付之诉得到满足的，无须作出该确认；但是这点不适用于涉及行政行为无效的确认”，亦即，除了提起涉及行政行为无效确认之诉外，如果原告可以或者原本可以通过形成之诉或给付之诉实现其权利，则不得提起确认之诉。换言之，能够通过提起义务之诉获得救济的，排除确认之诉的适用。我国台湾地区规定与德国有关规定在此相同，我国台湾地区“行政诉讼法”认为，确认诉讼有着备位性和补充性的特点，这意味着如果原告得以通过撤销诉讼、课予义务诉讼、一般给付诉讼获得救济即不可提起确认诉讼。具言之，原告在提起诉讼时，相同的事实关系可以作为撤销诉讼或给付诉讼的诉讼标的，提起确认诉讼将不被“法律”允许。其他形成诉讼和给付诉讼相较于确认诉讼而言有着更为广泛的救济效果。如若当事人能够以提起课予义务诉讼获得救济，则排除确认诉讼的适用。但亦有例外，在课予义务诉讼过程中，被告已然作成了原告所要求的特定的行政行为，导致没有继续诉讼的必要时，为了使原驳回处分或怠为处分的效力得到解决，原告可向法院申请将课予义务诉讼转换为确认诉讼，以请求判令被告作成行政行为转变为请求确认原行为“违法”。

在日本，确认诉讼包括无效等确认诉讼和不作为违法确认诉讼两种。根据日本《行政事件诉讼法》第 37 条之三第 3 款规定，提起不作为型课予义务诉讼时必须合并提起不作为违法确认诉讼。由于无效等确认诉讼和不作为违法确认诉讼并无起诉期间的限制，因此提起课予义务诉讼时必须合并提起。在合并提起不作为确认违法诉讼与怠于处分诉讼的过程中，行政机关作出拒绝申请的行政行为，由于此时不作为违法确认诉讼已不具备诉讼利益，因此当事人应当转为合并提起无效等确认诉讼或撤销诉讼和拒绝申请诉讼。同课予义务诉讼必须合并提起撤销诉讼的理由一样，日本认为课予义务诉讼审理时间较长，通过确认诉讼能够尽快地“定分止争”。另外，不作为违法确认诉讼的胜诉要件在审理申请型课予义务诉讼中也无法绕开，为了防止法院作出自相矛盾的判断，有必要将确认诉讼与课予义务诉讼合并审理。

我国台湾地区效仿德国，并没有规定原告在提起课予义务诉讼的同时必须合并提起确认诉讼。因为原告可以经由课予义务诉讼实现诉讼目标的，就没有提起确认诉讼的必要，确认诉讼与课予义务诉讼之间是排斥关系而非相容关系。但依然有例外情形，如在课予义务诉讼中，被告行政主体作成了原告所要求的行政处分，课予义务诉讼即没有继续之必要，可申请转换为确认诉讼，请求确认被告行为违法或者无效。

三、课予义务诉讼与一般给付诉讼的关系

课予义务诉讼与一般给付诉讼的关系不同于与其他诉讼的关系。课予义务诉讼与撤销诉讼、确认诉讼在同一诉讼程序的适用上或有重叠之处，属于交叉关系。但其与一般给付诉讼却是互相排斥的关系，在同一诉讼程序中不可同时适用。然而，二者又紧密联系，共同构成了完整的公法上给付诉讼体系。

（一）一般给付诉讼的内涵

在广义的给付诉讼类型中，课予义务诉讼与一般给付诉讼系其两种子类型。“一般给付诉讼是指请求法院命令行政机关作出具体行政行为以外的给付行为（通常为财产的给付或非公权力行为的非财产性给付行为）”，[①] 课予义务诉讼的给付标的则限定为行政法律行为。据此，二者具有互相排斥又互为补充的关系，共同构成了完整的给付诉讼体系。在各国与地区，一般给付诉讼有少许区别：

根据德国之立法例，原则上可以通过一般给付之诉要求国家行政作出除行政行为以外的其他所有行为，通常系事实行为，对生存照顾和基础设

① 马怀德主编:《行政诉讼原理》(第2版)，法律出版社2009年版，第126页。

施的给付、金钱支付等。但除此之外还涉及其他行政活动形式，如要求颁布规范。被告也不仅局限于行政机关，可发生在公法主体之间，甚至在内部法律关系中。一般给付诉讼可请求法院判令被告作成某一积极的行为，也有可能是消极的不作为，因此德国《行政诉讼法》上的一般给付诉讼可再行区分为积极的一般给付诉讼与消极的一般给付诉讼。①

日本并未单独确立以行政事实行为、实物、金钱为给付标的的诉讼种类，而是隐含于其他诉讼类型中。日本行政诉讼类型包括抗告诉讼、当事人诉讼、民众诉讼、机关诉讼。抗告诉讼和当事人诉讼为主观诉讼，民众诉讼和机关诉讼为客观诉讼。课予义务诉讼属于抗告诉讼类型，其与停止诉讼均属于给付诉讼。停止诉讼又被称为预防性诉讼，是指原告请求法院命令行政机关不得作出一定行政行为的诉讼。该诉讼类型与德国消极的一般给付诉讼相对应。停止诉讼是在行政机关作出对己不利的行政行为时所提起的诉讼，故而具有预防救济的作用。当事人诉讼可分为形式当事人诉讼与实质当事人诉讼，后者是指关于公法法律关系的诉讼，如公务员请求支付工资、因征税不当请求返还不当得利等诉讼。因而，实质当事人诉讼也含有给付诉讼性质。

我国台湾地区“行政诉讼法”第 8 条规定了一般给付诉讼，因“公法”上原因发生的财产给付或请求作成行政处分以外的其他非财产上给付均可适用该诉讼类型。其适用范围包括“公法”上平等的“法律关系”与权力服从关系，即除“公法”上平等的“法律关系”之外也适用于权力服从关系，如行政事实行为、“行政法”上的意思表示。至于请求颁布行政命令是否可以成为“公法”上给付诉讼的对象则不无争议。但根据我国台湾地区“行政诉讼法”第 2 条的规定，基本上是承认该类请求权存在的，至于采取何种诉讼类型尚存探讨余地。

---

① 参见赵清林：《行政诉讼类型研究》，法律出版社 2008 年版，第 121 ~123 页。

（二）课予义务诉讼与一般给付诉讼的异同点

1. 相同点

课予义务诉讼是原告诉请法院请求判令行政机关作成某一行政行为的诉讼。一般给付诉讼是原告诉请法院请求判令行政机关作成财产上的给付或者请求作成行政行为之外的其他非财产上的给付。显然，其共同点在于二者均具给付诉讼的性质，且为了实现公法上给付请求权而设立，一并构成了一个完整的公法上给付诉讼的体系。课予义务诉讼与一般给付诉讼是给付诉讼项下的两个互相平行的子类型，既相互补充又相互排斥。

2. 不同点

（1）适用范围不同。根据各国之立法例，一般给付诉讼的适用范围通常限于课予义务诉讼未涵盖的领域，如金钱、实物、事实行为等，课予义务诉讼请求的则必须是行政法律行为。易言之，相对于其他诉讼类型，特别是以“行政法律行为”为核心的课予义务诉讼，一般给付诉讼的适用范围是减去课予义务诉讼后所剩余的其他给付诉讼，系争事件如属于课予义务诉讼的诉讼对象则不得提起一般给付诉讼。故而，一般给付诉讼相较于课予义务诉讼而言具有“备位”性质。

（2）适用顺序不同。某些一般给付诉讼的提起，须以该诉讼所涉及公法上请求权无须行政机关裁量而作成行政行为。如若按实体法的规定，须先经过行政机关核定给付请求权的，则在提起一般给付诉讼之前，应先行提起课予义务诉讼，请求行政机关作成该特定内容的行政行为。否则，当事人可能借由提起一般给付诉讼从而规避课予义务诉讼之诉讼要件。此外，提起课予义务诉讼中的拒绝申请型诉讼类型，原告须先行举证其曾经向行政机关提交过该申请的事实。而在一般给付诉讼中，无须先行提交申请，自然无举证之必要，可径行请求法院判令行政机关给付。

第四节 课予义务诉讼的正当性

课予义务诉讼较传统之撤销诉讼起步晚，原因在于一方面，行政实体法中给付行政出现在近现代，在此以前，占据行政行为领域的是干预行政，并没有孕育课予义务诉讼的土壤；另一方面，课予义务诉讼是法院判决责成被告行政机关作成某一具体的行为的诉讼类型，在时间、方式和内容上均有限定，操作不当即有侵入行政权的嫌疑。因此，课予义务诉讼在起初一直不被承认，特别是以日本学者田中二郎为代表的“课予义务诉讼否定说”被日本早期立法所吸收，并没有设置课予义务诉讼。但即便如此，课予义务诉讼在没有明文规定的情况下，在判例中却能得以运用。司法的先进性与立法的滞后性，实践的需要与立法的缺位之间的紧张关系，迫使实务部门不得不面对真实的需求，能动地发挥司法的作用，填补立法滞后性所带来的空白，并逐渐在每一个具体的案例中总结法律经验，以判例的形式确定了课予义务诉讼在法定抗告诉讼外的生存余地。而直到首次判断权理论的修正、裁量限缩理论的运用，以及现实给付行政兴起带来的客观需求，课予义务诉讼终被确立。

一、司法权与行政权的界限

（一）司法权与行政权的分工

为了实现国家管理，通常需要将国家权力进行分配，继而可以保证自由。分权学说可以追溯到亚里士多德。目前，美国学者已经开始反思对权力分立原则的教条化认识。那么，权力的分配究竟应遵循什么样的原则？有学者认为：“国家权力的分工是‘建立统治’和‘形成权力’的过程，要为政治共同体创造稳定有序的秩序，使国家权力得到恰当的安排，让国家得以建构起来并能作出合理决策，进而实现共同体之目的。”①

基于行政和司法的本质不同，国家以功能适当的标准将国家事务进行分配，使组织结构、组成、功能等具备最佳条件的机关行使权力。权力的分配即意味着权力的区隔与制约。立足于宪法秩序的统一性，权力与权力之间应当相互尊重与承认，竭尽可能降低抵牾、避免权限的重叠。各个机关具有不同的权限，尽管享有管辖权的法院可不受行政行为的约束，但这并不意味着法院可以代替行政机关作出决定。行政机关比起任何其他机关对于自身事务的专业化程度最高，从而排除其他机关对行政特定问题进行拘束性地判断，确保行政机关管理事务的权限不受其他机关的侵蚀。进一步说，《行政诉讼法》自从成为一门独立的程序法部门，意味着创设了一项新的国家职权，将行政案件的审判权赋予人民法院。“立法者清醒意识到行政诉讼制度的确立实际上对司法权与行政权之间的关系进行了重新的配置和调整。”② 职能的重新分配意味着《行政诉讼法》的具体制度也应当围绕这一功能性因素进行考量与设计，体现“以机关结构决定职权归属”。原则上，行政诉讼仅审查行政行为的合法性，审查合理性为例外。这充分体现了行政机关具有功能优势的事项，属于行政机关自行决定的领域，法院应保持适当的谦抑与尊重。在首次判断权理论中，对于应属行政机关处理的事项，法院缺乏功能优势，在性质上应当由行政机关进行决策从而确保国家职能的正确实现。

（二）司法审查的范围和强度

司法权对行政权的监督应保持一定程度上消极的、有限的审查，具体

① 张翔：《我国国家权力配置原则的功能主义解释》，载《中外法学》2018 年第 2 期。

② 林彦：《通过立法发展宪法——兼论宪法发展程序间的制度竞争》，载《清华法学》2013 年第 2 期。

表现在行政诉讼制度上即为司法审查的范围和限度。期待法院解决所有的公法争议，审查所有的行政行为是不现实的。就横向上而言，司法审查的范围通常由受案范围决定，受案范围的宽窄决定了能够进入司法审查的诉的多寡，以及应当被审查和监督的行政行为的多寡。“受案范围又称‘行政诉讼范围’、‘行政审判权范围’或者‘可诉行为范围’，它是指法院受理行政争议案件的界限，即可以受理什么样的案件，不能受理什么样的案件，哪些行政活动应当由法院审查，哪些不能被审查。”① 一国行政诉讼（司法审查）的范围通常由该国国情决定。但一般均认为属于行政机关自行决定的事项、政治问题以及尚未形成法律争议的问题不属于司法审查范围。就纵向上而言，司法审查的强度决定了行政机关作出的行政行为在多大程度上受到司法权的监督。法院在展开被诉行政行为的审查时，是以合法性审查为限，抑或深入进行合理性审查是司法审查强度之其中一面。我国《行政诉讼法》规定对行政行为的合法性进行审查，仅在少数情况下可展开合理性的审查（行政行为明显不当可判决撤销，行政处罚显失公正可判决变更）。“明显不当的要求，意味着司法机关应当给予行政裁量必要的尊让。”② “该规定体现了现代国家行政权和司法权合理配置的要求，表明立法者在规定对行政行为的司法审查时，遵守司法权有限的基本规律，赋予行政权积极、能动地推进各种事业所必需的基本的自由空间。”③ 根据行政行为的分类，可将行政行为分为羁束行为、裁量行为，裁量行为下又有羁束裁量（法规裁量）与便宜裁量（自由裁量）。羁束行为、法规裁量均要服从司法审查，而自由裁量除外。对自由裁量行为的司法审查，应充分给予行政机关尊重。“法院对行政裁量给予适度的尊让，不但是司法和行

① 马怀德主编：《行政诉讼原理》（第2版），法律出版社2009年版，第155页。

② 何海波：《论行政行为“明显不当”》，载《法学研究》2016年第3期。

③ 杨建顺：《论行政裁量与司法审查——兼及行政自我约束原则的理论根据》，载《法商研究》2003年第1期。

政两个系统职能分工的需要，也是司法审查获取合法性的策略。”① “但是，在法治发达国家，随着司法审查的深入发展，不受司法审查的行政裁量行为已近绝迹。”② 这意味着针对不同类型的行政裁量应建立多层次、多维度的司法审查判断标准。有学者结合司法审查应当考虑的诸多因素，包括法律规定、权利救济的必要性、行政机关的自主性以及法院的功能定位和能力范围，将行政裁量的司法审查区分为最小司法审查、中等司法审查和严格司法审查三个类型。③ “法院必须时常进入到行政的自由裁量领域进行判断，又要为行政的自由判断留有足够的空间，这是现代国家合理配置行政权和司法权的基本要求。”④ “法院既不能一味高举积极主义大旗，也不能只知墨守消极主义之成规，而应在具体案件中对诸多因素进行权衡，相机行事，适时而动。”⑤

课予义务诉讼中，司法权与行政权的关系可分为一般情况和特殊情况。在一般情况下，法院应当保持对行政权适度的尊让。原告以要求被告作出一定给付行为为核心诉求，该行为通常是授益行政行为，而授益性行为原则上是裁量行为。法院在审查时无法绕开对该行为是否应当作出进行审查，为了避免司法权的行使造成对行政权的侵越，在行政机关尚未作出裁量时，强调要尊重行政机关的首次判断权，必须等待行政机关行使职权作出认定以后，司法审查方能介入。同时，课予义务判决的作出以“裁判时机成熟”为限制。根据该理论，一方面，裁判时机尚不成熟时，法院仅能作出命为决定判决，即行政机关按照法院的见解与看

---

① 何海波：《论行政行为“明显不当”》，载《法学研究》2016 年第 3 期。

② 王贵松：《论行政裁量的司法审查强度》，载《法商研究》2012 年第 4 期。

③ 参见王贵松：《论行政裁量的司法审查强度》，载《法商研究》2012 年第 4 期。

④ 杨建顺：《论行政裁量与司法审查——兼及行政自我约束原则的理论根据》，载《法商研究》2003 年第 1 期。

⑤ 王贵松：《论行政裁量的司法审查强度》，载《法商研究》2012 年第 4 期。

法重新作出行政决定。另一方面，司法权在特殊状况下即便代替行政机关作出行为，将行政裁量收缩至无，并且不违反分权的基本精神和宪法的规定。在特殊情况下，本来属于行政裁量范畴的事项，但因特别原因，有且仅有一种选择在当下是无瑕疵的，那么，法院即可根据该理论判断可否直接作出要求行政机关作出特定行政行为的判决或据此作出行政机关不为该行为是否违法的判断。“即使法律规范并没有列举以‘对人的生命及健康不产生危险’为内容的要件，有关内容的要求也应该作为不成为的要件，始终拘束着裁量权的行使。”① 因此，该理论适用于发生对人的生命或健康权产生威胁的情形。在司法权对行政权的审查与监督兼具弹性空间和必要力度保持平衡的基础上，行政课予义务诉讼有其存在和发展的广阔空间。

二、首次判断权理论的修正

首次判断权理论之于课予义务诉讼有着至关重要的地位，它起初成为阻碍课予义务诉讼建立的主要论据，但随着该理论认识的深化和实际需求的高涨而有所缓和，甚至逐渐成为课予义务判决作出的限制性理论。

（一）首次判断权理论的含义

1. 首次判断权理论的起源

行政首次判断权理论滥觞于日本，20 世纪 50 年代，由田上穰治在否定课予义务诉讼与预防性不作为诉讼的允许性之争论中被首次提出，后经雄川一郎进一步详细论述，他认为：“首次判断权理论是指行政机关具有以行政行为对某种法律关系进行调整的权限，意味着这种行政法律关系的

---

① 杨建顺：《论行政裁量与司法审查——兼及行政自我约束原则的理论根据》，载《法商研究》2003 年第 1 期。

形成与确认，一般而言应当首先由行政机关以行政行为来进行，而非法院的判断。”①

2. 首次判断权理论的概念

行政首次判断权是指法院在司法审查的过程中，应尊重行政机关对行政事务优先判断及处理的权力；对于行政机关职权范围内未予判断处理的事项，法院不得代替行政机关作出决定，须待行政机关先行处理后，法院再对其作出的行政行为是否合法进行审查。简言之，就是“谁有权说第一句话”。“行政机关无疑拥有首次话语权，在行政机关未对行政上的法律关系作出首次判断之前，原则上不允许司法权介入。”② 首次判断权理论涉及司法权侵入行政权边界的问题，它强调司法权尊重行政权在自身职权范围内作出的第一次判断，仅在行政机关使用第一次判断权以后，司法权才能进行审查判断。

（二）首次判断权理论的正当性

随着现代生活越来越复杂，相应的行政管理手段也日趋多样，并且触及公民生活的方方面面。现代行政较之传统行政具有复杂性、专门性和技术性的特点，行政机关及其工作人员在长期实践中积累了丰富的管理经验和专业知识，对许多行政工作拥有了其他人难以代替或难以获得的处理能力。③ 例如，税收案件中对账目的认知，在环境行政案件中对评估报告的理解，等等。正如日本学者田中二郎所言：“由于现代行政的复杂性、专门性和技术性，法官并不具有代替行政机关作出行政判断的能力。”④ 我们

---

① 王天华：《行政诉讼的构造：日本行政诉讼法研究》，法律出版社2010年版，第195页。

② 王丹红：《日本行政诉讼类型法定化制度研究》，法律出版社2012年版，第146～147页。

③ 参见黄先雄：《行政首次判断权理论及其适用》，载《行政法学研究》2017年第5期。

④ ［日］田中二郎：《新版行政法》（上）（全訂第2版），弘文堂1974年版，第295、300页。转引自江利红：《论日本的课予义务诉讼》，载《云南大学学报》（法学版）2012年第6期。

无法期待法官可以解决专业性和复杂性极强的行政事务，让行政机关本身的功能得以发挥，尤其处理职权范围内事务是必然的选择，司法的被动性也正如此意。据此，司法应当尊重行政的专业性，对其作出的判断保持谦抑，从而保证司法和行政均能在最适合其结构、程序、人员的功能性位置上发挥最大优势。

（三）首次判断权理论的修正

1. 否定性阶段

在对首次判断权理论的严格遵守下，20 世纪 50 年代的日本并不承认课予义务诉讼的允许性，代表人物如田中二郎认为："抗告诉讼的目的是排除以行政机关的第一次判断作为媒介而产生的违法状态，因此，有关行政的首次判断权须保留于行政权。"① "他们均认为，课予义务诉讼是要求法院命令行政机关作成特定处分的诉讼类型，从司法权的组织、功能和程序特点上看，这并不合适。"② 首次判断权理论成为对课予义务诉讼持否定说学者的重要理论依据。即使持肯定说的学者，在论及课予义务诉讼时也以此为前提。可见，该理论对于课予义务诉讼的阻碍极为深刻。

2. 限制性阶段

到 20 世纪 60 年代，该理论有所松动，允许在某些情形下对司法权进行"首次"判断，因为尊重行政机关的首次判断权理论已经失去了其合理性，与实际需求亦不相符，法院不再僵化固守这一理论。例如，在 1963 年日本的"剃光头"一案中，法院即认为"行政行为之实行，是否违反宪法有关基本人权保障规定之问题，本来是法院应为第一次判断之事项，对于

① ［日］田中二郎：《新版行政法》（上）（全訂第 2 版），弘文堂 1974 年版，第 300 页。转引自江利红：《日本行政诉讼法》，知识产权出版社 2008 年版，第 80 页。

② 王丹红：《日本行政诉讼类型法定化制度研究》，法律出版社 2012 年版，第 147 页。

此种问题之行政机关第一次判断权，不仅不值得重视，且头发已经剃剪，要恢复原状为不可能之事，就此而言，不认可事前制止所致之损害乃属不可回复者，在现行法上，舍诉请事前制止之方法之外，别无其他适切之救济方法”。[①] 虽然首次判断权理论因为该案有所缓和，但仍然否定了课予义务诉讼和预防性不作为诉讼。这一阶段属于限制性阶段，当课予义务诉讼满足一定诉讼要件时，可以作为补充性的诉讼类型被适用。同时，这一阶段也是建立在司法判例上逐渐形成的，而不依赖于任何学说，这为后来课予义务诉讼的正式确立打下了牢固的司法实践基础。

3. 肯定性阶段

直到21世纪初，该理论随着行政的变化和权利救济范围的扩大得到缓和。在该阶段，具有代表性的人物是阿布泰隆，其主张全面肯定课予义务诉讼。[②] 他认为，课予义务诉讼并非剥夺了行政机关的首次判断权，突然命令行政机关作成某一特定的行为，而是在已经给予了行政机关作出判断的机会以后，如对于相对人申请的不予答复、拒绝申请，此时行政机关已然行使了首次的判断权。因此，课予义务诉讼与首次判断权理论并不相悖，反而是相通的。这一理论为课予义务诉讼的设立起到了决定性的作用。现在日本通说一般认为，在法院是否应当作出或不作出某种行政行为的要件明确时，可以作为课予义务判决或停止判决，这得益于首次判断权理论的修正。因此，日本于2004年修改《行政事件诉讼法》时增设了课予义务诉讼与停止诉讼。

但首次判断权理论的缓和并不代表该理论对课予义务诉讼不再产生作用，恰恰相反，该理论的缓和只不过是在限制课予义务诉讼提起要件的前提下允许其适用。其表现方式为，附加了“损害的重大性”“补充性”限

---

① 阎巍:《行政诉讼禁止判决的理论基础与制度构建》，载《法律适用》2012年第3期。

② 参见王丹红:《日本行政诉讼类型法定化制度研究》，法律出版社2012年版，第151页。

制性要件。具体而言，对于直接型课予义务诉讼，其诉讼要件要求课予义务诉讼仅限于由于不作为产生重大损害，且未避免该损害，没有其他适当方法可以适用时方可提起。对于申请型课予义务而言，原告则必须具有法律规定明确的请求权或申请权，法院方会受理。此种情况盖因行政机关已经行使了首次判断权，法院已然可介入。“虽然日本于2004年修法增设了课予义务诉讼，使得‘裁判实务’合法化。但根据数据统计，法定外抗告诉讼占所有诉讼类型的10%左右，主要是指课予义务诉讼和停止诉讼。”① “可见，课予义务诉讼类型法定化后并未出现明显增长的趋势。”② 有可能是基于首次判断权理论的限制所致。

三、裁量收缩理论的运用

在对行政机关不履行法定职责案件的司法审查，裁量收缩理论的运用是最为严格的司法审查。在建立课予义务诉讼之前，该理论主要运用于国家赔偿领域，在课予义务诉讼建立后则有了更为广阔的用武之地。

（一）何为行政裁量

1. 裁量的含义

法律上的“裁量”是指作成决定的自由。无论立法、行政、司法均有在一定程度内决定的自由，因此“裁量”亦可分为立法裁量、行政裁量、司法裁量。其中，“狭义的行政裁量指行政经法律之授权，于法律之构成要件实现时，得决定是否使有关之法律效果发生，或选择发生何种法律效果”。③ “广义的行政裁量则无涉构成要件之涵射及法律效果的决定，行政

① 江利红：《日本行政诉讼法》，知识产权出版社2008年版，第705页。

② 江利红：《日本行政诉讼法》，知识产权出版社2008年版，第703～705页。

③ 陈敏：《行政法总论》，台北，三民书局1998年版，第145页。

可以依照本身的创意行动，或者在拟定各种计划时，具有判断和评价的自由。”① 通常我们所讲的行政裁量系指狭义的行政裁量，本书如无特别说明，行政裁量均取狭义之义。行政裁量又可分为羁束行政和裁量行政，前者是指法律仅赋予单一的法律效果，行政须依规定而为，否则即为违法；后者则是根据法律规定，容许行政自行就法律赋予的多数效果选择其一而行为。在法律的规定范围内活动，即为裁量余地。在裁量余地中，只要行政机关没有其他违法情形皆为合法。另根据法律授权内容的不同，可将行政裁量分为决定裁量和选择裁量。前者系是否决定采取措施，后者系在决定时，可在数个法律许可的措施中决定采取何种措施，或者在多数相对人中决定对何人采取措施。二者均是行为裁量，但仅在法律规定的“法律效果”部分发挥作用，在“构成要件”部分，法治国家并不允许裁量权的存在。在构成要件中涉及不确定法律概念时，虽然法律的拘束力因情况不同而有所不同，但不容许行政有如同裁量的选择自由。

2. 裁量的意义

裁量是行政的生命。立法者在制定法律时，其目的在于实现公平与正义。但人的认识能力受到客观条件限制，立法时无法预料实际生活中的所有情形，对个别事件，容易发生不符合公平与正义的情况。为了确保法律的弹性，允许行政机关在处理个案时以法律的目的为出发点，兼顾个案特殊情况，作出适当且合理的决定，实现个案正义。因此，裁量的意义即在于将法律照亮每一个角落，使每一个具体的案件都实现正义与公平。行政机关在行使裁量权时，应探求法律授权裁量的目的，有何应当予以斟酌的观点，然后对具体的事件进行判断，最后作出决定。从《宪法》之国家权力的分配角度来看，“完全从什么适合行政机关判断，什么适合法院判断，从功能主义进行区分，实体性判断专属于行政机关，而程序上的控制则交

① 陈敏：《行政法总论》，台北，三民书局1998年版，第145页。

给法院”。[1]

3. 裁量的限制

理想目标当然是使必要的裁量权都不超越界限，使所有不必要的裁量权都在界限之外，并且划定明确的界限，但这一理想目标殊少实现。“裁量之运用极可能是仁行，亦可能是暴政，既有正义，亦有非正义，极可能是通情达理，亦可能是任意专断。”[2] 行政机关行使裁量权时，应当遵循法律授权的目的，并在相关法律界限内行事，因此并无“自由裁量”，仅有“合义务裁量”或者“法律拘束之裁量”。[3] 所谓“自由裁量”，又称“便宜裁量”，与“羁束裁量”相对，此为行政裁量的一种分类方式。在法律规定的范围内，行政机关可以自行判断权衡如何处理。在羁束裁量中，行政机关并非没有判断的自由，是在法律规定范围内，衡量如何处理方能符合法律之本意。对于自由裁量行为，只要是在法律规定的界限内，即便存在错误也不至于违法，可排除法院的审查；但羁束裁量如若突破法律界限则为违法，法院可对其展开审查。一方面，行政机关在裁量时有斟酌的余地是为裁量的特征，所有裁量皆有自由，皆为自由裁量，只不过斟酌余地之范围有宽窄之别。在自由裁量与羁束裁量中，二者间只有“量”的区别，而无“质”的不同。另一方面，所有的裁量都必须在法律界限内，因此并无绝对的“自由”。行政裁量作为立法留给行政的是一种选择自由，不是绝对的。“它不是行政机关自由驰骋的天空，也不是司法审查涉足的禁区。法治并不排斥行政裁量，但反对不受限制的裁量。”[4] 因此，行政机关如若违背法律授权的目的以及法律的界限，法院可予以审查。

---

① 王贵松：《行政裁量的构造与审查》，中国人民大学出版社 2016 年版，第 77 页。

② ［美］肯尼斯·卡尔普·戴维斯：《裁量正义》，罗豪才编，毕洪海译，商务印书馆 2009 年版，第 3 页。

③ 参见陈敏：《行政法总论》，台北，三民书局 1998 年版，第 151 ~152 页。

④ 何海波：《论行政行为“明显不当”》，载《法学研究》2016 年第 3 期。

（二）裁量收缩理论的含义

1. 裁量收缩理论的起源

德国学者耶利内克于20世纪初提出裁量收缩理论，他指出警察权存在双重界限。所谓“双重界限”包括“过度的界限”和“危险性的界限”。前者是指警察不应介入而负担不作为之义务，后者则是指为了防止危险的发生和事态的恶化，警察应该介入而负担有作为的义务。德国在1960年8月作出的“带锯判决”即代表着裁量收缩理论的运用。在该案中，石炭运输业者在原告居民区营业，原告苦于噪声与污染问题向行政机关请求禁止该石炭运输经营。行政机关认为，营业在建筑法上并无违法之处，因此拒绝介入。该案一审胜诉，二审部分败诉。联邦行政法院最后作出判决认为：“在本案中，应该以维持公共安全和秩序这一警察的主要使命为根据，来行使对介入违反建筑法之状态的裁量。存在非常强的妨害、危险时，行政机关决定不介入，就是误用其裁量。这时，法所赋予的裁量自由缩小，不误用裁量的决定只能是介入，最多也就是将介入的方法委诸行政机关裁量。”① 其后，该理论从德国传入日本。“1968年，日本学者国学院大学的保木本一郎撰文介绍德国法上的营业警察，最早将德国法上的行政裁量收缩论引进日本。”② 后来原田尚彦、阿布泰隆、远藤博也等人相继撰文介绍该学说，并结合日本斯蒙系列诉讼、千叶县野犬取缔条例案、米糠油症诉讼等展开论证，日本地方法院和高等法院均采纳了该理论，并在判决中予以论述。

2. 裁量收缩理论的含义

“行政裁量权收缩论司法审查是对行政裁量进行限制得最严厉的一种

---

① 王贵松：《行政裁量的构造与审查》，中国人民大学出版社2016年版，第183页。

② ［日］保木本一郎：「ドイツにおける営業警察の展開（三・完）」，社會科學研究20卷2期（1968年）122頁以下參照。转引自王贵松：《行政裁量的构造与审查》，中国人民大学出版社2016年版，第184页。

方法。”[①] 裁量的授权原本在于使行政机关在行使权力时，在裁量的界限内有选择决定的自由。但有时某一事件的特殊性导致只有特定的决定方才无瑕疵，即只有一个合法的决定。此时，法律授权的裁量范围因该特殊事件而缩小，以至于对一般情形原本可以有多种行为方式，事实上仅有一种合法的结果，其他任何决定均将罹患瑕疵，此即裁量收缩或裁量缩减至零。有学者认为：“裁量收缩是指行政机关享有效果裁量并不意味着在任何情况下行政机关的决定（是否作为）与选择（作为的方式与时机）都不构成违法；在特定情况下，行政机关必须作为或不作为，甚至必须在特定的时机采取特定的行动（行政行为或事实行为）。”[②] 还有学者认为：“裁量收缩理论是指在某种情况下，规定唯一的决定没有瑕疵，而其他的决定皆带有瑕疵，使本来属于行政裁量范畴的行为所具有的裁量性减弱，以引进司法审查的理论。具体说来，从某种行为本来的属性来看，其存在着复数的选择可能性，但是，当行政部门不采取特定的措施便将构成对人的生命及健康高度危险时，为防止这种危险，行政部门所能够采取的手段只有采取该特定措施这一种情况。在这种情况下裁量的范围便缩小了，根据情况的发展，甚至缩小为零。”[③] 另有学者认为：“行政机关原则上享有裁量权限，但是在一定的情况下，其裁量的范围缩小，行政机关必须做出裁量决定，甚至只能作出某一种决定。简言之，就是裁量权限规定义务规定化、羁束化。”[④]

裁量限缩至零的情形在实际生活中比较少见，仅在特定情况下方能适用，此处的“特定情况”有四个要件：(1) 被侵害法益是极为重要的，如

---

① 王贵松：《论行政裁量的司法审查强度》，载《法商研究》2012 年第 4 期。

② 王天华：《裁量收缩理论的构造与边界》，载《中国法学》2014 年第 1 期。

③ 杨建顺：《论行政裁量与司法审查——兼及行政自我拘束原则的理论根据》，载《法商研究》2003 年第 1 期。

④ 王贵松：《行政裁量的构造与审查》，中国人民大学出版社 2016 年版，第 178 页。

公民的身体健康、生命安全、生活的基础等；(2) 行政机关在行使裁量权时可以预见私人可能受到侵害，并且这种危险是应该或者说可以被预见的，有发生的极大可能；(3) 行政机关如若正确行使裁量权即可避免该侵害的发生；(4) 私人自行规避风险存在困难，只能期待行政机关施以援手。换言之，行政主体原则上享有裁量权，但在上述情况下，其裁量范围被压缩，甚至无裁量范围。行政主体必须作出决定，甚至只能作出某一种决定，否则即构成裁量的瑕疵。这是因为，“当行政机关行使裁量权时，不能仅仅着眼于裁量授权规范的拘束而置公民的基本权利和其他法律规范特别是宪法规范或法律原则于不顾”。① 例如，我国台湾地区“建筑法”第 82 条规定，“因地震、水灾、火灾或其他重大事变，致建筑物发生危险不及通知所有人或占有人予以拆除时，得由该主管建筑机关迳予强制拆除”。

(三) 裁量收缩理论的正当性

1. 裁量的界限

如前文所述，裁量是行政的本质。立法者将裁量自由赋予行政机关的理由在于行政机关比一般的第三者能够更好地判断“何为与公益一致”，在裁量领域，行政机关对本职行政事务的技术性评价优于立法者和法官。因此，作为第三者的法官没有能力审查一个行政专家所作出的判断是否公正。但作为法治国家，行政也必然要在法律的范围内行动，不得违反法律。“一切权力只有在正当行使的前提下才能受到保护，无论公法还是私法，禁止滥用权力都是普遍的法原理。”② 正如贝尔纳齐克在回答“官员是否可以不考虑公益而处理”问题时指出，“裁量的自由并不包含基于主观

① 王天华：《裁量收缩理论的构造与边界》，载《中国法学》2014 年第 1 期。

② ［日］田村悦一：《自由裁量及其界限》，李哲范译，中国政法大学出版社 2016 年版，第 40 页。

恣意的考量，只不过是意味着没有明确法律规范的羁束”。[①] 但自由裁量经常与合义务性裁量同义，所谓自由只不过意味着相对于法律内容的自由。现代国家，任何行政行为都在某种关系中受到法律的约束，裁量的不恰当也必然受到法律的制裁。简言之，所谓裁量的自由系在法律界限内的自由，超出法律的边界即为违法。

2. 重要法益的保护

公民的人身安全、健康、自由法益是受宪法保护的最基本的权利。在宪法关怀下的行政法对于公民最基本、最重要的权益应当着重照顾。基于法律保留原则，对于公民人身自由的限制应当由法律来规定，行政机关不能代为规定，更加不能在没有法律授权的前提下自由行动。在行政干预领域如此，在行政给付领域亦如此。行政机关不得在没有法律授权的前提下限制公民的人身自由、安全与健康，当公民的人身安全、自由、健康受到来自第三者的不法侵害时，行政机关有及时采取行动保护的义务。是否采取行动以及什么时间、如何采取行动的自由，因为被保护的法益的重要性使得在某些特殊情况下裁量不得不被压缩，一旦该法益受到实在的侵害，将会产生难以逆转的严重后果，因此在极端情况下行政机关的裁量自由甚至会被压缩至零。可以说，裁量收缩理论承载着保护公民生命、身体和健康等重要基本权利的安全，避免其受到不法侵害，督促行政机关积极采取最为适当、合理的措施减少损害的重要使命。简言之，被害法益的重大性是行政裁量收缩理论的规范基础。

（四）裁量收缩理论的适用

如前所述，依照法律授权内容的不同，行政裁量可分为决定裁量和选择裁量，因而裁量收缩理论亦可适用于此两个部分。第一部分：决定裁

① ［日］田村悦一：《自由裁量及其界限》，李哲范译，中国政法大学出版社 2016 年版，第 16 页。

量。就某一事项原则上行政机关享有裁量权，可为或可不为，但当裁量收缩至零时，行政机关不得不为或者必须不得为。第二部分：选择裁量。行政机关在决定采取行动之后，有选择裁量的余地。在诸多选择中，有选择哪一种做法的自由。当裁量收缩时，某一种选择将成为唯一的选择，行政机关没有选择的余地，但这种情况比较罕见。从以上裁量收缩理论与行政行为的关系上来看，当行政机关应有所为但却无所为，违反裁量收缩理论时，不作为就是违法的；当行政机关只能选择某一行为但作出另一种选择时，也是违法的。"也就是说，在决定裁量上，行政裁量不当收缩是行政不作为违法的判断标准；在选择裁量上，行政裁量收缩则是行政作为违法的判断标准。"① 故而，裁量收缩理论对于课予义务诉讼中直接型课予义务诉讼、申请型课予义务诉讼，以及怠于处分诉讼、拒绝申请诉讼均有适用的空间和价值。

（五）裁量收缩理论的界限

裁量收缩理论并不是单纯压缩行政机关的裁量权，而是使其更好地行使裁量权。裁量收缩理论的立场应当是，应该赋予行政机关的裁量必须一分不少，但不应该赋予的裁量也一分不会多。据此，该理论应有其边界，无论其如何缓和，它毕竟是在行政裁量收缩甚至是收缩至零的极端情况下的运用，运用不当则可能是强迫行政机关做不可能之事，增加行政机关的负担，挫伤行政机关的积极性。裁量收缩理论的界限在于，首先是要承认裁量的价值，尊重行政机关的裁量自由；其次将其限制在合理范围之内，超出法律边界的裁量即为违法。在现代社会生活中，过于消极的行政固然不可取，但从被规范的公民角度来讲，行政机关过于积极主动的行政行为也并不全然有利。因为没有边界的裁量收缩会导致行政介入私人领域有了

① 王贵松：《行政裁量权收缩之要件分析——以危险防止型行政为中心》，载《法学评论》2009 年第 3 期。

更多的借口和机会，使本可以通过自力救济解决的纷争因公权力的介入不得不遭受不必要的干预。因此，裁量收缩理论有其两面性，行政既要是积极的，但又不可过度“活泼”，需要双向控制以防止其运行异化。然而，裁量收缩的界限在哪里，或者说行政的义务界限在何处，这通常是很难界定的问题。但有以下几点值得考虑和注意：行政机关能力的大小、在具体案件中的分析、行政裁量本身的价值是否值得肯定，对于私人利益会否过度侵犯等。总之，裁量收缩的界限并非一个范式的问题，更重要的是我们需要在具体的个案中依照法律价值，以公平与正义为标杆对其进行比例上的调控。

本章小结

课予义务诉讼不是自有行政救济时即存在的。根据传统行政法理论，警察行政是为社会公共利益实施而非以保护公民的个人利益为直接目的的，即使偶有公民个人之利益得到保护也不过是“反射利益”。第二次世界大战以后，发生“夜警国家”向“福利国家”的转变，行政的最大任务由抑制国家权力对国民的不当侵害嬗变为积极地为国民谋取福利，人民有请求国家发动公权力积极作为的权利。此时已不再是单纯的“反射利益”，而是具有法定基础的“请求权”。此时，在行政救济类型上，传统以“撤销诉讼”为轴心建立的体系不再适应。据此，基于现代行政的变化和公民申请行政机关为一定行政行为之需要，课予义务诉讼应运而生。课予义务诉讼是在行政机关未作出原告所要求的处分时，请求法院命令行政机关作出该处分的诉讼形式。“二战”以后，德国率先引进该诉讼类型，于德国《联邦行政法院法》第 42 条规定之，并在同法第 113 条规定课予义务诉讼判决的撰写方式。我国台湾地区和日本也先后于 2000 年和 2004 年在“行政诉讼法”和《行政事件诉讼法》中设立课予义务诉讼类型。该诉讼类型完善了行政机关对于当事人的申请怠于履行职责、拒绝履行职责的救济方式和公法上给付的制度，填补了目前撤销诉讼、确认诉讼均无法达成行政相对人权利救济彻底性和完整性的缺漏，使公民不必陷入曲折反复的诉讼困境中，可得径直通过课予义务诉讼从根本解决纠纷并达至原告的诉讼目标。

按照不同的分类标准，课予义务诉讼有不同的类型划分。以行政机关的回应为划分标准，当事人提出申请时，行政机关或拒绝申请或不予答复，因此可以区分为怠为行为之诉和拒绝申请之诉；以是否依当事人的申请为划分，可以区分为直接型课予义务诉讼（一号课予义务诉讼）和申请型课予义务诉讼（二号课予义务诉讼），此种分类方式系日本立法所明定。以不同的法律关系为划分，可分为双方关系中的课予义务诉讼和三方关系中的课予义务诉讼。对于不同的课予义务诉讼类型将适用不同的起诉条件和审理思路。例如，对于直接型课予义务诉讼，在起诉时原告的起诉资格将成为问题，一般来说将享受“反射利益”的主体排除在外。而申请型课予义务诉讼，原告必须曾提出过申请，如若原告从未向被告提出申请，被告则无法依申请作出相应的行为，起诉将会被驳回。

根据“一般权利保护必要原则”，如若原告可通过其他更为便宜、经济、迅速的方式达成目标，则其诉讼将会由于缺乏权利保护之必要而被驳回。据此，原告起诉时，如遇有不同种类的诉讼可供其选择，原则上仅能提起最适切的诉讼种类，其起诉方为合法。就撤销诉讼与课予义务诉讼而言，二者在不服行政机关拒绝申请型课予义务诉讼中具有重叠和交叉的关系。根据德国之立法例，原告提起课予义务诉讼时，不必合并提起撤销诉讼，因撤销诉讼具备双重特征：既具有给付诉讼之特性，其过程又包含撤销诉讼之含义。但日本立法明确规定，原告提起课予义务诉讼时必须合并提起撤销诉讼，否则将会因为诉讼要件不符被驳回。其内在动因在于，撤销诉讼较之课予义务诉讼能更为快速地解决争议，并且能够规避法院针对同一行政行为作出不同的判断，从而防止裁判矛盾与冲突。我国台湾地区就该问题仍存在争议，但在实务操作中偏向于合并提起的方式。至于是否可以单独提起撤销诉讼也不无争议，但“最高行政法院”采纳了否定的观点，认为课予义务诉讼比照撤销诉讼更能高效地达到诉讼目标，并没有提起“分离的撤销诉讼”之必要。德国亦不承认单独提起撤销诉讼的合法性，但也有例外情况。就确认诉讼与课予义务诉讼而言，二者也存在部分重叠与交叉的地方。根据德国立法例，不必在提起课予义务诉讼时合并提起确认诉讼，我国台湾地区持相同观点，均认为确认诉讼有备位性和补充性的特点，如果原告得以通过撤销诉讼、课予义务诉讼、一般给付诉讼获得救济即不可提起确认诉讼。在日本，合并提起不作为确认违法诉讼或确认无效诉讼是提起课予义务诉讼的诉讼要件，其理由同合并提起撤销诉讼相同。就课予义务诉讼与一般给付诉讼而言，二者既有相同点，亦有诸多不同点。而它们的关系并非重叠和交叉，而是互相排斥互为补充的。互相排斥的方面表现在，二者的给付标的并不相同，一般给付诉讼以事实行为、金钱，甚至是法规命令的颁布为对象；课予义务诉讼则以行政法律行为（行政处分）为给付标的。应当提起课予义务诉讼的不可提起一般给付诉讼，否则将有规避课予义务诉讼诸多诉讼要件之嫌。互为补充的方面表现在二者共同构成了公法上给付诉讼的完整体系，系广义给付诉讼的全部内涵。

课予义务诉讼属于近代法治社会发展的产物，在课予义务诉讼建立之初，不乏诸多的否定性意见。课予义务诉讼作为公法上之给付诉讼类型，乃系法院通过判决的形式判令被告行政机关作成某一行政行为，甚至是原告所要求的特定行政行为。这牵涉司法权与行政权的界限问题，法院是否可以要求行政机关作出一定行为不无争议。在权力的分立与制约的立宪主义基本原理下，权力的分立为保障国家权力的正确行使，根据国家权力配置的基本原则，司法权和行政权应分属于不同机关行使，对属于自身职权范围内的事项有权处理而不受其他国家机关的干预。在权力的相互制约面则强调司法权对行政权的监督与制约，行政机关作出的行政行为可经立法所赋予权力的法律主体，即司法机关，对其进行司法审查。司法审查的范围和强度具体划定了司法权与行政权的界限，以确保行政权的行使在法律框架内，公民在行政法上不受非法侵害。至于司法权对行政权的监督和制约应当保持在怎样的限度内，通常由各国法治理念和司法水平等因素决定。司法审查的范围表现为行政诉讼受案范围，受案范围的宽窄决定了能够进入司法审查的行政行为种类的多寡。司法审查的强度表现为行政行为违法的判断基准，太过严格或太过松弛都不利于对行政权的监督和对公民权利的保障。通常对行政行为以种类为标准进行划分，对羁束行为和法规裁量施以较高强度的审查，对涉及自由裁量的行政行为司法机关则应予以充分的尊重。但现代法治国家理念下，并没有完全游离在司法审查范围外的行政裁量，即便是自由裁量，当其达到严重违法的程度时亦应被纳入司法审查范畴。在多层次、多种类的司法审查判断基准的前提下，司法权能够保证其权力的行使是恰如其分的，在课予义务诉讼中亦如是。当行政机关尚有裁量空间，或者尚未作出处理时，由于裁判时机尚不成熟，法院不得代替行政机关作出处理，应当把首次判断权留给行政机关行使，由此衍生出首次判断权理论。而在特殊情况下，本属于行政机关行政裁量范畴的事项，经过裁量收缩，仅有一种选择才不违法，产生了裁量收缩至零理论。在“裁判时机成熟”“首次判断权理论”“裁量收缩至零理论”所构建的多层次、多样化的司法审查强度机制下，司法权与行政权保持着适当的距离，使课予义务诉讼获得正当性。

在日本，以田中二郎为代表的以行政机关首次判断权理论否定课予义务诉讼的允许性，他认为以司法权的特性要求行政机关作出特定行政处分并不合适。随着“剃光头案”的出现，首次判断权理论出现了松动，但依然是限制课予义务诉讼的重要理论。直到20世纪初，阿布泰隆主张全面肯定课予义务诉讼。他认为，课予义务诉讼并没有剥夺行政机关的首次判断权，实际上行政机关无论是否定申请抑或不予回复，已经完成了首次判断权的行使，课予义务诉讼只是对其行使职权的合法与否进行评价。在条件成熟的情况下法院可判令被告作成行政行为。至此，日本于2004年修改《行政事件诉讼法》时增设了课予义务诉讼与停止诉讼。但首次判断权理论依然是限制课予义务诉讼的提起要件之一。

对于课予义务诉讼允许性的争议不仅源于首次判断权理论，还包括裁量自由理论。裁量是行政的本质与生命，根据法律的授权，行政机关行使职权只要是在法律的界限以内，即使存在瑕疵也不被认为是违法的。但是也有例外，当出现某些特殊情况，使行政机关本可以根据裁量自由选择斟酌的余地限缩，有当仅有一种选择是合法的，此时行政机关必须作出该特定的行政行为，否则将被判定为违法。这一理论被称为“裁量收缩”或“裁量收缩至零”。根据该理论，虽法律授予行政机关行使行政管理职权之时便赋予了裁量的自由，然而在某些特定情况下，对涉及重要法益的事务，如国民的生命健康权益面临危险时，行政机关的裁量自由被收缩甚至是收缩至零，法院得以审查并代替行政机关作出判断。虽然这一情况较为少见，但裁量收缩理论对于课予义务诉讼中直接型课予义务诉讼、申请型课予义务诉讼，以及怠于处分诉讼、拒绝申请诉讼均有适用的空间和价值。不过，裁量的收缩毕竟是对行政权的一种较高强度的限制，因此收缩也必须遵循一定的原则和限度。具体而言，可在个案中结合行政机关能力的大小、在具体案件中的分析、行政裁量本身的价值是否值得肯定、对于私人利益是否过度侵犯等进行判断。

第二章　课予义务诉讼之诉讼要件

原告不服行政机关拒绝申请或不予答复的可向法院提起课予义务诉讼，要求被告作成一定行政行为或者特定行政行为。可是，原告单方面提起的诉讼必须是成立的诉，且诉讼的提起必须符合法定的诉讼要件方能真正启动诉讼程序。可见，诉讼要件是原告为了使其请求进入法院实体审理从而获得实质性裁判而必须具备的条件。如果原告提起的诉不具备诉讼要件，那么法院无须进入案件实体审理阶段，可直接驳回起诉。只要诉具备诉讼要件，法院必须对原告所主张的权利或法律关系是否存在作出判断。依照是否以当事人意志为转移可将诉讼要件区分为主观诉讼要件与客观诉讼要件。前者包括课予义务诉讼的对象、原告资格、狭义的诉的利益；后者一般包括被告适格、起诉期间、复议前置等。

第一节　起诉要件和诉讼要件的分离

在我国学理及实务上，认为诉讼审理通常是指在法院主持下对案件证据进行调查，认定案件事实以及使用法律作出判决的行为。[①] 与我国对诉

① 参见田平安：《民事诉讼法学》（第4版），法律出版社2015年版，第268页。

讼审理认识不同的是，域外通常认为诉讼的审理包含诉讼要件（诉的合法性）和实体判决要件的审理。诉讼要件乃是审理程序的对象，其与起诉要件亦不相同。

一、起诉要件与诉讼要件的内涵

（一）起诉要件的含义

“起诉要件，亦即诉讼成立要件，是指满足法律所规定的起诉条件而使法院受理案件的条件。”[①] “基于处分权主义，原告关于是否起诉，以何人为被告起诉等问题，虽有自由决定之权。然因原告之起诉，涉及被告之应诉义务与防御地位之保护，以及限制司法权介入审理二造争议范围等事项，因此原告一旦决定起诉，即负有特定诉之三要素之义务。”[②] 欠缺起诉要件的诉，即便存在起诉行为，在诉讼法上也视为不成立。我国台湾地区“行政诉讼法”第105条规定了诉之三要素，即当事人、起诉之声明、诉讼标的及其原因事实。当事人向法院提起一个诉时，该诉在外观上具备上述诉之三要素即可。对诉是否具备三要素通常通过形式审查即可作出判断。在日本，原告将诉状递交事务窗口，由值班书记官将诉状转交事先规定的案件分配方式确定的法官。法官仅仅对诉状是否符合法律规定的要求进行审查，并不需要对当事人是否适格、是否属于法院管辖、是否符合一事不再理原则进行审查。[③] 如果诉状存在瑕疵，法院可以要求原告补正，原告拒绝补正的，法院将驳回诉状。但此种驳回诉状的情形在实务中较少

---

① 唐力：《民事诉讼立审程序结构再认识——基于立案登记制改革下的思考》，载《法学评论》2017年第3期。

② 刘宗德、赖恒盈：《台湾地区行政诉讼：制度、立法与案例》，浙江大学出版社2011年版，第147页。

③ 参见张卫平：《起诉条件与实体判决要件》，载《法学研究》2004年第6期。

发生，因为补正诉状对于原告而言并非一件困难的事情。一旦法院接受诉状，案件即进入诉讼系属状态。① 就被告而言，即负有应诉义务并指定有关本案的防御标的及范围，在实体法上也产生一定效果；就法院而言，无论原告的起诉是否合法，法院均因此负有审判义务。除产生系属效果进而产生管辖恒定、当事人范围及关系人范围确定、禁止重复起诉、提起反诉之始期、时效中断等，“一旦起诉，事件便系属于法院，由此会产生以下效果，即法院必须对事件进行审理并作出判决”。②

（二）诉讼要件的含义

当原告向法院提起诉讼，即希望其诉讼目标可以通过法院的审理得以实现。但法院作出本案判决的前提是起诉必须符和诉讼要件，否则法院将不会进入本案实体审理判决。“诉讼要件，即关于本案作出审理判断的要件。通俗地说，是运用国家制定的诉讼制度的条件。”③ “法院就诉讼请求的正确与否进行审理、裁判，其前提是其系属在程序法上必须具备诉讼要件并且适法，这一要件称为‘诉讼要件’。”④ 当起诉欠缺诉讼要件时，法院应当作出不予受理的决定（判决）。就此意义而言，诉讼要件构成本案审理的前提要件。诉讼要件的审理属于法院依职权调查事项，不待被告提出可自行审查。“诉讼要件基本可以归结为以下内容：第一，被告及案件服从本国管辖；第二，法院享有管辖权；第三，起诉行为存在；第四，当事人存在并具有当事人能力；第五，原告不需要诉讼费用的担保或已提供

---

① 诉讼系属，系指诉讼事件存在于法院成为待决案件之状态。

② ［日］中村英郎：《新民事诉讼法讲义》，陈刚、林剑锋、郭美松译，法律出版社2001年版，第149页。

③ ［日］盐野宏：《行政救济法》，北京大学出版社2008年版，第67页。

④ ［日］中村英郎：《新民事诉讼法讲义》，陈刚、林剑锋、郭美松译，法律出版社2001年版，第153页。

担保；第六，合并之诉须满足相关要件；第七，法院具有审判权、诉的利益及具有当事人适格。”① 根据以上要件审理的结果，法院认为原告提起的诉缺乏诉讼要件时，将以诉讼本身不合法为由判决不予受理；在法院认为该诉讼提起符合法定诉讼要件时，则进入本案审理程序。“因诉讼要件具有排除不必要诉讼并兼顾被告不合理之应诉困扰等功能……如该诉讼要件之欠缺已臻明确且无法补正，即可驳回原告之诉，无须待言词辩论之终结。”② 故而设立诉讼要件制度系出于国家设立诉讼制度的目的、利益以及被告的程序利益的考量。

诉讼要件有主观要件与客观要件之分，与本案中的请求内容相关的需要个别判断的要件，从原告的角度看具有一定的主观性称为主观要件；一般性的形式性规定的要件，通常与原告的主观意识无关的诉讼要件称为客观要件。诉讼要件有积极要件与消极要件之分：积极要件如管辖权、当事人能力以及诉的利益；消极要件则包括同一案件的系属，也称为诉讼障碍。存在诉讼障碍时，法院无法作出本案判决。另外，诉讼要件还有职权调查事项与抗辩事项之分，前者是法院必须依职权探知并考虑的事项，大部分的诉讼要件皆为该类。后者是只要被告不提出主张则不构成问题的事项。

二、起诉要件与诉讼要件的关系

考察我国诉讼要件与起诉要件的关系，可追溯到新中国成立之初相关规范文件的规定。从二者关系的历史变迁过程可以看出，我国诉讼规则从新中国成立初期的起诉条件与诉讼要件“二阶化”到目前诉讼要件从审理

---

① ［日］新堂幸司：《新民事诉讼法》，林剑锋译，法律出版社2008年版，第171~172页。

② 刘宗德、赖恒盈：《台湾地区行政诉讼：制度、立法与案例》，浙江大学出版社2011年版，第168页。

程序中剥离转变为立案时的审查对象。

（一）起诉要件与诉讼要件的应然关系

日本学者中村英郎教授认为，民事诉讼过程在理论上可以分为三个阶段：诉讼必须适法提起，此为第一阶段具备“起诉要件”；一旦具备起诉要件，其系属在程序上必须适法，此为第二阶段具备“诉讼要件”；经过以上两个阶段，最后原告请求进行审理和判决即为第三个阶段“本案要件”。[①] 对于外观上具备诉之行为，且起诉要件完备的，法院必须开始诉讼审理程序，并在该程序内对诉讼要件存在与否展开调查。此时，法院虽受理案件，但受理仅仅表明法院“接收”了原告的诉状，法院是否会对此案件作出本案判决尚待诉讼要件的审查。法院经过审查发现诉讼要件不符合法律规定时，即无法对本案进行审理并作出判决，并将驳回诉讼判决终结整个诉讼程序。

诉讼要件成立的标准低于诉讼要件，外观上有一个起诉的行为，且有记载明晰的诉状，缴纳诉讼费用就基本满足起诉要件。由于当事人的诉讼观往往是不理性的，滥诉将会挤占十分有限的司法资源，设置诉讼要件这一过滤机制即可筛除某些不理性的“诉”，从而避免滥诉的现象，强化司法资源的有效利用。诉讼要件通常包含有关法院、当事人、诉讼对象三方面的要件，该类要件因往往牵涉公益，法院可不待当事人的申请即依职权主动进行调查。诉讼系属是否适法决定了法院可否对案件进行审理和判决。

域外国家和地区普遍采取将起诉要件与诉讼要件分离的做法。首先，就起诉要件的判断而言，往往进行外观上的形式审查足矣。但对于诉讼要

① 参见［日］中村英郎：《新民事诉讼法讲义》，陈刚、林剑锋、郭美松译，法律出版社 2001 年版，第 152 页。

件的审查，就当事人是否适格这一个要件而言即需要一定时间判断的事项。将诉讼要件置于诉讼审理程序中，可给予当事人双方充分陈述甚至是辩论的机会，无疑有助于保障当事人程序权益。其次，对诉讼要件进行充分的审查，确定其诉讼系属是否适法有助于维护诉讼程序的安定性。故而，其目的和意义在于满足启动诉讼程序的立案最低标准，充分保障民众接近司法。“诉讼要件并不是诉讼成立或者诉讼程序启动的条件，而是作为本案审理和判决的前提条件而存在。”①

（二）起诉要件与诉讼要件的实然关系

1. 新中国成立初期相关文件的规定

新中国成立初期并未建立行政诉讼制度，但从民事诉讼和刑事诉讼的相关规定中我们可以梳理出当时我国起诉受理程序的规定。根据最高人民法院1956年发布实施的《各级人民法院刑、民事案件审判程序总结》（以下简称《总结》），无论是个人还是机关、企业、团体起诉，均应当用诉状，并按照被告人的人数提供起诉状副本。其中有关“审理案件前的准备工作”中规定审判人员应当审查起诉手续是否完备，在接收案件时审查原告有无诉讼请求权，案件是否归人民法院处理以及是否属于本院管辖。从《总结》中可以看出，这一时期的立案程序结构大致为接收当事人诉状、审查是否具备诉讼要件的二阶化，遵循了起诉要件与诉讼要件相分离的原则。

2. 1982年与1991年《民事诉讼法》的规定

新中国第一部《中华人民共和国民事诉讼法（试行）》［以下简称《民事诉讼法（试行）》］于1982年3月8日颁布，该法第3条规定，人民法院审理的行政案件适用本法规定，亦即行政诉讼案件的审理程序同样适

① 唐力：《论民事上诉利益》，载《华东政法大学学报》2019年第6期。

用于民事诉讼法。与新中国成立初期文件规定不同的是，该法将当事人诉讼要件植入起诉条件，同时，将基本程序结构分为“起诉和受理”“审前的准备”“开庭审理”三大分工明确的阶段。原告除应提交诉状和相应人数的副本外，还新增了“与本案具有直接利害关系”的有关原告资格的诉讼要件。起诉受理阶段从仅对当事人诉状的形式审查到对诉讼要件的实质性审查转变，诉讼要件从审理对象中分离，变为案件受理时的审查对象。后续 1991 年《民事诉讼法》通过增加“仲裁协议”“一事不再理”等诉讼要件的审查进一步抬高了起诉的门槛。

3. 1990 年与 2017 年《行政诉讼法》的规定

自 1990 年新中国首部《行政诉讼法》施行，行政诉讼正式成为一门独立的程序法。该法就案件的受案范围、管辖、诉讼参加人、证据、审理、执行均作出了较为详尽的规定。该法确立了行政诉讼立审程序结构为“起诉和受理”“审理和判决”两大阶段。该法第 41 条规定起诉的条件，包括了起诉要件和诉讼要件，起诉要件如被告明确、有具体的诉讼请求和事实根据；诉讼要件如原告适格、案件属于法院受案范围和属于本案管辖。除此之外，原告的起诉实际上还需要满足复议前置案件经过了复议程序，起诉期限等诉讼要件。现行《行政诉讼法》在此基础上增加了履行诉讼的起诉期限、附带性文件审查的条件，以及法院不立案时当事人的救济方式。与我国《民事诉讼法》相同，行政诉讼亦将诉讼要件置入起诉要件中，抬高了当事人向人民法院提起行政诉讼的门槛，由此出现了具有中国特色的“立案难”问题。虽然 2015 年最高人民法院发布的《关于人民法院登记立案若干问题的规定》第 1 条和《行政诉讼法》第 51 条第 1 款均对立案登记制作出了明确规定：“人民法院对依法应该受理的一审民事起诉、行政起诉和刑事自诉，实行立案登记制”，“人民法院在接到起诉状时对符合本法规定的起诉条件的，应当登记立案”。可是，相应的起诉条件却并没有向下调整，实体判决要件仍作为诉讼开始的条件。

三、起诉要件与诉讼要件的二阶化

（一）我国立审程序结构的反思

原告的起诉必须符合法律规定，法院方能受理当事人的起诉并进入本案审理，作出相应判决。这在中外诉讼制度中概莫能外。但我国立法和实践对原告的起诉不仅包括外观的形式性审查，还包括实质性条件即诉讼要件的审查。例如，当事人是否适格、诉讼期限是否经过、法院是否具备管辖权等，以上条件经审查无误后方可受理。质言之，在我国诉讼制度上，原告起诉的审查包括了起诉要件和诉讼要件。故而，域外国家和地区的案件“受理”与我国的案件“受理”含义并不相同。域外国家和地区立法规定，原告满足起诉要件所规定的形式要求，如提交书面起诉状、足够数量的副本，缴纳诉讼费用，法院即完成案件的“受理”。只不过，此种“受理”不等同于案件能够必然进入实质审理阶段。倘若诉讼要件存在瑕疵，法院将判决驳回起诉。在我国，由于起诉要件的审查包含了诉讼要件，法院一旦“受理”即等同于案件可以进入实体审理程序。造成此种立审程序逻辑结构的差异原因在于，我国立法将本属于审理对象的诉讼要件作为起诉条件加以规定，自然提高了起诉的门槛，使起诉条件“高阶化”和审理案件“实质化”，从而出现我国独特的司法难题——“立案难”。除此之外，我国立审程序结构更加重了起诉立案程序的“负担”，立案庭在审查起诉时便要进入一定的案件审理程序。但是，立案审查的事项往往牵涉公共利益，绝大多数事项需要法院依职权调查，仅采取书面审查方式无法使当事人参与到立案审查程序中，从而缺失对当事人程序利益的有力保障。

立案登记制的实施，回应了现实中“起诉难”的问题，并在一定程度上予以缓解。但它不仅仅是一个案件受理制度的变革，而是一个与诉讼审理的程序结构十分密切的制度。立案登记制下的起诉要件与诉讼要件相分离，分别在不同程序阶段加以审查，与现行立法确立的“高阶化”起诉条件相比，必然要求对诉讼审理程序进行结构性调整。目前，立法仍然是实质性审查，为实施立案登记制而为形式审查，是否有违背法律之嫌？倘若依然为实质审查，立案登记制实则仍然是立案审查制，那么立案登记制如何实施？为了有效实施立案登记制，则必然应降低目前立法确定的起诉条件，那么应当如何调整从而适应我国司法生态的需要？起诉受理程序又应当随之作出何种调整？

（二）我国立审程序结构的调整

我国实践中起诉要件和诉讼要件均由立案庭以书面方式进行审查，在立案审查中，法律并未考虑当事人参与到立案审查程序的机会，对于进入本案实体判决的诉讼要件无从展开实质审理，从而不利于当事人的程序权利的保障。在施行立案登记制的背景下，起诉条件应当采取低阶化设置方式，相应地，在本案审理前就必须对当事人提起的诉讼是否合法先行审理。各国通常是在案件系属于法院之后进行诉讼要件的审查。“由于传统上大陆法系国家和地区的诉讼程序并不存在界限分明的审前准备程序和开庭审理程序，诉讼程序的展开普遍是采取‘准备加审理’的渐进式审理方式。”① 值得一提的是，我国台湾地区在“高雄地院”或“台北地院”所试办之案件管理模式，均采取将同一民事诉讼事件分由审查庭和审理庭之二阶段模式。② 审查庭就诉讼事件进行争点整理，审理庭则就争点进行集中审理及判决。但该试行案件管理模式亦存在争议，有学者提出，“该种管理模式有违法定法官原则及直接审理原则，并且因审前程序整理争点结

① 唐力：《民事诉讼立审程序结构再认识——基于立案登记制改革下的思考》，载《法学评论》2017年第3期。

② 参见沈冠伶：《民事诉讼之适时审判与案件管理》，载《法学空间》2011年第1期。

果并不拘束审判庭，因此对于后续审判程序所能发挥促进诉讼之技能极为有限，不仅不能减少当事人及法院之劳力、时间、费用，反而将更为增加”。①

立审程序结构的调整，须结合我国立案庭此种特殊的法院内设机构的设置情况，以及员额制下案多人少的现实，赋予立案庭一定的审理权限，由立案庭人员审查诉讼要件，将作为审理对象的诉讼要件分离由立案庭审理，一方面与立案庭本身的设置目的及功能适恰，另一方面也有助于缓解审判法官的工作压力。基于明晰各个程序的功能和任务、有序推进程序的目的，我国起诉受理程序应对原告的起诉进行区分起诉要件的审查（立案）与诉讼要件的审查（受理）的程序性结构改革。原告向法院提交起诉状，立案庭对诉讼要件进行审理并根据审理结果作出相应裁判，确保本案审理的正当性与合法性，这一做法同时符合《行政诉讼法》第 60 条关于调解的规定。当然，由于我国立法并未禁止当事人就程序要件在开庭审理时再行争议，因此也应当允许当事人将与实体关联密切的个别诉讼要件纳入本案审理程序中，亦彰显程序之正当性与合法性。

第二节　课予义务诉讼的主观诉讼要件

课予义务诉讼的主观要件是需要具体判断的事项，从原告的角度来看，因与原告的主观意识相关，故而具有一定的主观性。主观要件也可以说是最广义的诉讼利益，包括课予义务诉讼的对象、原告资格以及狭义的诉的利益。

---

① 沈冠伶：《民事诉讼之适时审判与案件管理》，载《法学空间》2011 年第 1 期。

一、课予义务诉讼对象的确定——行政行为

课予义务诉讼的对象决定了其与一般给付诉讼的分野。从域外课予义务诉讼对象来看，课予义务诉讼适用于行政行为的给付；而除行政行为以外的有关事实行为、实物以及金钱的给付则适用于一般给付诉讼。原告如若要求被告作成的是某一种行政行为（行政处分），那么只能提起课予义务诉讼；如若要求被告给付某一种事实行为、金钱或者其他实物，则只能提起一般给付诉讼。二者相互排斥，不能共同适用于同一诉讼程序中。一般给付诉讼和课予义务诉讼的区分依赖于行政法律行为和行政事实行为的界分。

（一）行政行为的界定

1. 行政行为的定义

请求作成行政行为以外之其他非财产上给付的一般给付诉讼系专门为事实行为而设置的。而课予义务诉讼课以行政机关作成行政行为之给付，二者在适用对象上是完全排斥的。如若请求行政机关给付的是行政行为，则不可提起一般给付诉讼，自然也不可以一般给付判决作为救济形式。课予义务诉讼是给付诉讼的特殊类型，为特殊的行政给付诉讼种类。我国《行政诉讼法》修改以前，1990 年《行政诉讼法》第 54 条第 3 项规定："被告不履行或者拖延履行法定职责的，判决其在一定期限内履行。"不过，该规定在法律逻辑上并不周延。行政机关应当履行的法定职责有可能是行政行为，也有可能是事实行为。不过也可以理解为，无论是行政行为抑或事实行为（能够进入行政诉讼的）均可适用履行判决。2014 年修法以后，增加第 73 条一般给付判决，将金钱之给付单独规定。根据第 72 条与第 73 条之关系，基本可以推断出凡是请求行政行为的给付均应当适用第 72 条课予义务判决。但仍然令人困惑的是，第 73 条并未明确指定非财产

性给付的具体内容，尤其是当案件涉及事实行为的给付时，指向性并不十分明确。在司法实践中要求行政机关履行政府信息公开的案件通常以第72条履行判决施以救济。亦即，我国履行判决的适用对象包括行政行为和事实行为。这一点与域外课予义务诉讼存在较大差异。

根据我国台湾地区学者翁岳生教授的考证，“行政行为”一词滥觞于法国行政法上的 *Acte Administratif* 的概念，后经德国学者继受，称为 *Verwaltungsakt*（直译为行政行为）。德国自1826年起从法国引入行政概念以后，*Verwaltungsakt* 便成为行政法上的重要范畴。“法文中‘*Acte Administratif*’原泛指各种依据公法或私法之行政措施。唯在德国之‘*Verwaltungsakt*’一语，自奥托·迈耶引进伊始，即将其限定于公法领域之行政措施。”① “奥托·迈耶认为，行政行为是指行政机关于个别事件中，规律何者为法，而对人民所为具有公权力之宣示。后由于该概念引起诸多诠释，分歧较大，他又将私法行为、事实行为及准法律行为一一排除，而仅以具有意思表示即法效意思作为行政行为固有的特质。”② 德国当代学者毛雷尔认为：“行政行为是指行政机关对具体事实作出的具有直接外部法律效果的处理行为。”③ “德国现行《行政程序法》第31条第1段之定义规定，行政处分系行政机关在公法领域上，为规制个别事件，以直接对外发生法律效力为目的，所为各种处置、决定或其他之公法措施。”④

“日本学者从德国引进之后，将其直译为行政行为。”⑤ 日本继受德国行政法上行政行为的概念，学者田中二郎将行政行为分为最广义、广义、

---

① 陈敏：《行政法总论》，台北，三民书局1998年版，第250页。

② 章志远：《行政行为效力论》，中国人事出版社2003年版，第3页。

③ ［德］哈特穆特·毛雷尔：《行政法学总论》，高家伟译，法律出版社2000年版，第182页。

④ 陈敏：《行政法总论》，台北，三民书局1998年版，第250页。

⑤ 章志远：《行政行为效力论》，中国人事出版社2003年版，第3页。

狭义以及最狭义四种。[①] 最狭义说目前取得了通说地位。市桥克哉教授等认为："行政行为是行政厅作出的对外法律行为，通过权力直接具体地形成国民（居民）等私人的权利义务或法律地位，或者具有确定其权利义务范围的效果。"[②] 盐野宏教授认为："所谓行政行为，是指行政活动之中，在具体场合具有直接法效果的行政的权力性行为。"[③] 但需要说明的是，"行政行为"在日本并非法律用语，目前仍属于学术概念。

我国台湾地区也将行政行为分为最广义说、广义说、狭义说以及最狭义说。行政行为包括行政命令、行政处分、"公法"契约等。第二次世界大战以后，德国以行政行为取代行政处分。目前在"法律"上仍适用行政处分为名称者，除我国台湾地区外，尚有瑞士。[④] 陈敏教授认为，"行政处分是指行政机关在行政法上，为规制具体事件，以直接对外发生法律效果为目的，所为之单方公权力措施"。[⑤] 我国台湾地区学者将行政行为作为行政处分之上位概念，而行政处分则与德国和日本之行政行为概念内涵保持一致。

在我国行政法学界，通说认为行政行为是指"行政主体在实施行政管理活动、行使行政职权过程中作出的具有法律意义的行为"。[⑥] 可以看出，这一通说将行政行为界定为狭义说。但由于 1990 年《行政诉讼法》中"具体行政行为"概念的出现，与抽象行政行为对立，前者可诉，后者不可诉，行政行为成为二者的上位概念。具体行政行为与抽象行政行为的区分，起初是想用以界定受案范围，但却使某些应当被纳入司法审查的行政行为因为属于抽象行政行为而逃避司法监督，不利于实现对当事人完整的

---

① 参见章志远：《行政行为效力论》，中国人事出版社 2003 年版，第 4 页。

② ［日］市桥克哉、［日］榊原秀训、［日］本多滝夫、［日］平田和一：《日本现行行政法》，田林、钱蓓蓓、李龙贤译，法律出版社 2017 年版，第 112 页。

③ ［日］盐野宏：《行政法总论》，杨建顺译，北京大学出版社 2008 年版，第 72 页。

④ 参见吴庚：《行政法之理论与实用》，中国人民大学出版社 2005 年版，第 198 ~199 页。

⑤ 陈敏：《行政法总论》，台北，三民书局 1998 年版，第 256 ~257 页。

⑥ 罗豪才主编：《行政法学》，北京大学出版社 1996 年版，第 105 ~106 页。

权利救济。又由于行政指导、行政合同、事实行为难以在学理上获得合理解释，司法实践中对受案范围屡屡突破使具体行政行为的概念备受冲击。对于我国行政行为内涵界定的混乱局面，有学者提出应当重构行政行为的概念，摒弃具体行政行为与抽象行政行为之用语，仿效德国和日本，将行政行为进行类型化处理，将其与行政命令、行政指导、内部行为、事实行为并列为同一位阶的概念，即采取狭义说。同时，限缩行政行为的内涵，将学术与法律用语统一。“基于此，将行政行为定义为具有行政权能的组织或者个人行使行政职权或履行行政职责，针对行政相对人所作的直接产生外部法律效果的行为。”[①] 本书赞同该观点。值得一提的是，2014 年《行政诉讼法》修改时，将“具体行政行为”修改为“行政行为”，但这并不意味着行政诉讼受案范围扩张至某些抽象行政行为、行政指导、行政事实行为。相反，根据目前受案范围的规定，行政诉讼仍以“具体行政行为”作为判断是否属于案件受案范围的重要标准。不过也可以理解成为未来受案范围的扩大，将某些抽象行政行为、事实行为纳入行政诉讼领域做准备。在行政诉讼法上，行政行为的内涵正在逐渐收缩。

2. 行政行为的要素

行政行为的要素即指行政行为的特征，各个要素构成行政行为的全貌。我国台湾地区学者吴庚教授将行政处分（行政行为）的要素分为：“行为、行政机关、公权力、单方性、个别性、法效性（法律上的效果）。”[②] 周佑勇教授则“将行政行为分为主体要件（行政权能）、权力要件（行政权力的运用）、内容要件（法律效果的存在）、形式要件（表示行为的存在）四个要素”。[③] 日本学者市桥克哉教授等认为，“行政行为的

① 章志远：《行政行为效力论》，中国人事出版社 2003 年版，第 9 页。

② 吴庚：《行政法之理论与实用》，中国人民大学出版社 2005 年版，第 200 ~219 页。

③ 周佑勇：《行政法原论》，北京大学出版社 2018 年版，第 173 页。

标识有以下五点：行政机关行为性、外部性、权力性、法律行为性、具体规律性”。[①] 德国学者毛雷尔教授认为，“行政行为包含以下特征：处理行为（产生法律效果）、主权性、具体事件的处理、行政机关、外部直接法律效果”。[②] 从学者们对行政行为（行政处分）特征或要件的梳理来看，观点基本一致。行政行为（行政处分）是行政机关运用公权力，就具体事件作成的单方规制行为，以对外直接发生法律效果为目的。

3. 行政行为的分类

学者们就行政行为按照不同的标准区分为20余种，本书仅就研究广泛或对于课予义务诉讼实用价值较大的分类进行列举和阐述。

（1）依职权行政行为与依申请行政行为

这种类型化区分是以行政行为的权限发动契机方面存在的不同为着眼点作出的。[③] 依职权行政行为是指行政机关出于自身意图进行的行政行为。依申请行政行为是指个人为谋求自身利益的实现向行政机关提出一定申请或通知的行为。基于申请行政行为和职权行政行为的区别，能够有效分析行政行为的实施条件和认定相应的法律责任。对于依职权行政行为，只要某种法定事实发生，不待当事人申请便应当采取行为，否则即应当承担相应法律责任。例如，对陷入危险当中的公民的人身权、财产权的保护。依申请行政行为则以相对人的申请决定着行政机关是否需要承担相应责任。如果相对人因未能及时提出申请而失权，行政机关不承担法律责任。相对人的申请以法律规范是否明确规定必须以当事人申请为法定条件而明确，而不以当事人实际上是否提出申请为认定标准。行政行为此种划分标准对

① ［日］市桥克哉、［日］榊原秀训、［日］本多滝夫、［日］平田和一：《日本现行行政法》，田林、钱蓓蓓、李龙贤译，法律出版社2017年版，第113～115页。

② ［德］哈特穆特·毛雷尔：《行政法学总论》，高家伟译，法律出版社2000年版，第183～196页。

③ 参见［日］市桥克哉、［日］榊原秀训、［日］本多滝夫、［日］平田和一：《日本现行行政法》，田林、钱蓓蓓、李龙贤译，法律出版社2017年版，第116页。

于课予义务诉讼而言即具有重要意义。

（2）羁束行政行为与裁量行政行为

“以行政行为受行政法规范的拘束程度为标准，可将行政行为分为羁束行政行为与裁量行政行为。”[①] 本书在第一章有关裁量部分简单研究了羁束行政行为与裁量行政行为的区别，羁束与裁量均是针对构成要件的实现而言的，仅赋予单一法律效果的则是羁束行政行为；反之，当构成要件实现时，容许行政机关自行决定是否依规定行为，存在多种法律效果的选择时即为裁量行政行为。此种行政行为的分类对于认定行政行为的合法性与合理性具有一定意义。羁束行政行为因法律效果单一，因此只存在合法与否的问题，而裁量行政行为因法律效果的多样，则除涉及合法性的问题外还涉及合理性问题。只要裁量行政行为不是显失公正或超越法定权限，将不受司法审查。在裁量行政行为下还可进一步区分自由裁量（便宜裁量）和法规裁量（羁束裁量）。“自由裁量是指法律规范只规定了原则，授权行政主体在符合立法目的和法律原则的前提下，自主采取相应的措施，作出裁断的行为。”[②] “法规裁量是指法律规范只对某种行为的内容、方式和程序作了一定范围和幅度的规定，允许行政主体在处理具体行政事项时，在法定的范围和幅度内，凭借自身的判断进行裁量的行为。”[③] 对该行政行为类型分类的意义在于确定法院行使司法权，对行政权实行司法审查的限度。羁束行政行为和法规行政行为都要受到司法审查，自由裁量在超越裁量权范围时也将服从司法审查。

---

① 周佑勇：《行政法原论》，北京大学出版社 2018 年版，第 186 页。

② 杨建顺：《论行政裁量与司法审查——兼及行政自我约束原则的理论根据》，载《法商研究》2003 年第 1 期。

③ 杨建顺：《论行政裁量与司法审查——兼及行政自我约束原则的理论根据》，载《法商研究》2003 年第 1 期。

（3）抽象行政行为与具体行政行为

此种行政行为的分类以行政行为作用对象的特定还是广泛为标准，但区分行为对象的特定与否往往是困难的。对于具体事件及具体个人所为之具体行为，如对甲发放许可证，对乙处以罚款，此种行为与抽象、普遍的法规范截然有别，区分起来较为容易。但行政行为针对特定事项相对人却客观上仍有继续扩大的开放性，不取决于单一或多数时，我国台湾地区学理上一般称为“一般处分”，德国称为“一般命令”。[①] 一般命令针对的不是特定的一个人，而是一个特定的或者可以确定的人群。“关键在于，处理行为作出时，收件人的范围是客观确定的和可以个别化的——不同于法律规范，适用于尚未确定的人群。”[②] 抽象行政行为与一般命令容易相混淆，但根据针对的是人还是物以及使用规则可以区分。就针对人而言，在行为作出时行为对象的数量可以统计和确定的，则是一般命令，不可确定的则是抽象行政行为。就针对物而言，行政行为调整的不是个人的权利义务，而是物的法律状态。例如，就保护某一特定古文物作出的决定，即是针对特定物而非人。就使用规则而言，行政行为作出时虽然相对人并不确定，但可根据一般特征确定。例如，春运时铁道部对火车票价格的上浮决定，当某人决定购票时就成为该决定的特定相对人。这一区分类型对于保护相对人权益具有重要作用，具体行政行为与抽象行政行为区分不当则将使部分行政行为脱逸司法审查的范围从而侵害相对人合法权益。

（4）授益行政行为与负担行政行为

“这是以行政行为对有关公民的法律效果为标准所作的划分。”[③] 授益行政行为是设定或确认一项权利或者某种法律上的重要利益；负担行政行

---

① 参见陈敏：《行政法总论》，台北，三民书局 1998 年版，第 268 ~269 页；周佑勇：《行政法原论》，北京大学出版社 2018 年版，第 184 页。

② ［德］哈特穆特·毛雷尔：《行政法学总论》，高家伟译，法律出版社 2000 年版，第 197 页。

③ ［德］哈特穆特·毛雷尔：《行政法学总论》，高家伟译，法律出版社 2000 年版，第 208 页。

为则是对相对人的不利益或权利的侵害，或者是驳回相对人的优待申请。有时，行政行为对同一相对人既有授益亦有负担，是为混合效力。有的行政行为还对相对人以外的第三人产生法律效果。通常行政机关作成对第三人产生效力的行政行为时，第三人无法获知，导致其行使行政诉权较为困难。我国台湾地区“行政程序法”第23条规定，“因程序之进行将影响第三人之权利或法律上利益，行政机关得依职权或依申请，通知其参加为当事人”，“诉愿法”也规定利害关系人可知悉该行政行为始提起诉讼。“行政诉讼法”赋予了权利或权益因行政行为的损害而提起诉讼的权利，该权利的行使并不以行政相对人为限，此即行政行为有第三人效力的保护措施。于“实体法”而言，“依法”行政原则要求负担行政行为必须全面遵守“法律”保留原则。在授益行为撤销或废止时也有诸多限制。于“诉讼法”而言，对于负担行政行为应以撤销诉讼予以废弃；对授益行为未作出或拒绝的，则以课予义务诉讼请求之。

（5）命令性行政行为、形成性行政行为、确认性行政行为

行政行为依其规制的内容不同可以区分为命令性、形成性、确认性行政行为。命令性行政行为是行政机关以命令或禁止的方式，设定相对人必须作成某行为或不作为或予以容忍的行为。形成行政行为是指以设定、变更、消灭具体法律关系的行政行为。确认行政行为是确认在法律上具有重大意义的权利或义务的行政行为。因确认性行政行为有法律拘束力，具有规制性质，因此仍然是行政行为，亦具有某些创设效力。但其不以变更实质的法律关系为目的，因此与形成性行政行为仍然有所区别。①

（二）行政事实行为的排除

课予义务诉讼的对象为行政行为，那么事实行为呢？行政事实行为亦

---

① 参见陈敏：《行政法总论》，台北，三民书局1998年版，第268～269页；周佑勇：《行政法原论》，北京大学出版社2018年版，第290～291页。

称单纯行政行为，系指行政中一切并非以发生法律效果为目的，而已发生事实效果为目的之行政措施。在我国台湾地区，事实行为通常区分为知之表示、执行行为、事业作业。[①] 该概念成立于德国魏玛时代，由 Walter Jellinek 以“单纯高权行政”为名提出。[②] 因为行政事实行为不具有规制内容，也不产生拘束力，因此它与行政行为并不相同。但行政事实行为也并非完全不产生法律效果，当行政事实行为违法或者应为事实行为而不为，导致公民权利受损时，对该事实行为有作成和排除之请求权。对行政行为而言，当其行为“违法”或者应当为行政行为而不为时，亦产生对该行政行为作成和排除之请求权。只不过事实行为所产生的“法律效果”并非其目的所在，而是配合一定状态而间接产生的。区分行政行为与事实行为，于“行政诉讼法”上的意义在于当二者侵害当事人权益时，其请求权实现的途径是不同的。

德国行政诉讼中的撤销诉讼以行政行为为对象，不适用于事实行为。但德国《联邦行政法院法》第 40 条第 1 项规定：“在联邦法律没有明确规定由其他法院管辖的情况下，所有非宪法性的公法争议由行政法院管辖。”行政机关所作成的事实行为并非属于宪法性质事件，当然不能排除在行政审判权之外。撤销诉讼、确认诉讼均以行政行为为救济之标的，与事实行为无涉，给付诉讼中课予义务诉讼也以行政机关作成行政行为为义务，是故因事实行为所生争议，仅能以一般给付诉讼类型加以利用。但对于违法的事实行为，能否获得成功救济，在于实体法上的权利是否遭受损害。晚近德国学说类推适用民法规定，发展出结果除去请求权应对主张实体法上权利受损者提供理论基础。

我国 1990 年《行政诉讼法》第 54 条第 3 项行政履行判决中，仅说明

---

① 参见陈敏：《行政法总论》，台北，三民书局 1998 年版，第 536 ~537 页。

② 参见陈敏：《行政法总论》，台北，三民书局 1998 年版，第 536 页。

被告不履行或拖延履行法定职责的法院可判令其在一定期限内履行，但至于履行的对象为何并未明确，在司法实践中既包括行政行为，也包括事实行为。例如，田某诉北京科技大学拒绝颁发毕业证、学位证案中原告请求的是行政行为（最高人民法院第38号指导性案例）；黄某、张某诉湖北省大冶市人民政府、大冶市保安镇人民政府行政允诺案中原告请求的是事实行为（最高人民法院行政庭编辑的第22号行政审判案例）。2014年修法时，《行政诉讼法》第72条在1990年《行政诉讼法》第54条第3项基础上进行修改，但主要变化在于删除“拖延履行”这一行为，履行的对象是行政行为还是事实行为仍未有定论。“根据现行法第72条，在不作为案件中被告败诉的，法院判决被告履行法定职责，要求其作出一定行为。至于该种行为属于法律行为（单方行政决定），还是一般事实行为，则无明确意见。”① 有观点认为，履行判决与给付判决，分别对应于德国法上的课予义务判决和一般给付判决。一般给付判决以财产或金钱给付为主，并可扩宽到信息行为，对生存的照顾和基础设施的给付、因公法合同而提起的诉求等。“课予义务判决相当于《行政诉讼法》第72条履行判决，以支持行政相对人请求行政机关作出行政行为为内容，两者在功能上具有相互排斥、相互补充的特点。”②

在《行政诉讼法》修改以前，由于没有一般给付判决作为参照，法院判令行政机关履行法定职责既可以是行政行为，也可以是事实行为。2014年，《行政诉讼法》修订后，新增了以金钱为给付内容的第73条一般给付判决。与我国台湾地区行政诉讼规定相比，履行判决在理论上更接近于课予义务判决，一般均认为履行判决应当仅适用于行政行为，否则其与第73条

---

① 袁杰主编：《中华人民共和国行政诉讼法解读》，中国法制出版社2014年版，第200～201页。

② 江必新主编：《中华人民共和国行政诉讼法理解适用与实务指南》，中国法制出版社2015年版，第195～196页。

分立设置之旨趣丧失。但是，立法应当尽力表达明确与严谨，以免造成实务之困扰，故而再次修法时宜将履行判决之对象予以界定清晰。但需要注意的是，某些事实行为的给付，以行政机关作出相关行政行为为前提，如若使其取巧直接通过一般给付诉讼提起，则无异于免除了对相对人是否存在请求权的审查。提起一般给付诉讼，应以该诉讼所涉及公法上请求权无须通过行政机关的裁量而为决定，可直接行使公法上请求权为限。如若涉及实体法上的规定，须先经过行政机关核定请求权的，则在提起一般给付诉讼之前先提起课予义务诉讼。

（三）行政拒绝履行行为的纳入

1. 行政不作为的含义

行政不作为是相对于行政作为而言的，不作为是指行政机关负有作为义务，有能力履行，但在法定期限内不履行的状态。不作为本身并不是行政机关作出了某一行为，而是为了对因不作为遭受权益损害的相对人进行救济，将不作为拟制为一种行政行为。起初，行政不作为是否能够被纳入司法审查范围存在争议。持否定意见者认为，司法权是一种消极的审查，其只有在行政机关作出行政行为以后才能审查。如若法院判定行政机关如何做，则侵越了行政权的自主范围，因为行政机关作出何种行政行为是其行使自由裁量权范围的事项。而持肯定意见者认为，一方面，从权利义务的关系上来看，行政机关作为一定行为或应当作为一定行为是其义务，那么要求行政机关实施该行为就是相对人的权利。根据权利人的请求命令义务人履行其义务，则是司法权的范围。另一方面，从给付判决的性质上来看，法院的裁决通常有三种，即确认判决、形成判决、给付判决。缺少任意一种，裁决权都是残缺不全的。只有三种并存，行政诉讼作为一种救济途径才是完整的。随着现代国家的发展，公民对于行政机关的依存度与日俱增，给付行政同样占据着重要地位。行政机关作出某种行为或者不作出某种行为都会给公民带来权益损害，因此，不作为纳入行政诉讼的救济是必然的。对我国行政法治而言，不作为的可诉性也是不言自明的。第一，我国强调依法行政，依法行政之内涵包括应当作为就不得不作为，否则即是违法。第二，行政相对人因为行政机关的不予应答权益受损也理应得到法律的保护，行政机关应当承担相应的责任。第三，行政机关享有自由裁量权，但并不代表其裁量自由不受任何约束。法律赋予行政机关的裁量自由在于其有权选择更好的方式具体运用于个案中，以获得最好的法律效果，不能以此来逃避司法审查和监督。第四，行政机关不作为大量存在，若只审查其作为，那么大量的违法行为将逃避司法监督，不利于依法治国的实现。

2. 行政拒绝履行行为的定性与救济

行政拒绝履行行为究竟是行政作为还是不作为？一个行为在实体和程序上的表现为消极或抑制，通常认为是行政不作为。而行政拒绝履行是否属于行政不作为范畴一直是学者们热烈讨论的话题。行政不作为以行政程序的角度定性行政机关的消极不处理；而按照学者们对待拒绝履行的观点，则区分为程序与实质两条进路予以观察：拒绝履行虽然在程序上有“为”的表现，但实质内容上却是“不为”。其实，拒绝履行在程序进路上的定性是没有争议的，它确实在程序上履行了职责，对相对人的申请作出了处理。关键问题在于，如何看待实质上的“不为”，实质上未满足当事人的申请，是否定性的行政作为还是实质的不作为呢？本书认为，实质上的“不为”其仍然体现的是一种积极的拒绝，不仅在程序上有所作为，在实体上也是一种拒绝的意思表示。学界认为，行政拒绝履行行为的定性决定其救济途径的选择。撤销诉讼是以已作出的行政行为为审理对象的，行政拒绝履行行为如属于行政作为，那么相对人遭遇行政机关否决其申请而不服时，应提起更为适恰的撤销诉讼；给付诉讼则是以未作成的行政行为为审理对象，拒绝履行行为倘若属于行政不作为，相对人则应当提起给付诉讼以实现其诉讼目标。为了谋求实质争议的解决，不少学者将拒绝履行纳入行政不作为中，从而使其能够适用履行判决加以纠正。本书通过对域外相关“立法例”的考察发现，在建立课予义务诉讼的德国、日本、我国台湾地区似乎并无此困扰，学界也甚少讨论在课予义务诉讼中拒绝履行行为的适用“合法性”和合理性的问题。域外通说观念认为，拒绝履行行为系行政作为，而非行政不作为。从行政机关角度来看，二者有本质差异，作为或不作为的认定不同决定了“法律”对其评价亦有所不同。可是，从行政相对人角度来看，无论行政机关是单纯不作为还是拒绝其申请，均是未能如其期待地作出相应的行政行为，二者并没有实质差异。是故，域外国家（地区）均从相对人角度出发，在课予义务诉讼的类型下进而区分为两种子类型：拒绝履行行为适用不服拒为处分之课予义务诉讼，怠于履行行为适用怠为处分之课予义务诉讼。虽然拒绝履行不属于不作为，而是行政作为，但并不影响其纳入课予义务诉讼范畴。

我国《行政诉讼法》第 72 条仅以“不履行”概括描述行政机关的行为，与受案范围所表述的“不予答复”“拒绝”无法一一对应，从而出现对“不履行”内涵的争议，进而引发“入口宽、出口窄”的问题。此处有两个问题需要梳理：

其一，行政拒绝履行行为的定性。行政拒绝履行行为从对外作出的意思表示来说是一种明确拒绝的表达，拒绝申请行为的作出通常包含受理当事人的申请，审查申请材料，核实相对人是否具备获得某种利益的资格。行政机关正是履行了其职责方能作出不予准许的否定性结论。从这一行政行为过程来看，行政拒绝履行行为是行政作为，将其界定为“行政不作为”将会陷入但凡行政机关否决或驳回当事人申请均是行政不作为的谬论中，此种判断与依法行政理念不符，并将严重挫伤行政机关履行职能的积极性。从拒绝履行与行政不作为之关系来看，课予诉讼以尚未作成的行政行为为给付标的并不等同于课予义务诉讼仅限于行政不作为。“尚未作成的行政行为”与“行政不作为”在内涵上并不相同，前者从内涵上可以涵盖后者，后者仅仅是前者之一。拒绝履行行为，对于行政相对人的最终诉求而言仍然属于“尚未作成其要求的行为”，但在法律上属于“已作成一定行政行为”，这是两个不同层面的问题。

其二，行政拒绝履行行为的救济途径。既然拒绝履行行为属于行政不作为，是否意味着相对人不服提起行政诉讼时得以撤销诉讼予以救济？答案是否定的。即便拒绝履行行为在法律上定性为行政不作为也不意味着撤销诉讼最为适恰。从救济的彻底性与完整性来讲，相对人不服行政机关拒绝其申请从而提起行政诉讼，其诉讼目标乃是要求被告作成其要求的行政行为。提起撤销诉讼，胜诉的原告至多只能获得将拒绝履行行为废弃使之不再生效的判决，至于其申请是否能够获得准许不在撤销判决效力的射程范围。但课予义务诉讼在面对行政机关拒绝履行行为时，只要原告请求权成立，并且案件已臻成熟，法院便可判令被告作出原告所要求的行政行为。显然，课予义务诉讼较之撤销诉讼更能实现原告的诉讼目标，更具备诉讼经济优势。就审理对象而言，即使抛开撤销诉讼对于拒绝履行行为展开救济的自身局限性，拒绝履行行为也不宜通过撤销诉讼寻求救济。盖因撤销诉讼以行政行为的违法性作为其审理重点，针对原告行为的审理虽然是诉讼中的必经程序，但即使原告行为违法也不意味着被告行为合法，这是在以撤销诉讼为中心的诉讼中需要严格区分的问题。但在课予义务诉讼中，情况却并非如此。在课予义务诉讼中，原告是否享有立法上容许之请求权是判断被告拒绝履行行为是否合法的重要前提。倘若原告之请求权于法无据，被告拒绝履行行为并不会导致违法评价。质言之，原告是否享有法律容许之请求权与评价行政机关拒绝履行行为具有直接关联。此处通过一个案例予以说明：郑某于2004年12月6日向盐城市规划局提出申请，请求对其名下房屋之西南侧的面积予以确认，规划局认为原告的申请不属于其职责范围。该案经过了数次复议与诉讼，2006年10月，盐城市中级人民法院就规划局不予认定一案进行了二审的认定，法院以该房屋面积不符合规划意见可确认的范畴为由驳回郑某的上诉请求，维持一审法院的判决。从法院判决理由可以看出，当事人的申请是否属于被告规划局应当裁判的事项与当事人之房屋面积认定的申请是否应当得到被告的承认是两件事，法院将二者混淆导致错误裁判。如若法院审查原告之申请属于职权范围，则应当作出被告应对原告申请作出认定的判决。当然，被告如何认定应属于行政机关事务，法院不得干涉。如若法院认为原告的申请确实不属于被告职责范围，则应作出驳回上诉人诉讼请求的判决。在该案中，法院认为原告诉请的房屋面积不符合盐城市政府部门发布的有关拆迁房屋处理意见的规定，显然是从被告行政行为合法与否的思路审理的，从而未审查原告的申请事项是否属于被告管辖范围内的事务。该案同时表明，我国行政诉讼撤销诉讼一体主义对其他诸如给付诉讼欠缺充分、谨慎的考量。

二、课予义务诉讼的原告资格

课予义务诉讼的原告资格解决的是谁能够提起课予义务诉讼，并要求被告行政机关作成一定或特定内容行政行为的资格问题。我国行政诉讼原告资格有“相对人标准”“直接利害关系标准”“法律上利害关系标准”“利害关系”四大学说和阶段。总体而言，行政诉讼的原告资格范围在逐渐拓宽。

（一）原告资格的内涵

“《布莱克法律大词典》将原告资格又称起诉资格（standing to sue），是指某人在司法性争端中所享有的将该争端诉诸自发程序的足够的利益，其中心课题是确定司法争端对起诉人的影响是否充分，从而使起诉人成为本案诉讼的正当原告。”[①] 我国学者较少直接对原告资格的内涵作出界定，而均试图从其外延上抽象地描述。根据我国现有的法律条文，我国行政诉讼原告资格是指认为自己合法权益受到行政行为侵犯的公民、法人或其他组织，就可以成为行政诉讼的原告。原告资格这一概念涉及个人能否将特定的案件提交法院审判的问题。设置原告资格的目的，一是防止滥诉，摆脱因滥诉消耗司法资源的困扰，确保行政机关的工作顺畅进行；二是维持法院正常的运作，真正以司法的裁判解决纷争，达到公民保障自己的权利或利益的救济目的。原告资格的设定一方面受到行政诉讼目的的影响，另一方面受到行政诉讼受案范围的影响。

我国《行政诉讼法》在修订以前，行政诉讼的目的在于“保护合法权益、维护和监督行政职权的行使”，2014 年修法时，立法机关对该问题作出了调整。新增“解决行政争议”，并将其置于句首，同时删去“维护”，仅留“保护合法权益”“监督依法行使职权”。从立法对行政诉讼目的的宏观性调整可以看出当前行政诉讼制度设计和运行的核心发生了变化：第一，强化解决行政争议目的。《行政诉讼法》作为一部程序法，其最基础的作用便是定分止争，解决行政争议。“诉讼程序的终结不代表争议的解决，行政争议的彻底解决可以从两个维度予以考量：行政诉讼程序终结后是否启动了新的法律程序，行政实体法律关系通过行政诉讼程序是否获得了实质性的处理。”[②] 实质性解决行政争议强调行政争议不仅是“案了、事了、人了”，更要真正化解纠纷。第二，着重对当事人权益的保护。行政诉讼程序的开启系因相对人不服行政机关的行为，法院应当对行政机关是否依法行政，是否侵害当事人合法权益进行审查。行政行为的作出主体权

---

① *Black Law Dictionary* 1979，the fifth edition West Publishing Co.，1979. 转引自杨海坤、章志远主编：《行政诉讼法专题研究述评》，中国民主法制出版社 2006 年版，第 212 ~213 页。

② 王万华：《行政复议法的修改与完善——以“实质性解决行政争议”为视角》，载《法学研究》2019 年第 5 期。

力强大，无须通过司法权力予以维护和保障，当行政行为遭遇困难时，行政主体可运用其本身的权力强制施行。况且，从权力制衡角度出发，司法须与行政保持一定距离，司法的要义在于监督依法行政，而非维护行政。

既然解决行政争议，维护当事人合法权益系行政诉讼法的目的，那么将行政诉讼原告资格范围予以扩大，使相对人能够更为广泛地运用诉讼资源实施救济则是题中应有之义。现行《行政诉讼法》第25条将原告的资格限定在“有利害关系”的公民、法人或者其他组织范围内，但何为“有利害关系”，立法并没有作出进一步的解释，学理上亦存在不少争议。另外，“有利害关系”的提法与2000年《最高人民法院关于执行〈中华人民共和国行政诉讼法〉若干问题的解释》（以下简称《若干解释》）中“法律上的利害关系”相比，少了“法律上的”限定，这是否意味着原告资格不再限于法律明定的范畴需要结合其他相关规定进一步剖析。

从原告资格关系密切的受案范围着手进行观察。受案范围解决的是公民在哪些权利受到损害时应当由法院主管、对行政机关行使职权的哪一部分可以实施司法审查的问题。一般来讲，行政诉讼的受案范围是影响案件争议当事人能否取得原告资格至关重要的因素，对于不属于受案范围的行政争议，任何主体都没有取得该争议案件原告资格的可能。如果一个案件不属于行政诉讼的受案范围，却赋予了原告资格，那么这只是一个“谎言”。受案范围的宽窄在一定程度上影响着原告资格的范围。有学者认为：“行政诉讼原告资格与行政案件受案范围之间起到相互印证的作用……根据行政诉讼受案范围，理解掌握行政案件原告资格问题……还可以通过应用原告资格的概念，检查判断具体行政行为是否属于行政案件的受案范围。”[①] 行政诉讼受案范围属于客体问题，旨在从司法权和行政权的关系角度指明行政机关哪些行为受到司法权的监督。原告资格则是从起诉主体和

① 隆及之、李季：《关于行政诉讼原告资格的探讨》，载《政法论坛》1993年第3期。

司法机关的关系角度指明哪些主体可以在受案范围内提起行政诉讼。因此，在司法实践中，案件属于行政诉讼受案范围是当事人具备原告资格的前提，其次才涉及何人享有原告资格。

（二）我国行政诉讼原告资格的学说

1. “行政相对人”说

“如果行政作用以某人的利益剥夺或限制为目的，就可断定他是该行政作用的相对人。”[①] “相对人理论是指在撤销诉讼中，如果原告本身就是不利行政行为的相对人，原告即因为这种不利行政行为相对人的地位，当然地享有诉权。”[②] “有学者认为行政诉讼的原告恒为行政相对人。”[③] 此种学说将原告限定在行政相对人的范围内，认为原告必须是行政行为所指向的相对人，该认定方法在司法实践中易于操作，但将原告资格限制得太过狭窄，不利于公民合法权益的保护。因此，有学者提出质疑，认为“行政诉讼的原告应包括非行政管理相对人”。[④] “到如今，行政诉讼的原告不限于行政相对人已然达成共识。对相对人主观权利的普遍确认，使主观公权利的判定问题的适用场域逐渐转移至第三人保护，尤其是‘第三人诉讼’问题。”[⑤] 公民、法人或其他组织在某些情形下，即使其不是直接的行政管理对象，但如若其合法权益遭受行政行为的侵害也可以成为行政诉讼的原告。但也不可否认，行政相对人理论仍然占据重要地位。

2. “直接利害关系”说

根据1982年《民事诉讼法（试行）》第81条第1项的规定，“原告是

---

① 赵宏：《主观公权利的历史嬗变与当代价值》，载《中外法学》2019年第3期。

② 熊菁华：《论行政不作为的救济》，中国政法大学2001年博士学位论文，第93页。

③ 张尚鷟主编：《走出低谷的中国行政法学》，中国政法大学出版社1991年版，第437页。

④ 崔巍：《谈行政诉讼原告资格的界定》，载《行政法学研究》1993年第3期。

⑤ 赵宏：《主观公权利的历史嬗变与当代价值》，载《中外法学》2019年第3期。

与本案有直接利害关系的个人、企业事业单位、机关、团体”，彼时行政案件均适用该法，因此原告与本案是否具有“直接利害关系”是能否开启行政诉讼的关键。“直接利害关系”说不再将行政诉讼的原告限定于行政相对人，而是认为自身权益受到行政机关行政行为侵害的即具备原告资格。一般情况下，将行政相对人理解为直接利害关系人是不存在争议的，但行政相对人以外的第三人是否无论在什么情况下都是间接利害关系人呢？有学者认为，当行政相对人以外的第三人满足以下两个条件时，其成为直接利害关系人：“一是时间性标准，即利害关系人是否为现实存在的或必然出现的利害关系。二是空间性标准，即利害关系是否为主张人切身的利益关系。”[①] 但这一标准受到来自公益诉讼下原告资格理论的巨大挑战。

3. “法律上的利害关系”说

（1）“法律上利害关系”的学说

2000年《若干解释》第12条明确了行政诉讼原告资格是“与具体行政行为有法律上利害关系的公民、法人或者其他组织”。这一标准的出台，使原告资格可操作性增强，但“法律上利害关系”仍然比较抽象，稳定性较弱。理论界对什么是“法律上的利害关系”泛起诸多讨论，有学者认为，“法律上的利害关系是指因被诉行政行为有关的法律规范保护范围的权益可能受到被诉行政行为的不利影响，而在行政主体与受影响人之间产生的法律关系”。[②] 还有学者认为，“法律上的利害关系是指一种起诉人期望通过诉讼得到法律保护的、现实存在或必然出现的、切身的、直接的利害关系”。[③]

① 崔巍：《谈行政诉讼原告资格的界定》，载《行政法学研究》1993年第3期。

② 孔祥俊：《行政行为可诉性、原告资格与司法审查》，人民法院出版社2005年版，第135页。

③ 杨寅、吴偕林：《中国行政诉讼制度研究》，人民法院出版社2003年版，第159页。

（2）对“法律上利害关系”说的系统理解

“法律上利害关系”的界定以“合法权益”为范围，学界把法律上利害关系理解为“起诉人的合法权益受到行政机关的影响”，那么就出现了对于“合法权益”“受到影响”“受影响人”三个概念的理解问题。

“合法权益”的界定影响起诉人受侵害的权益是否属于行政诉讼受案范围，基于此，权利与权益的界定以及财产权和人身权以外的权利是否应当受到保护成为疑问。对于合法权益的标准，有学者认为，只要不属于行政诉讼法排除的事项即为可诉，而有的学者则坚持按照受案范围理解合法权益，只有财产权和人身权的侵害才被列入受案范围，其他如政治权利并不在此范围。[①] 也有学者在受案范围的规定基础上，认为“其他权益不仅包含人身权、财产权，还包括政治权利、宗教信仰等其他权利”。[②] 学者们对合法权益的标准界定不一，但本书认为，以目前我国法制进程和现状来看，不宜将合法权益作太过宽泛的理解。一方面，太过宽泛的合法权益保护不符合司法实际；另一方面也会使法院的负担过重。目前，处于模糊状态的“合法权益”也并非一无是处，模糊的好处在于为时代和情境的转移而产生的改变留下广阔的空间。

“受到影响”并不要求必须是已经受到影响，原告是否受到影响是法院在实体审理过程中需要确定的问题而不是原告资格的构成内容。通说将这种“受到影响”的可能性理解成为“已经发生或必然发生”。

“受影响人”实际是对“相对人”的理解。随着司法实践和理论经验的进步，法学界已经不再将行政诉讼的原告限定于行政管理相对人，但也不等于任何受到行为影响的人都可以成为行政诉讼的原告。受影响到何种程度才能成为“受影响人”取决于我国行政诉讼发展的步伐与政策考虑。

---

① 参见王万华：《行政诉讼原告资格》，载《行政法学研究》1997 年第 2 期。

② 胡建淼主编：《行政诉讼法学》，高等教育出版社 2003 年版，第 83 页。

4. “利害关系”说

“利害关系”说是我国现行《行政诉讼法》采取的观点。2014 年，《行政诉讼法》经过较大幅度地调整与修订以后，将 2000 年《若干解释》中“法律上利害关系”变更为“利害关系”，删去了“法律上的”限定表述。有学者认为，“对于立法上‘利害关系’的理解，可以结合《若干解释》第 13 条规定之 4 种情形，根据实践需要，通过对利害关系的解释，进一步扩大”。[①] 从条文的变动来看，删去“法律上的”这一限制，原告资格似是被拓宽了，此一变动是否可以理解为，原告资格不再限于法律规范所保护范围的权益（此处的法律规范应当是指法律、法规和规章），即使法律没有明文规定的权益，一旦遭受侵害也可进入行政诉讼程序？结合受案范围来看答案是否定的。虽然修法对行政诉讼受案范围有所拓展，如增加了行政处罚手段之警告、暂扣许可证和执照可提起诉讼，但根据《行政处罚法》对处罚种类的规定，受案范围只不过在原有基础上予以了示例，仍然限于实定法明确规定范围。《国有土地上房屋征收与补偿条例》第 14 条和第 26 条第 3 款规定，对征收、补偿决定不服的可以依法提起行政诉讼；行政确权案件也在《中华人民共和国草原法》第 16 条，《中华人民共和国土地管理法》第 16 条，《中华人民共和国森林法》第 17 条作出了对确权不服可以依法向法院起诉的类似性规定。其他权益，如农村土地承包经营权和农村土地经营权在《中华人民共和国农村土地承包法》第 8 条已有实体规定，国家保护集体土地所有者的合法权益，保护承包方的土地承包经营权，任何组织和个人不得侵犯。又如，在《中华人民共和国反垄断法》第 8 条，《中华人民共和国反不正当竞争法》第 7 条中，均明确规定行政机关不得滥用权力排除、限制竞争。再如，申请行政给付规定在《军人抚恤优待条例》和《城市居民最低生活保障条例》中，有关主管机关负有给

① 童卫东：《进步与妥协：〈行政诉讼法〉修改回顾》，载《行政法学研究》2015 年第 4 期。

付的义务。以上权利均属于在单行法律法规等规范中已经明文规定了的实体权利、义务，或者直接规定可以进行诉讼的案件，修法只不过将其在《行政诉讼法》中再次罗列，其本身的可诉性并不需要被确认。重点仍然在于《行政诉讼法》第 12 条兜底条款中“等合法权益”之“等”的理解。可以说，这一兜底条款避免了以前述列举方式挂一漏万之弊端，体现了对人身权和财产权的充分保护。但“合法权益”是否可以理解为人身权、财产权以外的政治性权利？学者对此提出了各自不同的见解。如同在原告资格中对“合法权益”的理解一样，立法者也没有给出明确的答复，但也可以说是有意为之，为了今后行政诉讼法随着国家法制进程的推进和时代的变迁作出调整留出宽阔的余地。同样地，很难说法律规范未明文规定的权益遭受侵害的人可以作为原告向法院提起行政诉讼。故而，“法律上利害关系”与“利害关系”到底有什么不同，是否对原告资格产生实质影响难以明确。

（三）课予义务诉讼原告资格的界定

课予义务诉讼有直接型课予义务诉讼与申请型课予义务诉讼之分，两种不同的子类型可分别对应于我国《行政诉讼法》第 12 条受案范围第 6 项申请行政机关保护人身权、财产权等合法权益行政机关拒绝或不予答复（不待当事人申请即得介入）与第 3 项申请行政许可行政机关拒绝或不予答复（依当事人申请方可介入）。特别要说明的是，第 12 条第 6 项虽有“申请”字样，但并不属于申请型课予义务诉讼而是直接型课予义务诉讼。人身权和财产权是极为重要的法益，不待相对人主动提出，一旦法定事实出现，行政主体即应当适时采取行动展开保护。直接型课予义务诉讼与申请型课予义务诉讼，因行政程序启动的方式不同，原告资格具有一定差异。怠于作出行政行为与拒绝申请型课予义务诉讼仅涉及行政机关对外作出的反应，而与相对人无涉，因此，下文仅就直接型与申请型课予义务诉讼的原告资格进行阐述。

1. 直接型课予义务诉讼的原告资格

(1) 公权利与反射利益

“公权利是指，人民基于法律行为或者以保障其个人利益为目的而制定的强行性法规，可以援引该法规向国家为某种请求或者为某种行为的法律上的地位。”① 在直接型课予义务诉讼中，行政机关履行法定职责不待当事人申请而得为一定行政行为，此类行为多涉及行政领域。例如，警察有及时解救公民于人身危险或财产损害之职责；环保部门有整治和惩罚破坏环境的污染企业、保护环境的职责；工商部门有查处和监管社会市场经济秩序的职责。这些职责并不依赖于相对人之申请，行政部门一旦发现则应当主动履行。但为了防止滥诉和毫不相关的人提起诉讼，造成司法资源的浪费，在该类诉讼类型中应注意判断起诉人是否具有原告资格。“按照传统的公法理论，维持秩序行政或警察行政是专门为社会公共利益而实施的，它不以保护国民的个人利益为直接目的，因此，即便警察行政很偶然地起到了保护国民的生命、身体以及财产等作用，也不过是警察作用的反射利益而已，绝非每个国民的权利。”② “‘主观公权利’（*das subjective oeffentliche Recht*）概念可以说是德国公法有关个体权利的独特标识，极富德国特色，也代表了与英美古典自由主义权利观迥异的另一种权利认识。”③ 主观公权利与反射利益是此消彼长的关系，其历史嬗变经历了漫长的发展过程。19 世纪中叶，耶利内克对主观公权利进行了体系化的塑造，他认为主观公权利并非局限于个人的，而是同样涵盖了国家的主观公权利。奥托·迈耶则将国家的主观公权利从公权理论中排除，主观公权限缩为个人的法律地位。布勒承继了公权概念的单方指向性，他认为主观公权

① 黄学贤：《行政诉讼原告资格若干问题探讨》，载《法学》2006 年第 8 期。

② ［日］原田尚彦：《诉的利益》，石龙潭译，中国政法大学出版社 2014 年版，第 80 ~81 页。

③ 赵宏：《主观公权利的历史嬗变与当代价值》，载《中外法学》2019 年第 3 期。

利仅指个人的法律地位，该理念在公法理论中发挥着重要作用。主观公权利表现为行政法上的实体请求权，实体请求权在诉讼程序中则表现为诉权。诉权判定仰赖于实体请求权的存在，而实体请求权又须通过诉权实现。

“反射利益则是指个人因公法法规而获得的事实上的利益，该个人不得单独对行政机关有所请求。”① 但如果我们承认，每个国民在国家与国民之间的关系中具有法律主体性，那么公共利益终将还原为私人利益的总和，而所有国家活动都必须以确保每个国民的舒适生活为目标。“国民要求保护其安全的利益，理所当然应升华为每个国民的权利。”② 因此，公民在行政机关无视社会生活的不安，怠于启动权限而置危险状态于不顾时，有要求行政机关予以干预的请求权。

（2）对“利害关系”的理解

对于直接型课予义务诉讼，日本援用撤销诉讼原告资格的规定，以原告是否具备“法律上的利益”为判断标准。日本《行政事件诉讼法》第37条之二第3款规定：“第1款的课予义务诉讼仅限于由于请求命令行政机关作出一定的处分而具有法律上的利益才能提起。”紧接着第4款规定：“对前款规定的法律上的利益有无的判断，准用第9条第2款的规定。”也就是说，直接型课予义务诉讼的原告资格参照撤销诉讼案件的原告资格规定。有关撤销诉讼的原告资格，同法第9条第2款规定：“法院对处分或者裁决相对一方以外的人判断其是否具有前项规定的法律上的利益时，不能仅根据该处分或者裁决所依据的法令规定的文本，还应当对该法令的宗旨和目的以及应当在该处分中进行考虑的利益的内容和性质进行考虑。对该法令的宗旨和目的进行考虑时，存在与该法令目的相同的相关法令的，

① 黄学贤：《行政诉讼原告资格若干问题探讨》，载《法学》2006年第8期。

② ［日］原田尚彦：《诉的利益》，石龙潭译，中国政法大学出版社2014年版，第81页。

还应当对该相关法令的宗旨和目的加以参酌；对该利益的内容和性质进行考虑时，还应当对该处分或者裁决违反其所依据的法令作出时受到侵害的利益的内容和性质以及该利益受到侵害的样态和程度加以斟酌。”此时“法律上的利益”又可进一步区分为“法律上应当保护的利益”和“法律值得保护的利益”两种学说，二者之间差距在于对“法律上”的理解：如果仅理解为实定法，二者的差距则较大；如果理解为“立法精神或旨意”，二者的差距则较小。目前日本以“法律上值得保护的利益”作为发展方向，逐步拓宽原告资格的范围。

我国现以“利害关系”作为判断原告资格的客观标准，其内涵与外延经历了一定时间的变化。“利害关系”起初由《若干解释》规定，但附加有“法律上的”限定。2014年修法时，又将“法律上的利害关系”改为“利害关系”。至于“法律上的利害关系”与“利害关系”有何区别，立法与司法解释均未明确说明，但司法实践倾向于“法律上利害关系”的理解。例如，“刘某诉张家港市政府行政复议案”中，一审和二审法院均以刘某与被诉行政行为以及《通知》没有利害关系为由驳回其诉讼请求。刘某向最高人民法院申请再审，最高人民法院认为：“所谓利害关系，仍应限于法律上的利害关系，不宜包括反射性利益受到影响的公民、法人或者其他组织（以下统称当事人）。同时，行政诉讼乃公法上之诉讼，上述法律上的利害关系，一般也仅指公法上的利害关系；除特殊情形或法律另有规定，一般不包括私法上的利害关系。”① 在本案再审裁定书中，法院首次援用了德国法上著名的“主观公权利”和“保护规范理论”作为阐述“利害关系”的原告资格问题的理论基础。由于刘案的示范效应，该理论逐渐成为各地法院判断原告资格的理论依据。

本书认为，从受案范围并未有实质性的扩展的角度看，在我国目前以

① 最高人民法院（2017）最高法行申169号行政裁定书。

主观诉讼为中心的行政诉讼制度结构下理解“利害关系”，其与“法律利害关系”相比较很难说有实质性的进步意义。之所以用“利害关系”取代“法律上利害关系”，在司法实务中主要是出于防范法院对“法律上利害关系”作出不适当的限缩解释，从而影响原告资格的考虑。其实二者在目前我国行政法治背景下并无实质差异。问题仍然是对“法律上”的理解，如果将其限定在实定法之内，原告资格必然受到一定限缩；如若对其作较为宽泛的解释，从法律的层级上包括法律、法规、司法解释、规范性文件，范围上包括立法背后的旨意与精神，那么原告资格的范围则相对宽松。但以我国目前法治发展现状和行政诉讼实施现状来看，不得一蹴而就，宜逐步扩展，可以司法解释发布指导性案例作为指导司法实践逐渐扩展原告资格的方式。

2. 申请型课予义务诉讼的原告资格

利用我国现行立法所采取的“利害关系”理论，是否能解决申请型课予义务诉讼的原告资格问题呢？考察《最高人民法院关于审理政府信息公开行政案件若干问题的规定》（以下简称《信息公开规定》）第 17 条第 8 项规定，① 驳回诉讼请求与驳回起诉不同，前者是进入实体审理阶段以后的问题，后者却是起诉要件的问题。由此看来，“生产、生活、科研等特殊需要”是信息公开案件的实体审理对象，并不能被认为是政府信息公开案件中对原告资格的限制。结合 2007 年《中华人民共和国政府信息公开条例》（以下简称《政府信息公开条例》）第 51 条的规定，“公民、法人或者其他组织认为行政机关在政府信息公开工作中侵犯其合法权益的，可以向上一级行政机关或者政府信息公开工作主管部门投诉、举报，也可以

① 《最高人民法院关于审理政府信息公开行政案件若干问题的规定》第 17 条第 8 项规定，不能合理说明申请获取政府信息系根据自身生产、生活、科研等特殊需要，且被告据此不予提供的，将被驳回诉讼请求。

依法申请行政复议或者提起行政诉讼。”在申请政府信息公开案件中并未适用“利害关系”这一一般性标准。

在撤销诉讼中，一般认为行政相对人均能获得原告资格，当然通说也不以该理论为完足，以“利害关系”作为补充。但在课予义务诉讼中，当一个相对人收到行政机关的拒绝决定时并不当然因为被拒绝就获得诉权，否则，公民随便向一个没有管辖权的行政机关提出一个臆想中的申请就能够获得诉权显然是荒谬的。“相对人理论”并不能完全适用于课予义务诉讼原告资格的认定。域外通说也认为在课予义务诉讼原告资格上不能适用“相对人理论”。

在申请型课予义务诉讼中，多数是以申请行政机关对己作出授益性行政行为，有时也牵涉第三人效力问题，原告申请行政机关对第三人作出一项负担性行政行为。例如，根据相邻权，要求建筑主管部门对影响其通风或采光的建筑予以拆除。通常原告所依据的均是保护相对人的利益，而非第三人的利益，所以第三人往往不具有诉权，但第三人却可以因与“案件结果有利害关系”，从而以本案第三人的身份参加诉讼。本书认为，虽然“利害关系说”与“相对人理论”均无法一以贯之地统制申请型课予义务诉讼原告资格，但可以成为该诉讼类型中塑造原告资格的多层次构造。以“相对人理论”考察直接申请人的原告资格，但该申请人的申请必须是向有相关事务管辖权的行政机关提交的，同时辅以“利害关系”标准用以考察相关人的原告资格。起诉人在起诉时，得就其是否享有请求权作简单的说明，除非能够明显地排除该请求权，否则应当认为该请求权存在。

日本对于申请型课予义务诉讼原告资格的限定，规定在《行政事件诉讼法》第 37 条之三第 2 款，“前款的课予义务诉讼，只有提起前款各项规定的基于法令的申请或审查请求者，才可以提起”，亦即对于申请型课予义务诉讼的原告资格，必须是基于法令者，如若申请不是基于法令，法院对由此提起的课予义务诉讼将不予受理。因此，法院在审查原告是否具备起诉资格时，须重点审查原告诉请被告作成的特定内容的行政行为是否具有法律上的依据，该审查方式则较为严格。

以上就对原告资格之客观标准以直接型和申请型课予义务诉讼为分类进行了梳理，那么对于主观标准“认为”又当如何理解呢？德国《联邦行政法院法》第 42 条第 2 项就义务之诉原告的起诉资格作出如下规定：“除非法律另有规定，原告人只有在认为其自身权利被一个行政行为、拒绝行政行为或不作为侵害时，方可以提起诉讼。”在德国义务之诉中，确定诉权的依据不是原告是否享有某一行政行为的请求权，而是其权利侵害的可能性。义务之诉的诉权之三项要素概括如下：第一，该诉权是一项权利。对于义务之诉的诉权而言，原告必须主张一项权利，这一权利并非纯粹的经济利益或者反射利益。第二，该权利属于原告。在义务诉讼中，原告也仅能主张其自己的权利。对此的判断在于，只要该权利属于原告，不能明显而确定地被排除即可。第三，对行政行为的拒绝或者不作为导致权利侵害的可能性。原告对此须予以说明，但不可对该说明提出过高的要求，否则将会过早地涉及实体审理的问题，仅能在当从任何角度考量，权利的侵害都不明显时才得以被排除。

我国台湾地区“行政诉讼法”第 5 条明确指出，“认为其权利及法律上利益受损害者”得以提起课予义务诉讼。在当事人具有诉讼实施权之前提下，仍应进一步再具有权能，其诉讼始为“合法”。原告必须主张行使自己之权利，才具有原告当事人适格，有原告必须主张自己权利遭受侵害，才具有诉讼权能。[①]“诉讼权能即为行政诉讼原告适格之主要判准。”[②]而原告是否具备诉讼权能，我国台湾地区目前通说采取“可能性说”，该

---

① Eyermann/Fröhler，VwGO，13. Aufl.，2010，§42 Rn. 71. 转引自陈清秀：《行政诉讼法》，法律出版社 2016 年版，第 249 ~250 页。

② 陈清秀：《行政诉讼法》，法律出版社 2016 年版，第 250 页。

学说认为原则上原告就自己之权利损害为具体化之主张即可。德国也采取这一学说观点。原告必须向法院陈述事实关系，显示其可能因系争行政处分遭受损害，在此范围内，诉讼即被视为合法。至于原告所申请的行政行为是否真实存在，原告的权利是否确实受到被告行为的侵害以及被告行为是否违法，这并非诉讼合法要件，而是诉讼有无理由的问题。

综上所述，在原告资格客观标准的判断上，以课予义务诉讼类型的不同作为区分。直接型课予义务诉讼以当前“利害关系”理论作为主要判断标准，排除公权力之外的反射利益；申请型课予义务诉讼则以“相对人理论”与“利害关系”相结合作为判断标准。在主观标准的判断上，“认为”即是一种可能性，只要起诉人能大概说明其权利有遭受侵害的可能性即可，至于其是否确实遭受侵害，该权利是否确实存在，则是案件进入实体审理阶段的问题，立案阶段不能过早对该问题先行判断，否则将影响诉权的行使。

三、课予义务诉讼的客观利益——权利保护必要性

日本学者原田尚彦将原告资格称为主观性诉讼权利，将狭义的诉讼利益称为客观性诉讼利益，将两者合称为诉讼利益。① 当起诉人不具备狭义的客观利益时，则不会受理其提起的课予义务诉讼。而狭义的诉讼利益，又可认为是权利保护必要性。原告适格，主要是表达行政诉讼制度的功能，在于主观权利保护，而不是客观法律秩序的维护。“原告适格制度的功能在于限制起诉人的资格，以保护诉讼的相对人；一般权利保护必要，则主要在保护法院不被滥用。”②

① 参见［日］原田尚彦：《行政法要論》（全訂第6版増补版），學陽書房2005年版，第377~378頁。转引自江利红：《日本行政诉讼法》，知识产权出版社2008年版，第242~243页。

② 陈清秀：《行政诉讼法》，法律出版社2016年版，第277页。

（一）权利保护必要性的含义及其正当性

“在行政诉讼中，权利保护必要性又可称为狭义的诉的利益，是指原告请求法院以裁判的方式保护其权利的必要性或实效性。”① “权利保护的利益（诉的利益）是19世纪末，因确认之诉、将来给付之诉得到承认后才创造出来的概念。”② 当事人针对行政机关的具体侵害，是否能够启动司法救济并不必然，即使起诉人具备原告资格，如若欠缺权利的保护必要，那么该诉也不会进入实体审理程序。特别是在我国经历“立案登记制”改革以后，各级法院行政案件数量猛增，如何谋求保护当事人的合法权益又不因滥诉而浪费宝贵的司法资源，权利保护必要性理论则显得尤为重要。

诉的利益有广义与狭义之分。原田尚彦认为：“诉的利益通常从以下三个侧面来加以判断：请求的内容是否适合作为审判的对象（诉讼对象的问题），当事人对于请求是否具有正当的利益（当事人适格的问题），从周围情况看，是否存在足以使法院对请求作出判断的具体实际利益（具体的利益或者必要性的问题）。”③ 此为广义的诉讼利益。“与民事诉讼法学一样，行政法学上一般都是将权利保护必要性称作狭义诉的利益，鉴于其需要从客观情况判断，又称其为诉的客观利益。”④ 鉴于司法资源的有限性现状，对于缺乏权利保护必要的起诉，法院将裁定驳回起诉。可以说，权利保护必要性在功能上属于消极意义，这也是权利保护必要性之传统功能。

在我国现行立法和司法解释中并没有权利保护必要性的相关规定，但在司法实务中，却不乏该理论之案例，如“李某诉公安部政府信息公开及

---

① 王贵松：《论行政诉讼的权利保护必要性》，载《法制与社会发展》2018年第1期。

② ［日］中村英郎：《新民事诉讼法讲义》，陈刚、林剑锋、郭美松译，法律出版社2001年版，第154页。

③ ［日］原田尚彦：《诉的利益》，石龙潭译，中国政法大学出版社2014年版，第2页。

④ ［日］金子正史：《狭义の诉えの利益（3）诉えの客观的利益》，法学教室433号（2016年10月）。转引自王贵松：《论行政诉讼的权利保护必要性》，载《法制与社会发展》2018年第1期。

行政复议案”中，最高人民法院在判决文书中指出：“人民法院既要充分保障当事人正当诉权的行使，也有义务识别、判断当事人的请求是否具有足以利用国家审判制度加以解决的实际价值或必要性，从而避免因缺乏诉的利益而不当行使诉权的情形发生。”① 另外，行政诉讼制度也从起诉期限这一角度，以权利保护必要为旨趣将长期不请求司法救济的案件，在考虑权衡法的安定性因素后，阻断其获得司法救济。虽然行政诉讼制度以保护当事人合法权益和诉权的行使为优先，但也不能完全忽视被告的正当利益，为了避免被告被科以过重的应诉负担，将不具有权利保护必要性之起诉驳回，以防其侵占其他正当起诉人获得司法救济的可能。权利保护必要性即使没有法律的明文授权，却也合乎立法目的。

（二）权利保护必要性的判断

在课予义务诉讼中，原告依法申请却被拒绝或者不予应答而请求法院对行政机关课予义务时，具备狭义的诉讼利益。由于司法实务中案情复杂，因其诉讼利益消灭而不具备权利保护必要的情形很多，本书认为，可通过以下标准进行判断：

1. 诉是否具有正当性

例如，前述“李某诉公安部政府信息公开及行政复议案”中最高人民法院论述：“本案中，再审申请人对已经行政复议、行政诉讼程序处理终结的纠纷，通过申请政府信息公开，要求获取复议机关支撑行政复议决定的证据、事实依据和法律依据等信息，继而再进行复议、诉讼的形式，循环往复，实质上是对行政复议决定提出质疑，试图以政府信息公开之名义再度启动已告终结的纠纷处理程序，以期达到扩大影响、反映信访诉求的目的，已明显偏离政府信息公开的制度功能，不符合《政府信息公开条

① 最高人民法院（2016）最高法行申 4403 号行政裁定书。

例》的立法宗旨。包括本案在内的多起行政诉讼案件并不具有依法应予保护的诉讼利益，与行政诉讼法旨在保护公民、法人和其他组织合法权益的立法目的相悖，浪费了行政资源和司法资源，已构成信息公开申请权及诉权的滥用。”① 在该案中，再审申请人通过向政府申请信息公开以期重启已经终结的程序，循环往复，显然属于权利滥用，再审申请人根本不可能享有任何利益和诉讼目的，完全只是造成行政机关的困扰，增加法院的工作负担，因此通过“权利保护必要理论”禁止诉权滥用实属必要。

2. 诉是否具有有用性

原告向法院提起课予义务诉讼，若法院作出胜诉判决，原告必然能够获得救济。质言之，该诉讼对于原告的权益来说是有用的。否则，欠缺权利保护必要性。例如，在“韩某诉天津市河北区房地产管理局不履行法定职责案”中，法院在判决理由中对原告的权利保护是否具备必要性作出如下论述：“行政诉讼属于权利救济制度，当事人提起行政诉讼应当具备权利保护的必要性。本案争议系因房屋拆迁安置补偿问题引发，但再审申请人已于2008年与相关单位签订安置补偿协议，并且已实际履行，再审申请人的安置补偿权益已经依法得到保障。在此情况下，再审申请人现于2016年转而申请公开有关补偿标准，缺乏权利保护必要。”② 在课予义务诉讼中，以原告现在是否已经可以请求作成其所申请的行政行为为标准判断诉是否必要，倘若行政机关已经作成其申请的内容，则没有提起课予义务诉讼的权利保护必要。纵使原告获得胜诉，因事实或法律上的原因，也无法改善其法律地位，或者胜诉的结果毫无实益时，该诉也因为欠缺权利保护必要而被排除。例如，原告起诉要求被告核发建筑许可，但该建筑土地因民法上的原因已经明显不可能施工，并且该情况在将来也无法改善，原告

---

① 最高人民法院（2016）最高法行申4403号行政裁定书。

② 天津市高级人民法院（2017）津行申370号行政裁定书。

即使胜诉也无实际意义。又如，原告请求被告作出公务员的任命，但该职位已由他人胜任时即欠缺权利保护必要。

3. 是否具有时效性

根据《行政诉讼法》受案范围，当事人申请行政机关保护自身人身权、财产权，行政机关拒绝或者逾期不予答复的，可提起行政诉讼。但如若起诉时，判决要求行政机关保护其人身权、财产权为时已晚，不具意义时，因原告之权利不具有时效性而缺乏权利保护必要。当然，在课予义务诉讼中原告已欠缺权利保护必要，但依然可提起确认违法诉讼，可依照现行《行政诉讼法》第 74 条第 2 款第 3 项，请求法院确认被告不作为或拒绝作为行为违法，并要求获得行政赔偿。

（三）权利保护必要性的审查

权利保护必要性在司法实践中并不少见，但要注意审查原告是否具有权利保护必要性。在德国和日本，法院对于欠缺权利保护必要性的案件均以判决的形式予以驳回，并且基于该事项，法院可依职权主动调查。在我国，法院则是以裁定的形式予以驳回，并且不经当事人说明，法院大多数情况下仅依据书面审查即可为之。诉的利益在大陆法系如德国和日本，归入诉讼要件中，也就是本案判决的要件。但诉讼要件不等同于起诉的要件，无论是民事诉讼还是行政诉讼中均未设置诉讼要件审查制度，而是将起诉要件和诉讼要件合二为一，共同归于起诉要件中，这种做法导致起诉条件高阶化与实质审查封闭化，弱化了“立审分离”的功能，诉讼要件等无法获得充分的诉讼程序保障。[①]“因此，为了更充分地保障人民行使诉权，实现立案登记制改革的目的，应当设置诉讼要件制度，并将诉的利益

① 参见梁君瑜：《我国行政诉讼立案登记制的实质意涵与应然面向》，载《行政法学研究》2016 年第 6 期。

这一要件从起诉要件中移除，置于新构建的诉讼要件中。”[①] 将诉讼要件与起诉要件分离，使诉讼要件的审理通过开庭审理的方式，以免书面审查方式使当事人无法行使申辩、说明的权利从而阻碍当事人诉权的行使。

（四）权利保护必要性的界限

权利保护必要性是为了防止起诉的不必要与滥诉行为，最终是为了确保行政诉讼能够以迅速、简便的方式得到运用。需要警惕的是，权利保护必要性的运用也有其界限，否则将会损及诉权的实现。是否具备权利保护必要性的审查可结合一事不再理、起诉期限、法院管辖、原告资格制度来进行，如若该类要件的审查存在争议，则可以权利保护必要性作为补充予以认定。对权利保护必要性的判断，需要考量行政诉讼的特殊属性、纠纷利益的性质、法院有无供给能力、社会需求等因素，以保障当事人获得司法救济、诉讼公正兼顾诉讼经济、疑义时推定诉合法为原则。

第三节　课予义务诉讼的客观诉讼要件

客观诉讼要件是一般性的形式规定要件，通常与原告的主观意识无关，具体包括了被告资格、起诉期限、复议前置。我国行政诉讼被告的确定方法极为复杂，不利于原告寻找正确的被告，从而影响其诉权的行使。起诉期限的规定未明确区分拒绝履行与不作为两种行为分别适用除斥期间和诉讼时效，且又受到撤销诉讼起诉期限规定的影响，需要进一步地梳理。复议是否前置的规定也同样比较复杂，现实操作不便，且没有对课予义务诉讼的特性予以足够考量，须及时加以澄清。

---

① 张卫平：《诉的利益：内涵、功用与制度设计》，载《法学评论》2017 年第 4 期。

一、课予义务诉讼的被告适格

关于行政诉讼的被告，有被告资格与被告适格两个概念。一般认为，拥有被告资格的行政主体才能在行政诉讼案件中成为适格的被告。因此，在概念上二者并不相同，被告资格解决的是能否成为被告的问题，而被告适格解决的是在行政诉讼中由谁作被告的问题。可以看出，被告适格更加着眼于个案中被告的正当与否，而被告资格则是一种普适性条件，并不以个案为基础。2000 年《若干解释》第 23 条第 1 款[①]的规定是我国行政诉讼法首次使用被告适格这一概念。

(一) 被告适格的含义

根据我国现行立法规定和学界通说，确认行政诉讼的被告分为两个步骤：第一，确认实施行政行为的主体是谁。如若作出行政行为的主体本身为行政主体，那么这一实施主体即为被告；第二，如若不是，则以实施主体的上级主体作为被告。这一标准最初为行政诉讼的发展和实务操作发挥了积极作用，但随着我国民主法治的发展和对诉权进一步保护的要求，这一标准难以满足我国现实需要。

(二) 我国现行法律的规定

当原告起诉至法院开启诉讼程序，被告的确定则是行政诉讼是否能够顺利展开的关键之一。相较于域外国家和地区，在我国如何确定行政诉讼的被告是一个比较复杂的问题。其根源在于行政主体、行政机关的概念和确认被告规则之间错综复杂的联系。绝大多数学者都坦言（对行

---

① 该解释第 23 条第 1 款规定："原告所起诉的被告不适格，人民法院应当告知原告变更被告；原告不同意变更的，裁定驳回起诉。"

政主体范式）直接的需要来自行政诉讼立法和实施的制度实践中对行政诉讼被告资格的确认。“正因为这种隐藏于传统范式背后的实用主义动机，自《行政诉讼法》起草开始，行政主体与行政诉讼被告被紧密地勾连在一起，被视为拥有同等的外延，简言之，即行政机关和法律法规授权的组织。”① 现行《行政诉讼法》第26条规定了被告适格，一般根据“谁主体，谁被告”的原则来确定被告。另外对经过复议的案件、共同行为的案件、委托的情形及行政机关被撤销或变更的情形作出详细指引。2000年《若干解释》第19条至第22条对经过上级行政机关批准、组建机构、内设机构、派出机构、授权组织、复议不作决定时有关确认适格被告予以详细规定。由于我国行政诉讼确定适格被告这一认知上出现偏差，导致立法和司法解释只不过是应付实践中的种种问题，而并没有使该问题得到彻底的解决。在司法实践中，原告欲确定适格的被告是非常困难且复杂的事情。

立法认为，行政诉讼的被告必须具有行政主体的资格，是被诉行政行为的实施者。有学者对此观点提出了质疑：“在行政诉讼中……被告是否属行政主体，是判断其是否适格的唯一标准。但是行政诉讼中适格的被告是否可以反过来认为仅仅限于行政主体?”② 该学者认为，行政诉讼的被告是行政行为的主体，而不限于行政主体，非行政主体也可以成为行政诉讼的被告。随后，也有学者提出类似的观点：“我国以行政法上的行政主体的概念来界定行政诉讼的被告，追求行政诉讼法与实体法的主体资格的统一，实际上是以行政法的主体资格来界定行政诉讼的主体资格，而是行政诉讼的独立价值在事实上被否认。”③ 以上观点均对行政诉讼中被告必须既

① 沈岿：《重构行政主体范式的尝试》，载《法律科学》（西北政法大学学报）2000年第6期。
② 韦武斌：《行政诉讼适格被告质疑与被告确定》，载《行政法学研究》1995年第2期。
③ 马怀德主编：《行政诉讼原理》（第2版），法律出版社2009年版，第236页。

是行政职权的享有者又是行政责任的承担者，将行政主体和行政诉讼主体混为一谈的做法进行了质疑与批判。目前，我国行政诉讼被告确认规则因为法律规定不周全，又因行政机关的设置极为繁琐，如派出机构、内设机构，被委托的机构等，原告如须确定合适的被告而使诉讼能够顺利地进行下去颇费周折。况且，大多数原告并不知晓专业的行政法或行政诉讼法知识，在起诉时往往被被告如何确定的问题拦在行政诉讼程序外，非常不利于原告通过诉讼途径谋求救济。在课予义务诉讼中，同样遵守着这一套被告确认规则，因此，出现的问题与其他诉讼类型一致。与原告资格相比，被告适格的域外资料比较少见，这主要是因为我国在被告上行政主体资格标准的设定与域外并不相同。虽说域外也采取了“行政主体说”这一概念，表面上与我国相似，但实际上由于行政主体理论的根本性差异，使这一标准在我国运用时得到了不同的效果。相比较而言，域外行政主体理论与我国有以下不同：

第一，行政主体不同。我国行政主体包括行政机关和法律、法规授权的组织。而在域外通常认为行政主体只有一个，即国家。行政机关等只不过是组成行政主体整体结构中的单位，而这些单位以行政主体之名义对外行为，但效力归属于行政主体。

第二，行政主体理论与行政诉讼被告之关系不同。我国行政诉讼被告的确定，将行政权利能力和行政诉讼权利能力、责任能力相统一。而域外却并不采取如此复杂的做法，确定行政诉讼被告的规则的出发点在于便利原告起诉，保障其诉权的行使，并不注重实体责任的归属。被告只不过是形式上的责任承担者，最终由国家来承担真正的行政责任。问题的关键在于，我们并不区分实质被告与形式被告。

因此，在被告适格问题上，首先需要将被告确认规则进行修改。以我国目前的实际情况，本书认为确认“谁行为，谁被告”这一规则较为符合国情，将实质被告与形式被告区分开来，也利于司法救济的顺利展开。在这一基础上，课予义务诉讼中被告适格的问题同其他诉讼类型相似。但课予义务诉讼的特殊性在于，其是以请求被告作出一定行政行为为诉讼标的，因此，有关课予义务诉讼之被告，应以实体法上有权作成某特定行政处分为被告，被告方才适格。因为原告只有对于有管辖权的行政机关提出申请，才有可能享有主张公法请求权的权利。如果原告向一个根本没有管辖权的行政机关提出申请而未获准允，因诉之被告不适格而不具备理由。此种情况属于显而易见的被告不适格。例如，向建筑主管部门请求核发营业许可，即行政机关不具有相应职权的事实如此明显，乃至于不需要再提出任何其他的怀疑。

二、课予义务诉讼的起诉期限

行政行为不仅涉及案件当事人的权益，而且关系到第三人及公共利益，将其长期置于不确定状态，有可能会产生法律关系的不安定或对其他利害关系保障不充分的问题。因此，从调和私人利益进行救济的要求与维护行政法律关系稳定的要求出发，需要规定起诉期限以获得平衡。课予义务诉讼作为行政诉讼类型之一，亦当遵守一定的起诉期限。

（一）起诉期限的含义与意义

原告向法院提起行政诉讼，除具备前述诸要件以外，还须在法定的起诉期限内行使诉权，如若超出法定起诉期限，起诉将会被裁定驳回，从而无法进入实体审理程序。“行政诉讼中的起诉期限，是法律规定的当事人请求法院通过行政诉讼程序给予法律救济的最长时间限制。”① “该期限是比照民法上的除斥期间和诉讼法上的上诉期间进行设计和变造的，在性质上属于程序法上的法定期间，不能中断或者中止，特殊情况下才可申请延长或扣除

---

① 马怀德主编：《行政诉讼原理》（第2版），法律出版社2009年版，第337页。

被耽误的时间。也可称为行政法的除斥期间（或不变期间）。”① 起诉期限这一概念包含三个要素：第一，法律基于保护的时间和期限，即当事人从某一时间点开始到另一个时间点结束期间，可以向法院提起行政诉讼。在司法实践当中，最重要的是开始时间点如何起算的问题。一般来说，这一时间点与当事人权益受到行政行为的侵犯或知道权益受到行政行为受到侵犯有关。第二，在上述时间内，当事人有提起行政诉讼的权利。“从根本上说，法治主义并不推崇侠客式的正义号召者，而只是消极地维护秩序。”② 在一定的时间段内，当事人可以经过思考和衡量，选择是否向法院起诉，行使诉权。如若当事人并不行使这一权利，法院也在所不问。第三，超过起诉期限的法律后果。如若超过上述期限，当事人并未向法院提起诉讼，法律将取消该当事人就此事宜向法院寻求保护的权利。在相当的时间内，法律已经赋予了当事人选择的自由，也予以了充分的尊重，为了避免行政法律关系一直处于不安定状态之中，期限已过，该法律关系业已宣告确定，社会秩序在此基础上继续进行新的发展。

起诉期限的最终目的并非限制当事人诉讼权利的行使，相反，是防止诉权的滥用，促使当事人尽速行使诉权，以实现定分止争和稳定行政法律关系的效果。它是一种保护，但同时也是一种限制。虽然起诉期限经过后，当事人丧失向法院寻求救济与保护的权利，法院对超过起诉期限的案件也可以拒绝受理，但并不意味着违法的行政行为将不会得到纠正。期限经过，当事人丧失诉权，但可以向行政机关进行申诉，行政机关经过审查改变原行政行为的，诉讼期间因为一个新的行政行为的产生又开始计算。当新的行政行为进入司法审查程序之后，必然会涉及对旧有的行政行为的

① 林俊盛：《论行政诉讼起诉期限制度的完善——兼谈我国〈行政诉讼法〉的修改》，载《行政法学研究》2013 年第 3 期。

② 马怀德主编：《行政诉讼原理》（第 2 版），法律出版社 2009 年版，第 337 页。

审查，因此，起诉期限也并不是完全绝对的。

（二）课予义务诉讼起诉期限之廓清

行政诉讼起诉期限是基于行政诉讼的特性而设定的，主要影响已经作出的行政行为的效力。对于课予义务诉讼来说，现行立法有关起诉期限的规定并不能全然适用，特别是在行政机关不作为时，由于不存在对已经作出的行政行为持续力的考量，因此不可适用起诉期限，而应另行设置民事诉讼上有关给付诉讼的诉讼时效。

1. 现行起诉期限规定之梳理

（1）经过复议程序的起诉期限

1990 年《行政诉讼法》第 38 条规定，复议期限和对复议决定和逾期不作决定行为不服提起行政诉讼的期限均为 15 日。2017 年《行政诉讼法》将复议决定作出的期限规定删除，① 仅保留第 2 款有关复议期限的规定作为第 45 条。相较而言，有关复议案件起诉期限的规定并无实质性调整。

（2）直接提起行政诉讼的起诉期限

1990 年《行政诉讼法》第 39 条第 1 款规定："公民、法人和其他组织直接向人民法院提起行政诉讼的，应当在知道作出具体行政行为之日起三个月内提出。" 2014 年修法时，第 46 条就此作出了四处改变：第一，将 "具体行政行为" 之 "具体" 删除，仅以 "行政行为" 作为表述，为了整个行政诉讼法用语的统一，在此不再赘述。第二，将 "应当知道" 改为 "自知道或者应当知道" 之日起算诉讼期限。"知道" 是一个极为主观的状态，从外观上很难获取，给司法实践的判断带来很大难度。而 "应当知道" 则涉及外部判断，法院可根据一般常理推断，更利于实务操作。第

① 删除的原因有二：第一，行政复议期限由《行政复议法》另行规定；第二，"两个月" 复议期限的规定与《行政复议法》第 31 条规定不一致。《行政复议法》相关规定更为科学、合理。

三，将起诉期限从3个月延长至6个月。1990年《行政诉讼法》规定的3个月的起诉期限显得过于短暂，当事人极容易因超过起诉期限而丧失诉权，从而不利于权利的救济。此次修法予以了适当延长。第四，增加了最长保护期限的规定。涉及不动产诉讼案件超过20年，其他案件超过5年不起诉的将失去诉权。质言之，不动产案件最长保护期20年，其他案件最长保护期5年。诉讼既要考虑正义的保护，也要考虑秩序的维护。无限期的保护诉权也是另一种极端，并不可取，因此规定最长保护期限，使不安定的行政法律关系能在合理期限内得到稳定。

（3）不履行法定职责案件的起诉期限

1990年《行政诉讼法》仅规定了行政作为形式的违法起诉期限，而忽略了行政机关不履行法定职责的情形，现行《行政诉讼法》将2000年《若干解释》第39条作为第47条，将司法解释的规定上升到法律层面，提升其效力。行政机关不履行保护人身权、财产权职责的案件的起诉期限为2个月，[①] 另外通过《行诉解释》第66条进一步对该类案件的最长保护期限作出了补充规定，当事人必须在行政机关履行法定职责期限届满之日起6个月内提起诉讼。[②]

新法第47条有关行政机关不履行保护公民人身权、财产权职责的案件的起诉期限如何适用于履行之诉呢？有如下问题需要回答：第一，行政机关履行法定职责是否能够与申请行政机关保护人身权、财产权等同？显

① 参见《行政诉讼法》第47条第1款规定：公民、法人或者其他组织申请行政机关履行保护其人身权、财产权等合法权益的法定职责，行政机关在接到申请之日起两个月内不履行的，公民、法人或者其他组织可以向人民法院起诉。法律、法规另有规定的从其规定。第2款规定，公民、法人或者其他组织在紧急情况下请求行政机关履行以上职责，行政机关不履行的，不受上述起诉期限的限制。《若干解释》第39条规定的是60日内，为了保证立法术语的统一，此处将60日改为“2个月”。

② 参见《行诉解释》第66条规定：“公民、法人或者其他组织依照行政诉讼法第四十七条第一款的规定，对行政机关不履行法定职责提起诉讼的，应当在行政机关履行法定职责期限届满之日起六个月内提出。”

然，二者内涵与外延并不一致，应当是包含与被包含的关系。虽然第47条与受案范围第12条第6项保持了一致，但却无法与第72条履行判决保持一致。保护人身权和财产权更倾向于危险防止领域，对于授益性行政行为难以全部概括。毕竟，法定职责并不仅仅限于“保护”相对人的利益。[①]第12条第6项与第47条“不履行保护人身权和财产权”与第72条履行判决中“不履行法定职责”的范围存在较大差异，从立法用语的一致性与贯通性来说，立法宜予以相应修改，将第47条与第72条统一，否则除危险防止领域以外的授益性行政行为的不履行将无法适用现有起诉期限的条款，从而出现于法无据的情形。第二，现行《行政诉讼法》第47条与《行诉解释》第66条分别规定了起诉期限和最长保护期限，从“申请之日起2个月内不履行的”以及“法定职责期限届满之日起”表述中可以推导出该款规定针对的应是行政机关不予答复的单纯不作为情形，而非行政机关拒绝履行情形。那么，在此有几点疑问：倘若《行政诉讼法》第47条和《行诉解释》第66条无法适用于拒绝履行行为，其是否应当视为行政作为，从而适用第46条作为形式的行政行为的起诉期限的规定？将拒绝履行以行政作为形式适用于第46条即意味着“不履行”不涵盖“拒绝履行”，那么《行诉解释》第91条对不履行的理解（包含不予答复及拒绝履行）即存在冲突。如若认为“不履行”包含“拒绝履行”，拒绝履行又应当如何适用《行政诉讼法》第47条和《行诉解释》第66条单纯不作为情形的起诉期限的规定？此种冲突源于立法用语不统一所带来的内在矛盾。

2. 课予义务诉讼起诉期限之完善

就我国课予义务诉讼起诉期限的完善，可以分为两步：第一，区分是

① 有学者认为，第47条申请行政机关保护人身权财产权案件虽名为“申请”，但根据内容判断，应当是行政机关依职权主动履行职责的范畴，与日本之直接型课予义务诉讼相对应。参见章志远：《司法判决中的行政不作为》，载《法学研究》2010年第5期。

否经过复议。现行《行政诉讼法》第44条、第45条已有规定，可予以援用，并作出适当修改。第二，区分拒绝履行和不予答复两种行为形式。前者与撤销诉讼适用相同的起诉期限，即除斥期间；后者则适用民事诉讼上有关给付诉讼的诉讼时效，仅规定最长保护期限。

（1）经过复议程序的起诉期限

德国行政诉讼采取以复议前置为主，以直接诉讼为例外的原则，因此在提起课予义务之诉之前原则上必须先提起复议。德国《联邦行政法院法》第74条第1款与第2款规定，义务之诉须在复议决定送达后1个月内提起。根据该法第68条的规定，不需要作出复议决定的，应当在行政行为公布后的1个月内提起诉讼。行政决定经过复议程序与否，其起诉的期限是一致的。有关诉讼期限的起算时间则规定在第58条，根据该条规定，仅在当事人以书面或电子方式被告知法律救济的方式，才开始计算法律救济措施的期限。如果未予告知或未予正确告知，则在1年内均可以采用法律救济方式，除非有不可抗力之原因导致未能采用书面或电子方式告知。

我国台湾地区“行政诉讼法”第106条第1款规定，课予义务诉讼应在诉愿决定书送达后2个月之不变期间内提起。诉愿人以外的利害关系人知悉在后的，以知悉之日起算。同时，第2款规定了最长保护期限，诉愿决定送达后超过3年起诉的，法院将不予受理。不需要经过诉愿程序可直接提起课予义务诉讼的，应在自行政处分到达或公告后2个月的不变期间内提起。我国台湾地区有关规定与德国相同，无论是否经过诉愿程序，其起诉期限均一致，只不过保护期限有长短之分。

我国现行《行政诉讼法》第45条、第46条规定，须经复议的，在收到复议决定之日起15日内提起诉讼。无须复议的，自知道行政行为之日起6个月内提起。我国规定与域外相比较而言有两处值得进一步妥善处理：第一，经过复议案件的最长保护期限。现行法第46条第2款仅规定了直接向法院起诉案件的最长保护期，是否能够涵盖经过复议的案件不甚清晰。为了起诉期限规定的系统性和经复议案件后行政法律关系的稳定性，应当对经过复议案件的最长保护期限予以规制。第二，经复议的案件，在收到复议决定之日起 15 日内不向法院提起行政诉讼，则不得提起诉讼，与无须复议直接向法院起诉的案件的起诉期限（6 个月）相比差距过大。无论是经过复议程序，复议机关作出的复议决定，还是未经过复议直接起诉原行政决定，均是针对行政行为的不服，二者的起诉期限不宜有如此过大的差别，经过复议的案件，起诉期限应与直接起诉期限保持一致。

（2）行政机关或复议机关不作为的起诉期限

德国《联邦行政法院法》第 75 条规定了当行政机关无所作为时的起诉问题，“如果不具备充足理由而未在适当期间内对复议申请或作出一个具体行政行为的申请作出实体决定，则起诉无须符合第 68 条（复议前置程序）即具有适法性。起诉不得在提出复议或作出具体行政行为的申请之后的 3 个月期限届满前提出，只有在特别情况才可以依法在较短期限内起诉”。此时，不作为既包括了原行政机关的不作为也包括了复议机关的不作为。对行政机关不作为的起诉，只要没有特殊理由，只有在 3 个月期间结束以后方能提起不作为的义务之诉。

我国台湾地区“行政诉讼法”第 106 条规定，不经过诉愿程序提起怠为处分之课予义务诉讼的，即原行政机关不作为的，应于作为期限届满后为之，但超过 3 年的不得提起。而经过复议，复议机关逾期不作处理的，根据“诉愿法”的规定可以提起再诉愿。

日本的情况则较为特殊。根据日本《行政事件诉讼法》第 38 条的规定，课予义务诉讼关于撤销诉讼的规定的准用，包括被告资格、管辖、关联请求的诉讼移送、诉讼的合并、诉讼的变更、诉讼的参加和依职权调查取证。但准用并不包括第 14 条有关撤销诉讼的起诉期限。也就是说，课予义务诉讼的起诉期限不受撤销诉讼规定的限制。虽然如此，并不代表相对人提起课予义务诉讼时不必受到诉讼期间的任何限制。日本立法认为，为了能够迅速地解决纷争，避免法院判断的矛盾、合理地解决争议，在提起申请型课予义务诉讼时，必须合并提起有关不作为违法确认诉讼、撤销诉讼、无效等确认诉讼。因此，同法第 37 条之三第 3 款规定，在提起申请型不作为型课予义务诉讼时必须合并提起处分或裁决不作为违法确认诉讼。此时需要受到合并提起的不作为确认诉讼起诉期限的限制，但因无效等确认诉讼和不作为违法确认诉讼并无起诉期间的限制，因此也就没有限制。在提起拒绝申请型课予义务诉讼时，则需要合并提起撤销诉讼或无效等确认诉讼。合并提起的各诉必须是合法的，因此，提起该类诉讼时也须受到撤销诉讼起诉期间的限制。超过撤销诉讼的起诉期间时，则不得合并提起撤销诉讼。但无效等确认诉讼并无起诉期间的限制，因此提起拒绝申请合并无效等确认诉讼时也不存在诉讼期间的限制。总之，在日本提起申请型课予义务诉讼须结合其合并的诉讼类型确定起诉期间。

结合我国现行《行政诉讼法》第 47 条和《行诉解释》第 66 条的规定，公民申请行政机关保护人身权、财产权的，行政机关自申请之日起 2 个月内不作为的，亦即提出申请 2 个月以后相对人方可向人民法院提起诉讼。但相对人须在最长保护期内，即行政机关履行法定职责期限届满之日起 6 个月内提起，超过 6 个月仍未提起诉讼的，法院将不予受理。在此简单举一例说明，相对人于 4 月 1 日向行政机关提交申请，行政机关于 6 月 1 日前不履行当事人申请，那么从 6 月 2 日起，相对人即可向法院提起行政诉讼。但 6 个月后，亦即 12 月 2 日起，相对人的起诉法院将不会受理。与德国和我国台湾地区规定的最长保护期 3 年相比，大陆行政诉讼赋予当事人诉权最长保护期 6 个月显得过于短暂，不利于对当事人诉权的保护。本书认为，最长保护期限应予以适当延长，可参照第 46 条第 2 款对涉及不动产案件和其他案件最长保护期限的规定。

（3）行政拒绝履行行为的起诉期限

德国《联邦行政法院法》第 74 条第 2 款规定，曾申请作出行政行为被拒绝的，须于复议决定送达后 1 个月内提起。不需要经过复议程序的，应在行政机关公布后 1 个月内起诉。我国台湾地区“行政诉讼法”第 106 条第 3 款规定，不经过诉愿程序直接提起第 5 条第 2 项诉讼的，即拒绝申请型课予义务诉讼，应于处分到达或公告后 2 个月之不变期间内为之。在日本提起拒绝申请型课予义务诉讼必须合并提起撤销诉讼或无效等确认诉讼。由于合并诉讼的要求，本不受撤销诉讼起诉期限限制的课予义务诉讼也仍然在某些情况下受到约束。具体来说，合并提起各个诉讼必须合法，由于撤销诉讼受到起诉期限的限制，当提起申请型课予义务诉讼时已经超过撤销诉讼期间的，不得合并提起撤销诉讼。

我国现行立法和司法解释并没有对行政拒绝履行的起诉期限另行规定，但行政拒绝履行并不属于行政不作为范畴，应归属于否定性的行政作为，故而可适用《行政诉讼法》第 46 条规定，当事人自知道或应当知道之日起 6 个月内提起诉讼，同时参照不变期间。在此需要说明的是，针对行政机关拒绝申请的行为不服的，出于法律安定性和确定性的考虑，相对人提起课予义务诉讼的同时应当合并提起撤销诉讼为宜，因此，诉的提起须同时符合课予义务诉讼之拒绝履行行为的起诉期限和撤销诉讼的期限，但二者均设置为 6 个月，因此也就没有特别注意之处。

三、课予义务诉讼的复议前置

作为解决行政争议，保护行政相对人合法权益的两种不同的救济制度，行政复议与行政诉讼在我国行政法领域占有极其重要的地位。“各国行政法制完善的一个共同趋势是强化对公民权利的保护，重视权利救济制度的完善，致力于权利救济的完整、正确、实效、经济与迅速，权利救济制度趋向多样化与实效性。”① 在行政救济多样化的背景下研究行政复议与行政诉讼的关系具有非常重要的意义。课予义务复议与课予义务诉讼的关系与衔接于各国存在不同的做法，我国可结合本土特点，吸收域外经验塑造适应我国国情的程序衔接措施。

（一）我国行政复议与诉讼衔接之种类

行政复议是指行政相对人认为行政机关作出的行政行为侵犯其合法权益，依法向行政复议机关提出复查该行政行为的申请；行政复议机关按照相对人的申请，对被申请的行政行为进行合法性、合理性审查并作出相应的处理决定。无论是英美法系国家还是大陆法系国家（地区），均设置了类似于行政复议的制度，如大陆法系之德国的异议审查制度、日本的行政不服审查制度、我国台湾地区的诉愿制度；英美法系之美国的行政法官制度、英国的行政裁判所制度。行政复议是向作出原行政行为的上级主管机关或者同级人民政府提交复议申请，从程序上来说，操作比较简单、经济，主管机关处理自身熟悉的管理事务具有更强的专业性和专门性，有利于加大内部的监督力度，提高行政机关履职的自觉性，并且将案件分流，为减轻法院的审判负担起到了不可忽略的重要作用。但缺点也是显而易见的，行政复议机关作为解决纠纷所需要的独立的、超脱的第三人地位难以保证，公平与公正是否能够得到完全的保障并非没有疑问。这一缺陷也是行政复议制度为广大学者所诟病之处。即便如此，我们也不可因噎废食，忽视行政复议作为法律纠纷解决方式之一的积极性和有用性。这是因为行政机关处理的事务大多具有一定的专门性和专业性，由其专门的主管部门来管理该事务更符合效率原则。

从立法上来讲，行政争议的救济模式可分为双轨制和单轨制两种。双

① 杨海坤、章志远：《行政诉讼法专题研究述评》，中国民主法制出版社2006年版，第71页。

轨制救济模式是指行政相对人对行政机关作出的处理决定不服时，既可以通过复议也可以通过诉讼的方式寻求救济。单轨制救济方式是指相对人在发生上述争议时，只能寻求复议或者诉讼之一进行救济而不能同时获取。行政复议和行政诉讼各有利弊，将二者相结合，由行政相对人自行选择一种较为有利的途径，更加符合诉讼制度的科学设置原理，也是纠纷解决机制多元化之应然结果。根据行政复议与行政诉讼的关系，可分为以下几种：

1. 必经复议型关系

必经行政复议型关系是指行政相对人对行政行为不服的，必须先向复议机关提出复议申请，不服复议决定时方可再提起行政诉讼，此为复议前置制度。根据我国目前的法律规定，行政复议程序仅在自然资源的确权、税务争议、审计决定、专利复审委员会、反垄断以及价格违法的处罚案件中是必须经过的。总体来说，必经行政复议型适用范围较窄，主要涉及需要行政机关专业判断领域。

行政复议作为行政机关内部解决行政争议的途径，对于当事人来说，具有较之诉讼更经济、更简便、更灵活、更快捷的优点，将其设置为诉讼前必经程序有一定理论基础。但重要的是，何种争议较为合适纳入行政复议前置程序值得探讨。对此，有学者认为，凡涉及某些专业技术知识的行政纠纷，以经过行政复议为宜。“不需要具备专业技术或专业部门知识就能解决的行政纠纷，则不必非经行政复议不可。”① 本书赞同此观点，一些复杂的或者涉及专门知识的争议，交由行政机关先行处理更为合适。案件直接进入诉讼程序，法院将会耗费大量的精力应对专门知识，出于诉讼经济和尊重行政机关的专业性的考虑，涉及专门性的复杂争议案件先经复议处理较为合适。我国目前对行政复议前置适用的案件对象基本遵循这一原则。只不过在确定应由行政机关处理的专门技术性领域的事项时如何界定

① 刘宇：《再议行政复议与行政诉讼的关系》，载《中国农垦经济》2000 年第 10 期。

值得探讨，否则将会导致专门技术性领域事项的泛化与滥用，成为阻碍当事人寻求诉讼进行权利救济的借口。应当说，只有那些具有高度专门技术，使法院无法轻易介入的事项才属于必经型复议范畴。

在司法实务中，在必经行政复议型关系里，当事人较容易遭遇复议机关不受理复议申请或不作出复议决定的情形。据此，当事人转向法院提起行政诉讼寻求救济时，法院可否受理该诉，现行法并没有明确指引。本书认为，复议机关既是一个对申请的行政行为进行审查的机关，也是一个被期待作出一定决定的行政机关，复议行政机关逾期不作为纳入司法审查也是必然。况且，当事人已按照法律规定，先行向复议机关申请复议，至于复议机关不受理复议申请或不作出决定，不能将此责任科以非因自身原因而导致无法诉讼的相对人，从而阻碍相对人诉权的行使。

2. 复议与诉讼选择型关系

行政复议与行政诉讼的选择型关系是指相对人对行政行为不服的，可在行政复议和行政诉讼中任意选择。在复议与诉讼选择型的关系里，又可细分为强制性选择和任意性选择两种亚类型。强制性选择型是指当事人不服行政行为的可以在行政复议和行政诉讼之间选择，但若选择复议，复议结束后无论结果如何均不得再提起行政诉讼寻求救济。目前该类型仅限于法律规定的行政机关的终局裁定案件，当事人一经复议即告终结。例如，《中华人民共和国出境入境管理法》第 64 条规定："外国人对依照本法规定对其实施的继续盘问、拘留审查、限制活动范围、遣送出境措施不服的，可以依法申请行政复议，该行政复议决定为最终决定。"任意性选择型是指相对人对行政行为不服的可申请复议或可诉讼，对复议决定不服的，还可向法院起诉。一般而言，法律法规没有明确规定属于其他类型的，则属于此种类型。选择型关系的优点在于赋予了相对人选择的机会，作为一个理性人，将会选择对其最有利之途径寻求最大限度的保护。对于相对人来说，选择行政复议抑或选择行政诉讼，关系到其合法权益可否获得及时、有效的保护，还涉及司法权和行政权的分工问题，甚至是行政复议与行政诉讼制度功能可否实现的问题。在强制性选择关系中，如若复议机关并没有对实体进行审理，而是不受理或不予置否，相对人可否向法院提起诉讼？本书认为，此处所谈及行政复议决定为终局决定，指的是复议机关对案件实体问题进入审查以后作出决定，而不是不受理或不作决定。此时诉讼并不是针对行政行为的判断，而是针对复议机关不作为的判断。据此，即便是一裁终局型案件，复议机关不受理当事人复议申请的，当事人可向人民法院提起行政诉讼寻求救济仍然是被允许的。

3. 行政复议终局型关系

行政复议终局型是指当事人在申请行政复议以后，复议机关所作出的决定是终局性的，当事人双方都必须遵守该复议结果，不得再行提起行政诉讼。例如，《中华人民共和国行政复议法》（以下简称《行政复议法》）第30条第2款规定："根据国务院或者省、自治区、直辖市人民政府对行政区划的勘定、调整或者征用土地的决定，省、自治区、直辖市人民政府确认土地、矿藏、水流、森林、山岭、草原、荒地、滩涂、海域等自然资源的所有权或者使用权的行政复议决定为最终裁决。"复议终局型因为限制了当事人的诉讼权利，因此在学界引起不少争议，对此有肯定说和否定说两种。

肯定说认为，"行政机关作出终局裁定，如果在理论上能够证明行政复议和行政诉讼一样做到公平、公正，由行政复议作出最终裁决则是可行的。从现行法律来看，行政复议最终裁决的案件是行政诉讼不宜或者不能解决的，由行政机关结合较为合适"。[①] 至于哪些案件比较适合终局裁定类型，学者们提出了几点建议：第一，涉及国家重要机密的案件。一旦进入诉讼程序，其后果将会难以预料。第二，某类行政行为极少或者不可能侵

---

① 陆春燕：《行政复议与诉讼关系简论》，载《行政法学研究》1998年第4期。

害相对人的合法权益。这类案件，因为没有侵害或者极少侵害相对人的可能，因此也不需要进入诉讼程序予以救济。第三，专业性极强的行政案件，以至于该类案件进入诉讼程序，使法官的审查基本是徒劳的。第四，某类行政行为已经有近乎司法程序的操作为保障，无须使用诉讼程序进行司法审查。第五，因不可抗力之事件导致寻求行政救济以外的司法救济不可能。

否定说认为，“在我国现行法律中，行政复议终局意味着对司法监督的排斥，违背了现代法治关于‘司法最终解决的原则’，从而使一部分行政复议行为脱逸司法审查，这与依法治国方针不符。虽然我国目前对于行政终局裁定的规定范围很小，但毕竟与司法最终救济原则相悖，理应取消，从制度上保证法院对行政争议享有最终的裁判权”。[①] 司法最终救济原则为世界各国所认可，行政机关所作出的行政行为并不当然具有法律上的自足性，原则上必须接受司法审查。自由裁量权的扩大是社会发展的必然趋势和需要，加强对自由裁量权的控制也是司法审查的必然。为了保证行政争议最终都能得到司法的救济，行政复议还是要让位于行政诉讼的。当然，这并不是说没有任何例外情况。某些不宜由法院来裁判的案件，理应由行政机关作出最终裁决，如国防、外交行为，但必须有法律的明确规定，并且这种例外范围应当逐渐缩小。

综上所述，在我国目前行政复议与行政诉讼的程序衔接上，主要以任意选择型为主，复议前置型、复议终局型、强制选择型则较为少见，基本均以法律、法规明文规定为限。之所以如此设计，一方面在于行政复议制度的“天生缺陷”，既当“运动员”又当“裁判员”的设置难以保障复议决定的公正性与合法性；另一方面，复议前置或复议终局不符合司法最终救济原则，也不利于对当事人诉权的保障。在这一思路的指导下，我国单

① 沈福俊：《对行政复议的司法监督：现实问题与解决构想》，载《法学》2003 年第 12 期。

行法律、法规中逐步减少了复议前置。例如，2005年通过的《中华人民共和国治安管理处罚法》即将复议前置的规定予以废除，明确规定治安管理处罚案件实行任意选择型，并获得了学界的普遍认可。因此，复议前置的规定不断减少，任意选择的空间不断扩大。基于这样的前提，容易产生复议前置越少越好的认识。但本书认为，行政复议因其专业性强，程序操作简便、快捷，成本低效率高等优势，随着社会分工日趋精细化，争端解决机制的类型化，复议前置在行政机关较法院更能发挥优势的情形下优先适用，复议前置的减少并不代表复议前置越少越好。

（二）域外课予义务诉讼与行政复议衔接之考察

1. 穷尽行政救济原则

该原则的代表国家为美国，当事人在没有利用一切可能的行政救济措施以前，不能申请法院对行政机关的决定作出裁决。当事人在寻求救济之前，必须利用行政机关内部提供的救济手段，然后才能请求法院进行救济。但该原则也有例外：行政机关不能提供适当的救济的、行政机关的决定对当事人产生不可弥补的损害的、无管辖权的、宪法问题以及法律解释问题、刑事案件、1983节的民权案件。[①] 美国法律一方面承认穷尽行政救济原则，另一方面承认大量的例外情况存在，即不适用这个原则。“法院在决定是否不适用这个原则时，要考虑需要适用这个原则的因素和不需要适用这个原则的因素。”[②] 综合诸多的考虑因素来看，需要考虑穷尽行政救济原则的因素主要基于行政权的自主性，法院应当予以充分的尊重。

2. 行政复议前置原则

以行政复议前置为主要原则，任意选择为例外的代表国家和地区如德

① 参见王名扬主编：《美国行政法》，中国法制出版社2005年版，第648~652页。

② 王名扬主编：《美国行政法》，中国法制出版社2005年版，第652页。

国和我国台湾地区。根据德国《联邦行政法院法》第 68 条第 2 款之规定，如果相对人对行政行为的申请遭到了拒绝，在提起义务之诉以前，应当进行一个前置程序。复议程序成为否定决定之义务之诉的适法条件。第 75 条则针对行政机关不作为进行了另行规定。如果行政机关没有充分理由，却未在适当的期间内对复议申请作出实体上的决定，这种诉讼不受第 68 条之约束，亦即，不必经过复议程序，而可直接向法院提起义务之诉。德国《联邦行政法院法》第 75 条规定："起诉不得在提出复议申请或作出具体行政行为的申请之后的 3 个月期限届满前提出。只有在特别情况才可以依法在较短期限内起诉。"也就是说，自申请或复议申请的提出为准开始起算，满 3 个月之后，针对行政机关的不作为直接向法院提起义务之诉也是适法的。但如若行政机关有充足的理由即将对复议申请作出决定的，法院可以中止诉讼，直到确定的延长期限届满为止。如果复议申请所提出的要求在法院所确定的期限内得到了满足，或在该期限内作出了行政行为，法院则宣告诉讼的主体事务终结。"充足理由"包括案件的特殊复杂性，第三人或者其他机关参与，但不可以是工作负担过重或没有预交相关费用。即使行政机关提出了充足的理由，也不一定导致不作为之诉不适法。法院可等待期限届满时行政机关作出决定，在这之前可中止诉讼。如果复议申请得到了全面的满足或者所追求的行政行为已经作出，那么课予义务诉讼就会失去法律保护的需要。如果申请在起诉之后被拒绝，原告可以把已经作出的行政行为纳入诉讼，无须再经过复议程序，可直接继续诉讼。如若行政机关没有在 3 个月期限届满前作出复议决定，或没有在法院确定的期限内作出决定，当事人提起诉讼前也同样无须经过复议前置程序。

我国台湾地区"行政诉讼法"第 5 条第 1 项规定："人民因中央或地方机关对其依法申请之案件，于法令所定期间内应作为而不作为，经诉愿程序后，得向行政法院提起课予义务诉讼。"也就是说，我国台湾地区在怠为处分之课予义务诉讼采取诉愿前置原则。诉愿未获得救济，包括诉愿遭受诉愿机关驳回和诉愿机关逾期不作出决定。易言之，为了避免诉愿机关迟迟不作出诉愿决定，导致人民无法提起行政诉讼，如若诉愿机关未按照“诉愿法”第20条规定，于提起诉愿申请之日起3个月内或者诉愿延长2个月后仍不为决定的，认为诉愿申请人未获得救济，即可以提起怠为处分之课予义务诉讼，以保障当事人诉权之正常行使。第5条第2项规定，“申请被予以驳回的，经诉愿程序后，得向行政法院提起课予义务诉讼”，在拒为处分型课予义务诉讼之前也采取了诉愿前置原则，但“诉愿法”第2条第2项仅规定了对于行政机关于“法定期限”内应当作为而不作为的可提起诉愿，不服拒为处分之课予义务诉讼在“诉愿法”上并没有相关诉愿类型。对此，我国台湾地区学者提出，为求“法律”适用的明确性，应当在“诉愿法”修改时加以填补。在此之前，可类推第2条第1项之规定适用。而“诉愿未获救济”包括诉愿遭受驳回和受理诉愿的机关逾期不作决定两种情况。在提起诉讼时，诉愿机关作成决定时，法院该当如何，有关规定并没有给出指引。但有学者借鉴德国做法认为，当诉愿决定能够满足原告申请时，应当以原告之诉欠缺权利保护之必要而予以驳回。当诉愿决定驳回原告申请时，原告起诉之“适法性”不受影响，法院继续诉讼程序。如若诉愿决定系命令原行政处分机关依诉愿决定作成行为的，原告之诉的“合法性”仍然不受影响。在这几点疑问上，我国台湾地区之“诉愿法”尚待完善。上述提起怠为处分之课予义务诉讼与不服拒为处分之课予义务诉讼，均须经过诉愿程序方能向行政法院提起课予义务诉讼。但有“法律”特别规定时除外，如我国台湾地区“行政程序法”第109条规定：“凡已经听证程序后所作成之行政处分，对之不服者，毋庸再提经诉愿程序，即得径行提起行政诉讼。”

3. 复议与诉讼任意选择

法国和日本在行政复议和行政诉讼的程序衔接上，都经历了从“复议前置为原则”到“复议前置为例外原则”的转变。

法国大革命前，行政与司法严重对立，渗透到行政部门的资产阶级在大革命胜利之后，为了巩固资产阶级的利益，禁止普通法院审理行政案件，从而加强行政机关的权力。但是在1790年大革命胜利以后，虽然明确禁止司法法官受理行政案件，却没有规定由哪一机关履行此项职能。在其后的10年间，公民对行政机关的申诉由上级行政机关受理，最终决定权在国家元首。行政官员本身充当了行政法官的角色，对于不服的行政行为，只有行政救济没有司法救济。1799年成立的国家参事院负责受理公民对行政机关申诉的案件，以国家元首名义对外作出裁决，成为国家元首的咨询机关。1872年，国家参事院（最高行政法院）获得独立主体地位，以法国人民的名义审理行政案件。此时，部长法官制并没有被撤销，除非有法律明确规定，否则案件必须先由部长裁决，不服的向国家参事院上诉。但在1889年经历了“卡多案件”① 以后，当事人不服行政机关的决定，可以直接向最高行政法院提起诉讼，无须向部长申诉。自此，法国改变了复议前置的传统。

日本则基本以“二战”作为分界线，“二战”以前，根据明治时期制定的《行政裁判法》，国民在提起行政诉讼之前必须经过诉愿的裁决，即采取诉愿前置主义。“二战”以后，受美国司法制度的影响，日本废除了《行政裁判法》，但后来的《行政事件诉讼特例法》又重新肯认了诉愿前置制度。现行《行政事件诉讼法》原则上采取自由选择主义，只有在个别法的特别规定时才适用不服审查前置原则。日本《行政事件诉讼法》第8条第1款规定，“即使在根据法令的规定时处分可以提出审查请求的情况下，也不妨碍直接提起处分撤销诉讼。但是，法律规定不经过对有关该处分的审查请求的裁决就不能提起处分撤销诉讼时除外”，即根据《行政不服审

① 在卡多案件中，当事人卡多被马赛市免除了主任工程师职务，卡多先后向马赛市政府、普通法院、省参事院、内政部长提出损害赔偿之诉均不被受理，最终向最高行政法院提出申诉。最高行政法院否定了部长法官制。

查法》以及其他法令的规定，当事人对不服的行政处分既可以提出审查请求也可以提起行政诉讼。例外情况是，如若法律规定不经过请求不服审查申诉即不得提起诉讼，如课税诉讼。其理由在于，能够以简单迅速的方法使当事人获得满足，就没有进入司法程序的必要。只不过，仅在法律有特别的明确规定情况下，才可以设置不服审查前置。

从域外国家和地区对行政复议和行政诉讼程序的衔接来看，各国家和地区均按照自身的需求和本土现状选择了最适合本国家和地区制度的复议与诉讼衔接类型。“不管行政复议是前置还是选择，其实是反映本土需求的。……行政复议与行政诉讼的衔接关系，主要受到以下因素影响：如何最大限度地保障当事人的诉权、行政争议案件量、案件本身的专业性、政府资金等支持力度等。”① 虽然各国和地区对于行政复议与诉讼的衔接的规定各不相同，但是从完善我国行政与复议程序衔接的角度来看，有以下几个方面值得思考与镜鉴：第一，肯定行政复议的功能。虽然美国行政复议的性质决定其范围有所限制，但司法审查仍然贯彻穷尽行政救济原则，表明了行政复议在解决纠纷、减轻法院负担方面的积极作用。德国与我国台湾地区在行政复议制度上具有较强的相似性，只不过我国台湾地区在监督行政方面规定得更为详细。虽然各国（地区）对于行政复议的认可程度不一，但均承认行政复议化解纠纷的功能。第二，强调行政复议机关的独立性。美国《联邦行政程序法》第557条规定：“机关受理当事人对初步决定的申诉或复议时，享有作出初步决定所应有的一切权力。”赋予行政复议机关完全的决定权，充分保障复议机关行使复议的权力。我国台湾地区“诉愿法”第25条对“诉愿委员会”的设置与组成人员有专门的规定。这些规定均是为了尽力保障行政复议程序的公平公正，弥补其“先天缺陷”。第三，坚持司法最终原则。“在美国，任何行政机关的裁决都要接受司法

① 曹鎏：《五国行政复议制度的启示与借鉴》，载《行政法学研究》2017年第5期。

审查，这不仅是司法权授权合法的理由，而且也是美国行政权力运行的重要保障。”[①]《联邦德国基本法》第19条第4款规定：“任何人之权利受官署侵害时，得提起诉讼。如别无其他管辖机关时，得向普通法院起诉，但第10条第2项后段之规定不因此而受影响。”我国台湾地区“行政诉讼法”第2条规定：“公法上之争端，除法律另有规定外，得依本法提起行政诉讼。”日本《宪法》第76条也同样确立了司法最终审查原则。我国目前虽仅有少量的案件采取复议终局型，但终究是对当事人正当行使诉权的限制，因此，该复议诉讼类型所适用的案件范围逐步缩减乃至取消系未来发展趋势。

（三）我国课予义务诉讼与行政复议衔接之重塑

结合我国目前《行政诉讼法》和单行法律、法规的规定，可以将我国行政复议申请程序与行政诉讼起诉程序衔接的模式归纳为四种：任意选择型、径行起诉型、复议终局型、复议前置型。但从以上我国现行立法对行政复议与行政诉讼的衔接规定来看，整体呈现较为散乱无章之象。各种模式的规定主要散见于单行法律规范中，《行政诉讼法》仅为框架性的规定。“由法律、行政法规、地方性法规等多个层次的法律规范构成的中国特色社会主义法律体系已经形成。到2010年年底，中国已制定现行有效法律236件、行政法规690多件、地方性法规8600多件。”[②]对于申请人来说，探究具体单行法律、法规是一项专业且复杂的工作，不利于相对人正确行使起诉权。综观各国（地区）行政诉讼与行政复议的衔接，均与诉讼类型勾连，此种做法更为明了清晰，方便当事人寻求恰当的救济途径。

---

① 王静：《美国行政法法官制度研究》，国家行政学院出版社2009年版，第50页。

② 吴邦国：《中国特色社会主义法律体系已经形成》，载中国新闻网：http：//www.chinanews.com/gn/2011/03－10/2895965.shtml，最后访问日期：2017年11月20日。

虽然我国目前行政诉讼与行政复议的程序衔接以当事人任意选择为一般原则，复议前置为例外。但近年来，在社会矛盾急剧增加并复杂化的大趋势下，维护社会秩序稳定的压力倍增，再加上“立案登记制”的施行，大量行政诉讼案件涌入法院系统，突如其来的行政案件给法院造成了巨大压力。由此使行政复议和行政诉讼的衔接问题再次成为学界关注的热点。因此，有学者提出建立“行政复议前置与司法终局相结合的统一衔接模式”。① 也有学者提议“适当增加行政复议前置的情形，为行政复议发挥主渠道作用提供空间”。② 结合课予义务诉讼的特殊性质，它是原告请求法院判令被告作出一定行政行为的诉讼类型，虽其本身的允许性经过多年之争议始得成立，但争议本身存在一定合理性。在尊重行政机关首次判断权、裁量权以及司法权与行政权的职责分立的前提下，应当尽量将行政机关不作为或拒绝履行在行政机关内部的审查程序中解决。从理论上来说，采取复议前置主义较为合理。但行政复议机构的独立性在行政复议与行政诉讼的衔接问题上起着至关重要的作用。结合我国当前现实情况，行政复议制度中存在许多问题仍未解决，其中最为棘手的便是结果公正难以得到保障的问题。虽然行政复议制度正着手修订和完善，但在其独立性问题尚未得到妥善解决的情况下复议前置程序并不适宜推行，如此将增加当事人的救济成本，多费周折，结果反而不尽如人意。职是之故，本书认为，结合课予义务诉讼与撤销诉讼迥然不同的给付性质，原告要求行政机关作出一定行为或特定行为的诉讼，虽然交由行政机关再行考量与检查其最初作出的拒绝行为或不予答复行为，有利于行政机关内部自行纠错和自我监督，相较于直接提起课予义务诉讼而言更具有经济、快捷、便宜的优势，但基于目前我国行政复议程序公正性依然存疑的非理想现状，暂时不宜设置课予

① 周兰领：《行政复议强制前置模式的重建》，载《长安大学学报》（社会科学版）2008 年第 4 期。

② 章志远：《行政复议法修改的三重任务》，载《中国纪检监察报》2011 年 11 月 25 日，第 7 版。

义务诉讼复议前置制度。待将来行政复议机关的中立性与公正性问题得到基本妥善的解决以后，可斟酌实行课予义务诉讼前置程序。

以发展的眼光来看，随着行政复议制度的不断改革与完善，在保留以“效率”为底色的前提下，通过适当汲取诉讼程序的公正性等各种手段促进复议程序的中立性与超脱性，从而发挥复议制度的优越性是可期的。需要强调的是，在复议前置的情形下，为保护当事人诉权的正常行使，不受复议机关不作为影响，复议机关经过适当期限或因案件复杂延期后，仍逾期不作出复议决定的，申请人可向法院提起行政诉讼。在相对人向法院提起行政诉讼后，复议机关始作出复议决定的，不一定导致诉的合法性受到影响。例如，复议机关作出的决定不满足原告之申请或者与原告之申请不同的。但如若复议决定满足原告申请，因原告不再有利益值得保护，应裁定驳回起诉。

本章小结

原告向法院提起诉讼必须符合法定条件才可真正启动诉讼程序。首先，该诉必须是一个成立的诉，包括一定的起诉行为、明确的原告、诉状符合法律规定、已缴纳相应的诉讼费用。其次，该诉的诉讼要件完备。只有当诉讼要件的审查无误后，该案才能进入实质审理阶段。我国“立案难”的本土化问题即在于将诉讼要件置于起诉要件的审查中，使起诉“高阶化”和“实质化”。立案登记制改革不仅是案件受理制度的变革，还是与诉讼审理的程序结构关联十分密切的制度。在立案等级制的要求下，起诉要件与诉讼要件须分离设置，须对目前审理程序进行结构性调整。结合我国目前在法院内部设立“立案庭”的特殊背景，以及“员额制”下法官少而案件多的现实状况，可赋予立案庭法官一定的审查权限，由其审理部分诉讼要件。

在课予义务诉讼中，将其要件以是否以原告主观意志为转移区分为主观要件与客观要件。主观要件是需要个别具体地判断的事项，从原告的角度来看，因与原告的主观意识相关，故而具有一定的主观性。主观要件也可以说是最广义的诉讼利益，包括课予义务诉讼的对象、原告资格以及狭义诉的利益。客观诉讼要件是一般性的形式规定要件，通常与原告的主观意识无涉，包括了被告资格、起诉期限、复议前置。

课予义务诉讼的主观要件包括诉讼对象、原告资格和狭义的诉的利益。就课予义务诉讼的诉讼对象而言，课予义务诉讼按照通说之观念认为是给付诉讼的亚类型，属于给付诉讼的特殊形态。其以行政行为的给付作为诉讼对象，区别于一般给付诉讼中以金钱、实物、事实行为为给付对象。如起诉要求行政机关作出特定行政行为，则应当提起课予义务诉讼，如若起诉要求行政机关给付一定的金钱、实物则应当提起一般给付诉讼。二者互相排斥，不能混淆适用。我国《行政诉讼法》从“具体行政行为”到“行政行为”的表述并不意味着行政诉讼的受案范围已扩张至包括行政事实行为、行政指导行为、行政抽象行为在内，根据目前受案范围的规则，行政行为的含义仍然限缩在“具体行政行为”阶段，不过也可以理解成为未来受案范围的扩大，将某些抽象行政行为、事实行为纳入行政诉讼领域做准备。就课予义务诉讼的原告资格而言，我国行政诉讼原告资格有“相对人标准”“直接利害关系标准”“法律上利害关系标准”“利害关系标准”四大学说和阶段。相对人理论因范围过于狭窄无法涵盖受行政行为作用的第三人权益保护，因此未能成为通说，但相对人理论依然占据着重要地位。根据因行政行为的附随性效果而蒙受不利影响的第三人法律地位的承认，又发展出“直接利害关系”“法律上利害关系”“利害关系”三大学说。但“直接利害关系”遭受到来自行政公益诉讼（客观诉讼）的摇撼，而“法律上利害关系”中的“法律”系指实定法还是包括对法的目标、功能的理解尚存争议，目前我国行政诉讼立法采取“利害关系”学说，但其与“法律上利害关系”尚无本质差异。原告资格的扩张须与受案范围相连接，根据受案范围的列举式规定来看，原告资格在受案范围的统摄下无法扩充至非实定法范围以外的合法权益保护，法律明确规定的权利依然占据绝对地位。根据课予义务诉讼的分类，在直接型课予义务诉讼中，可以利用现有“利害关系”为标准限定原告资格，从而排除反射利益。但“利害关系”的宽窄，仍有松动的余地，须根据行政法制情况调整。在申请型课予义务诉讼中，无论是现有的“利害关系”抑或传统的“相对人理论”均无法一以贯之地运用于起诉人是否具备原告资格的判断，因此可将两种理论区分适用，建构多层次的原告资格标准。就课予义务诉讼的客观性标准——权利保护必要性而言，原告适格制度的功能在于限制起诉人的资格，以保护诉讼的相对人（被告）的利益；一般权利保护必要理论则旨在保护司法资源不被滥用。根据权利保护理论，可以从权利是否具有正当性、有用性、时效性三个方面进行审查与判断。

课予义务诉讼的客观要件则包括被告适格、起诉期限与复议前置。对于行政诉讼的被告，由于我国行政主体与行政机关理念的错位，要求行政权利能力和行政诉讼权利能力、责任能力相统一，导致寻找正确的被告对于原告而言是一件极为复杂的事情，从而阻碍了当事人诉权的行使。因此，我国行政诉讼的被告制度应当尽速改革。被告只不过是形式上的责任承担者，最终由国家来承担真正的行政责任，将形式主体与实质主体区分，遵循“谁行为谁被告”原则。课予义务诉讼的被告之特殊性在于，必须是具有原告所请求事项的事务管辖权的机关，否则起诉将会因为被告不适格而被驳回。对于课予义务诉讼，起诉期限是调和私人利益进行救济的要求与行政法律关系稳定的重要制度。从经过复议和不经复议直接起诉的分类来看，《行政诉讼法》第45条规定，经过复议，复议机关拒绝的，应在收到复议决定之日起15日内起诉。复议机关不予答复的则在期限届满后

15 日内向法院提起诉讼。《行政诉讼法》第 46 条规定径行向法院提起诉讼的期限，自行政行为作出之日起 6 个月内。两相比较之下，15 日和 6 个月的差距过大，无论是经过行政复议作出决定抑或直接向法院提起诉讼，均是以行政行为为诉讼对象，只不过行政行为作出的主体不同，一个是复议机关，一个是初始机关。但主体的不同与起诉期限无涉，故而应该将两种期限予以统一。另外，径行向法院提起诉讼的起诉期限设置了最长保护期限，但就复议决定的不服却并未设置，在此可同样予以援用。从行政机关的回应来看，亦可区分为拒绝与不作为两种，此种形态的作出主体包含行政行为作出的初始机关以及行政复议机关。结合《行政诉讼法》第 47 条及《行诉解释》第 66 条来看，两款条文针对的应当是行政机关不予答复相对人申请的情形，而不包括拒绝履行情形。根据该规定，原行政机关不予答复的，自申请之日起 2 个月内提起诉讼，另有规定的从其规定。但届满之日起超过 6 个月内不起诉的法院不再受理。就该最长保护期来看，6 个月的规定显得过于短暂，不利于相对人诉权的保护，可参照《行政诉讼法》第 46 条第 2 款对涉及不动产案件和其他案件最长保护期限的规定。行政机关拒绝相对人申请的，虽立法和司法解释并未明确指引法条的适用，但就拒绝履行行为来看，其性质为否定性的行政作为，而非不作为，故而可援用《行政诉讼法》第 46 条起诉期限和最长保护期限的规定。对于课予义务诉讼的复议程序，行政复议与行政诉讼均为权利救济的有效途径，相对于行政诉讼而言，行政复议具有便宜、经济、迅速等优势，但其中立性成为其备受诟病之处。行政诉讼与行政复议的关系，可分为必经复议型关系、复议与诉讼选择型关系（可细分为强制性选择和任意性选择两种）、行政复议终局型关系。目前我国行政案件以复议前置和复议终局为例外，大多数情况下当事人可任意选择。该模式深得民心，也为广大学界所推崇与认可。从域外经验来看，德国与我国台湾地区之课予义务诉讼（义务之诉）以行政复议（诉愿）前置为原则，但德国行政机关单纯不作为时除外，不必经过复议前置程序。法国与日本均经历了复议前置到复议前置为例外的嬗变过程。各国均针对各自特殊情况作出了是否将复议（诉愿）程序作为前置程序的选择。从理论上来说，课予义务诉讼为一种事前审查，要求行政机关作成一定行政行为的类型，效仿德国和我国台湾地区采取复议前置更为适恰。通过行政复议程序，能够给行政机关提供一个自我纠错和自我监督的机会，对于当事人来说，也比通过行政诉讼更为经济和方便。但我国复议机关的中立性保障仍然是当前尚待解决的问题，在此之前，由于复议机关中立性的保障不足，为了便于当事人诉权的行使，暂时不宜设置复议前置程序。

第三章　课予义务诉讼之审理规则

课予义务诉讼案件的审理以行政行为的给付与否作为最终目标，同撤销诉讼下判断已作出的行政行为是否违法并不相同。故而，对于行政诉讼案件审理规则的一般性事项，如辩论原则、证据保全、公开审理原则、回避等，可按照目前《行政诉讼法》的规定进行审理。但某些事项，则必须破除撤销诉讼现有制度的桎梏，以课予义务诉讼之特性为轴心逐步完善或构建。例如，课予义务诉讼的诉讼标的、举证责任、诉讼中的调解、临时救济制度等问题。

第一节　课予义务诉讼标的

诉讼标的理论是诉讼法学中极为重要且十分复杂的基础理论，诉讼标的的确定决定了法院事务管辖权、涉及重复起诉的判断、诉的变更、诉的合并、既判力客观范围等。根据处分原则，诉讼标的由原告决定，从而划分法院审判对象以及攻击防御方法的范围。

一、诉讼标的的含义与意义

诉讼标的又称审理对象，是原、被告权利义务所指向的对象。我国

《行政诉讼法》并没有对诉讼标的进行定义性规定，但诉讼标的对于诉的审理与进行具有重要意义。

（一）诉讼标的的内涵

1. 诉讼标的的界定

“诉讼标的（*Streitgegenstand*）是德国民事诉讼法学中最早使用的概念，之后被引入其他大陆法系国家民事诉讼研究而展开广泛讨论。”[①] 起初，诉讼标的学说在私法一元诉讼观下并非诉讼法学概念，而是实体法概念，诉讼标的即为实体法之请求权，且仅存在于给付之诉中。随着社会和法律的发展，形成之诉和确认之诉出现，该诉的标的显然不是实体法上请求权，实体法上请求权和诉讼法上请求权之区别逐渐被意识到。德国学者赫尔维希是第一个从诉讼法的角度阐述诉讼标的含义的学者。他认为，“诉讼标的是指原告在诉的声明中所表明的具体的诉讼主张，审判的对象就是关于诉讼上的权利或法律关系的主张”。[②] 日本学者认为，“诉讼标的即指原告对被告主张的权利或法律关系之本身”。[③] 我国台湾地区学者认为，“诉讼法技术意义上的诉讼标的，系当事人在诉讼中，所为法律争执之标的。所谓诉讼标的，乃原告根据特定之事实，请求法院作成一定内容之判决，以为权利保护之诉讼请求权”。[④] 识别诉讼标的的作用在于区分此诉与彼诉，审理对象则从受案法院的角度出发，明确其在案件审理中的地位、作用和审判的重点，二者系从不同的角度对诉进行观察。

有关诉讼标的的称谓，中村英郎认为，法院审理与判决的内容就是所

---

① 马立群：《行政诉讼标的研究——以实体与程序连接为中心》，中国政法大学出版社 2013 年版，第 10 页。

② 邵明：《诉讼标的论》，载《法学家》2001 年第 6 期。

③ ［日］新堂幸司：《新民事诉讼法》，林剑锋译，法律出版社 2008 年版，第 217 页。

④ 陈敏：《行政法总论》，台北，三民书局 1998 年版，第 1126 页。

谓的“诉讼对象”（*Streitgegenstand od. Prozeβ gegenstand*），又被称为“诉讼标的”或“诉讼物”等。[①] 中村英郎认为，“诉讼の目的”及“诉讼物”的表达方法并不十分妥当，因此采用“诉讼对象”表述。诉讼对象有广义与狭义之分，“从广义上讲，诉讼对象包含诉讼审理在内，而狭义的诉讼对象则仅指本案审理”。[②] 在诉讼审理阶段，须对当事人的诉是否适法进行审查。当诉被认为适法时，法院将进入下一步对请求的审理过程；反之，法院认为诉不适法时，则会作出“驳回诉讼”的诉讼判决从而终结整个诉讼程序。对于请求的审理即为“本案审理”，当原告的请求有理由时，法院将会作出承认请求的判决；反之，则会作出“驳回请求”的本案判决。“通常谈及的‘诉讼对象’是指狭义的诉讼对象，即请求。”[③] 我国台湾地区亦秉持此种划分路径，广义的审判对象包括“诉讼要件有关事项”和“诉讼标的有关事项”的判断。所称诉讼标的的有关事项之审理，系指法院就原告起诉所主张之诉讼上请求（原告对被告之权利或法律关系主张，以及原告对法院请求作成胜诉判决之要求）是否有理由之判断。[④]

2. 有关诉讼标的的学说

大陆法系有关诉讼标的的理论众说纷纭，主要有旧实体法说、诉讼法说、新二分肢说、一分肢说、新实体法说。

（1）旧实体法说。在一元诉讼观下，诉讼标的是实体法概念，因此旧诉讼标的理论认为，因为诉讼之前即存在实体法的权利，诉讼制度是建立

① 参见［日］中村英郎：《新民事诉讼法讲义》，陈刚、林剑锋、郭美松译，法律出版社2001年版，第110页。

② ［日］中村英郎：《新民事诉讼法讲义》，陈刚、林剑锋、郭美松译，法律出版社2001年版，第110页。

③ ［日］中村英郎：《新民事诉讼法讲义》，陈刚、林剑锋、郭美松译，法律出版社2001年版，第110页。

④ 参见刘宗德、赖恒盈：《台湾地区行政诉讼：制度、立法与案例》，浙江大学出版社2011年版，第167页。

在实体法权利之上的，故而诉讼标的是原告在诉讼中提出的实体法上之主张。该观点是以实体法上的构成要件为基准来把握诉讼对象的，一般称为“实体法的诉讼对象论”“实体法说”“旧诉讼标的理论”。“根据该学说，在实体法上按照权利构成要件，产生多个不同请求权时，每一个请求权均能成立一个独立的诉讼标的。亦即，当事人在实体法上有多少个请求权，则诉讼上就存在多少个诉讼标的。”① 依照旧实体法说，当甲盗取乙之汽车，乙可以损害排除请求权、所有权返还请求权、占有物返还请求权分别提起三个不同的诉，显然，分别三次诉讼但却指向同一物的返还的多次诉讼是荒谬的。

（2）诉讼法说（二分肢说）。20 世纪 30 年代，罗森贝克等人提出不以实体请求权作为诉讼标的的识别依据，单纯从诉讼法的立场考虑诉讼标的问题。该学说建立在批判旧实体法说基础上，主张诉讼对象是因申请与事实关系而得以确定的，专门从诉讼法的立场出发来加以把握，称为“诉讼法的诉讼对象论”或“诉讼法说”。② 该学说有效地克服了旧实体法说在同一案件事实下，数种请求权竞合时认定诉讼标的的荒唐做法，强调纠纷一次性解决，该说亦为早期的“二分肢说”。“在民事诉讼上，德国通说目前采取二分肢说之观点，认为诉讼标的是由诉之声明所把握之裁判要求意即原告所陈述主张之事实关系两者所构成。”③ 判断的具体方法是，以诉的声明和事实理由是否完全相同而定，其中任何一个是多数，诉讼标的即为多数并产生诉的合并；其中任何一个发生变更或均变更，则产生诉的变更。“二分肢说纯粹从诉讼法的立场出发来构筑和界定诉讼标的的概念和

① 张卫平：《诉讼的架构与程式——民事诉讼的法理分析》，清华大学出版社 2000 年版，第 211 页。

② 参见［日］中村英郎：《新民事诉讼法讲义》，陈刚、林剑锋、郭美松译，法律出版社 2001 年版，第 114 页。

③ 陈清秀：《行政诉讼法》，法律出版社 2016 年版，第 450 页。

内容，而将实体法上的权利主张视为当事人的攻击防御方法。”① 诉讼法说较好地解决了请求权竞合的问题，但该学说自身也有无法克服的缺陷，存在多个事实基础但请求相同时也遭遇了类似于旧实体法上的障碍。因此，有学者主张“新二分肢说”，德国学者 Botticher 则提出了“一分肢说”。②

（3）新二分肢说。新二分肢说认为，事实理由与实体法也存在联系。“诉的声明与事实理由，其中任一项为单一则为诉讼标的的单一，两者均为多数时才是诉讼标的的多数。”③ 新二分肢学说克服了诉讼法说下数个事实理由但诉的声明单一时的弊病。

（4）一分肢说。一分肢说又称诉之声明说，该说认为，事实理由不是诉讼标的要素，只有诉之声明才能构成诉讼标的。该学说相对于旧实体法说和诉讼法说存在一定优势，可以较为准确地判断诉讼标的的单复数问题，但该学说无法解释种类物，但却有数个事实关系而发生多次给付情形下诉讼标的的判断。例如，甲与乙之间数个 1 万元的给付请求权，有可能基于借款关系，有可能基于租赁关系，也有可能基于买卖关系。此时，仅凭借原告诉之声明无法确认到底是基于哪种事实关系的返还。

（5）新实体法说。多个案件事实而指向同一给付目的的情况下，旧实体法说和诉讼法说均无法给出令人信服的解答，诉讼法说的局限使该学说开始认识到抛弃实体法把握诉讼对象的错误，因此出现了向实体法说回归的现象，此种新理论被称为“新实体法说”，该学说由德国学者尼克逊提出。“新实体法说通过将实体法上真正保护的法的地位作为实体请求权的方法，谋求请求权的再构成，并将该实体请求权作为诉讼对象。”④ 主要是

---

① 马立群：《行政诉讼标的研究——以实体与程序连接为中心》，中国政法大学出版社 2013 年版，第 18 页。

② 参见邵明：《诉讼标的论》，载《法学家》2001 年第 6 期。

③ 江伟主编：《中国民事诉讼法专论》，中国政法大学出版社 1998 年版，第 86 页。

④ ［日］中村英郎：《新民事诉讼法讲义》，陈刚、林剑锋、郭美松译，法律出版社 2001 年版，第 117 页。

依照原告的意思，以实体法作为出发点把握实体法上的权利主张。“尼克逊认为，凡基于同一事实关系发生的，以同一给付为目的的数个请求权存在时，实际上只存在一个请求权，因为发生请求权的事实关系是单一的，并非真正的竞合，不过是请求权基础的竞合。”① 这一学说得到了许多学者的赞同。该学说针对同一事实引起的请求权竞合问题，通过对制定法的同一解释来确保诉讼标的是合乎逻辑的。当然，该学说也并不完美，同样遭受到许多学者的批判，主要是由于“请求权竞合”与“请求原因竞合”的区分缺乏明确的判断标准，同时在消灭时效的问题上也遭遇到难以克服的困难。②

在民事诉讼上，德国目前主要采取诉讼法说，即新二分肢说。其实，任何一种学说暂时都无法一以贯之地解决所有案件中诉讼标的的判定问题，但各种学说在面对不同问题时均能发挥一定作用。“当代日本法的理论和实务已经放弃了‘体系性诉讼标的理论’，并转而将诉讼标的问题拆解成诉的合并、诉的变更、禁止重复系属、既判力的客观范围四个子问题，在具体的诉讼场景中分别寻求妥当的解决方案。”③

（二）诉讼标的的意义

“行政诉讼中诉讼标的乍看似乎是一种对有关问题的不必要的，而且高度抽象的复杂化。但是诉讼的准确标的对于案例分析具有最重要的意义，因为它是决定法律争议之同一性的依据。”④ “诉讼对象是诉讼

---

① 邵明：《诉讼标的论》，载《法学家》2001 年第 6 期。

② 参见马立群：《行政诉讼标的研究——以实体与程序连接为中心》，中国政法大学出版社 2013 年版，第 21 页。

③ 史明洲：《日本诉讼标的理论再认识——一种诉讼法哲学观的转向》，载《法学论坛》2017 年第 6 期。

④ ［德］弗里德赫尔穆·胡芬：《行政诉讼法》，莫光华译，法律出版社 2003 年版，第 138 页。

的支柱”,① 是贯彻整个诉讼程序，担负着作为具体诉讼行为标准的功能的学术概念。具体而言，首先在起诉阶段，诉讼对象界定了法院对案件的管辖。其次，在诉讼系属属于法院以后，审理对象界定了法院的审理范围。如果原告要求法院审理该对象以外的请求，那么就必须通过另行起诉的方式实现，法院在同一诉讼程序中对数个不同的请求进行审理就是诉讼的合并。当该审理对象已然属于法院的系属，那么其后以该审理对象提出的诉讼将会因重复起诉而被驳回。最后，当裁判时机成熟时，法院将对审理对象作出本案判决，诉讼标的又决定着法院将在什么方面作出对行政机关和其他法院具有约束力的裁判。由此可以看出，从诉讼的开始至终了阶段，诉讼标的自始至终发挥着核心作用。

二、课予义务诉讼标的的形塑

脱离于民事诉讼的行政诉讼也受到民事诉讼标的理论的深刻影响，但行政诉讼标的与民事诉讼标的的不同在于，民事诉讼标的理论以民事法律关系为依托，而在行政诉讼中是否能够借助行政法律关系这一概念进行分析则需要进一步的探讨。特别是在以监督行政机关依法行政的立法目标统制下，司法审查的广度和深度受到司法权和行政权关系的影响，也会导致行政审判对象的差异。

（一）行政诉讼标的的内涵

1. 行政诉讼标的与程序标的

在《民事诉讼法》上有“诉讼标的”与“诉讼标的物”的区分，诉讼标的物是诉讼中当事人权利义务所指向的对象。有的案件中既存在诉讼

---

① ［日］中村英郎：《新民事诉讼法讲义》，陈刚、林剑锋、郭美松译，法律出版社 2001 年版，第 111 页。

标的也存在诉讼标的物，而有的案件仅有诉讼标的而无诉讼标的物。行政诉讼并未援用诉讼标的物的概念，但存在“诉讼标的”与“程序标的”之分。“程序标的，在撤销之诉，乃是系争被争执之行政处分；在确认行政处分无效之行政诉讼，乃是系争被主张无效之行政处分。”① “程序标的与诉讼标的不同，程序可谓系非固有意义上诉讼标的，乃是指作为诉讼基础指系争行政处分，亦有称之为‘诉讼上请求权之客体’。”② 诉讼标的与程序标的的区别在于，行政诉讼标的是审判对象，程序标的是诉讼对象，程序标的决定了诉讼标的及其变更，程序标的在起诉前即已存在，但诉讼标的仅在起诉时方能确定，二者的功能并不相同。“程序标的是确定行政诉讼受案范围的概念性工具，其功能在于确定受案范围及其诉讼对象；诉讼标的的功能在于确定法院审理和裁判案件的范围，从而确定此诉与彼诉以及确定裁判的效力范围。”③ 二者的联系在于，行政行为作为程序标的，是形式性的基础，不仅是诉的要求的一部分，还是诉讼标的的一部分。当程序标的消灭时，原则上同时失去法律争议的基础，丧失诉讼标的，其起诉因欠缺权利保护利益而应被判决驳回。

2. 域外行政诉讼标的的考察

德国行政诉讼标的理论根据实体法说与诉讼法说展开。实体法说包括行政处分说、违法性说、撤销行政处分之请求权说、行政处分违法并损害原告权利之权利主张说；诉讼法说包括二分肢说、一分肢说、三分肢说。权利主张说为目前德国学界和实务界有关行政诉讼标的的通说观点，如德国《联邦行政法院法》第113条第1款即规定，“行政处分违法并因此损害原告权利者，法院应撤销该行政处分及其可能发生的诉愿决定”，亦即

① 陈清秀：《行政诉讼法》，法律出版社2016年版，第414页。

② 陈清秀：《行政诉讼法》，法律出版社2016年版，第415页。

③ 马立群：《行政诉讼标的研究——以实体与程序连接为中心》，中国政法大学出版社2013年版，第28页。

撤销诉讼的诉讼标的乃是原告所为"系争行政处分违法且损害原告权利"。"对于'诉讼标的之特定'则采取二分肢的观点，认为诉讼标的在本案事实的观点上，原则上应经由诉之声明（或诉之请求）以及其作为声明基础的'事实关系（诉之原因事实）'加以特定。"①

我国台湾地区行政诉讼标的有行政处分说、行政处分违法性说、行政处分违法并损害原告权利的权利主张说、二分肢说、一分肢说、三分肢说、诉讼标的相对论说。"台湾地区早年多沿袭民事诉讼传统采取'实体法观点'，就撤销诉讼而言，原告向法院请求裁判，实际上不是违法的行政处分，而是行政处分所发生的法律关系。"②"行政法院"1983年度判字第336号判决及"最高行政法院"2003年度判字第1455号判决均以该学说为主导，以"法律关系"为诉讼标的，就该"法律关系"产生判决既判力，后续对同一事项的判断不得与已有判决之旨意相违背。在此观念下，行政处分的"合法性"或"违法性"问题并不发生既判力，仅属于先决问题。我国台湾地区实务上采取行政处分"违法"并损害原告权利的权利主张说，在"最高行政法院"2012年度判字第141号判决和2009年度判字第865号判决即有表明。二分肢说亦有支持者，陈敏教授认为撤销诉讼的诉讼标的，应包括要求确认行政处分"违法"并侵害其权利，以及废弃该处分之诉讼上请求。③ 一分肢说支持者认为，行政诉讼至诉讼标的乃是在诉之声明中所表示裁判之要求。因此，在行政诉讼上，乃是对于"法律效果"之要求，亦即对于诉讼上之请求权加以争执。④ 根据该说，诉之声明变更时才发生诉讼标的的变更，无论原告以一个事实或两个以上事实关系

---

① Wolfgang Luke，Ziviprozeβrecht，9. Aufl.，2006，S. 162 f. 转引自陈清秀：《行政诉讼法》，法律出版社2016年版，第450页。

② 陈清秀：《行政诉讼法》，法律出版社2016年版，第447页。

③ 参见陈敏：《行政法总论》，台北，三民书局1998年版，第1460页。

④ 参见陈清秀：《行政诉讼法》，法律出版社2016年版，第453页。

作为理由，诉讼标的仅有一个。张文郁教授支持三分肢说，认为诉讼标的应当包括诉之声明、生活事实以及“实体法”之权利保护请求。①

日本有关行政诉讼标的的学说与民事诉讼有较大不同，关于诉讼标的的争论主要围绕撤销诉讼领域展开，主要有形成权说、违法性说、违法撤销性之权利主张说。围绕撤销诉讼进行建构的日本行政诉讼制度，通说观点认为撤销诉讼属于形成诉讼，因此有学者认为撤销诉讼的诉讼标的为原告实体法上的形成权或形成要件。② 但批评者认为，“原告主张撤销行政行为的诉讼，是主张行政处分违法而请求撤销，而不是主张以行政行为违法为基础裁判形成权是否存在”。③ 违法性说为目前日本行政诉讼标的之通说，该说认为，在撤销诉讼中，行政行为的违法性是为诉讼标的，系审理对象。“根据该观点，个别的违法性事由只不过是攻击违法性的方法之一，而非诉讼物（诉讼标的）本身。”④ 处分撤销请求权说认为，“撤销诉讼的形成性与撤销诉讼标的物违法性是相互矛盾的，在撤销诉讼中，应当以行政行为的撤销请求权作为诉讼物（诉讼标的）”。⑤

结合域外行政诉讼标的的考察来看，一分肢说以诉之声明为诉讼标的，在司法实践中有较强的可操作性，但不将事实理由纳入使法院无法判断诉讼标的是否具有同一性，更无法限制行政机关在原行政行为被撤销以后，作出一个基本相同的行政行为。故而，一分肢说不宜作为行政诉讼标

① 参见张文郁：《论撤销课税处分诉讼之诉讼标的》，载《政大法学评论》第 126 期。

② 参见［日］村上義弘：《抗告訴訟の訴訟物》，载《大阪府立大學經濟研究》1960 年第 14 期。转引自马立群：《行政诉讼标的研究——以实体与程序连接为中心》，中国政法大学出版社 2013 年版，第 120 页。

③ ［日］雄川一郎：《行政爭訟法》，有斐阁 1920 年版，第 59 页。转引自吴东都：《论行政处分撤销诉讼之诉讼标的》，台湾大学法律学研究所 1987 年硕士学位论文，第 35 页。

④ 江利红：《日本行政诉讼法》，知识产权出版社 2008 年版，第 325 页。

⑤ ［日］木川統一郎：《行政訴訟における訴訟物》，载《訟物月報》第 22 卷第 5 号，第 1436 页。转引自江利红：《日本行政诉讼法》，知识产权出版社 2008 年版，第 327 页。

的。在二分肢说下，诉的声明与事实关系共同构成诉讼标的，如果一个诉的声明基于一个相同的原因事实所导出，即使法律上有数个实体法上的请求权，也仅有一个诉讼标的。但是生活事实的确定有时较为困难，根据同一生活事实，行政机关可能作出不同的行政行为。因此，脱离实体法的二分肢说也难以成立。三分肢说引入实体法规范，弥补了二分肢说的不足，但以行政法规作为鉴别此诉与彼诉的要素在实践中缺乏可操作性，况且在行政诉讼中，原告起诉仅列明诉讼请求和事实根据即可，对所依据的行政法规并不要求。

3. 我国行政诉讼标的

关于我国行政诉讼标的的探讨肇始于20世纪90年代。有学者认为，“行政诉讼的标的始终是被诉的具体行政行为”。[①] 有学者认为，“人民法院审理行政案件，审查的是具体行政行为的合法性，而审理的则是因具体行政行为所引起发生、变更、消灭的行政法律关系”。[②] 也有学者认为，“行政诉讼的标的是行政机关作出的具体行政行为是否合法”。[③] 还有学者认为，“行政诉讼的标的可以界定为，在行政诉讼不同类型的诉讼中，成为法院审理和裁判对象的原告方所为的权利主张”。[④]

以具体行政行为为标的的主张，不符合诉讼类型的发展趋势，难以使诉特定化，也无法限制行政机关以相同的事实和理由作出一个新的行政行为。具体行政行为应当是行政诉讼的程序标的，而非诉讼标的。就行政法律关系说而言，由于传统的行政诉讼以行政行为为核心，而非民事诉讼以法律关系为核心，因此在行政诉讼中，尤其是在撤销诉讼中，基本不需要借助行政法律关系为工具进行审查。“行政法律关系在行政诉讼中最主要

---

① 应松年主编：《行政诉讼法学》，中国政法大学出版社2002年版，第150～151页。

② 范德浩：《浅论我国司法审查的对象》，载《法学评论》1993年第4期。

③ 于绍元：《论行政诉讼中的举证责任》，载《政法论坛》（中国政法大学学报）1991年第4期。

④ 汪汉斌：《行政判决既判力研究》，法律出版社2009年版，第137页。

的作用，在于确定当事人的诉讼资格，在案件审理中，行政法律关系作为司法工具的意义相对有限。”[①] 尤其是在当事人要求确认法律关系不存在时，法律关系说无法解释此种情况。只不过，在行政手段“私法化”的背景下，尤其是当下行政协议诉讼种类的增加，行政法律关系对司法裁判的作用会更为明显。行政行为违法性说难以涵盖行政诉讼标的的全部内涵，在诉讼中，法院即使查明行政行为违法，但若未造成原告权利的损害，法院将驳回原告的诉讼请求。并且，对于行政行为违法性的判断无法回应原告的权利保护主张，有悖于诉判一致的诉讼法理。结合域外及我国行政诉讼标的理论诸多学说的介绍和梳理，以行政程序法观点，即行政行为违法且损害原告权利的权利主张说更为适恰。“在行政诉讼中，行政行为的违法性与原告的权利主张是连接行政实体法与诉讼法的纽带，也是行政诉讼程序运作的核心动力。”[②]

（二）课予义务诉讼标的

德国通说认为，课予义务诉讼的诉讼标的是被申请作成之行政处分之拒绝或不作为违法，且损害原告权利的主张。至于权利的个别化，必须载明系争行政处分或法律关系。学者 Kopp 则认为：“在课予义务诉讼中，诉讼标的原则上乃是对于行政机关负有义务为所要求之行政处分之原告的请求权。”[③] 采取相同观点的是我国台湾地区实务界，台湾地区“最高行政法院”在 2006 年度判字第 1997 号判决中陈述，“课予义务诉讼之诉讼标的为原告主张行政机关应为行政处分或特定行政处分之公法请求权。2008 年

---

① 马立群：《行政诉讼标的研究——以实体与程序连接为中心》，中国政法大学出版社 2013 年版，第 149～150 页。

② 马立群：《行政诉讼标的研究——以实体与程序连接为中心》，中国政法大学出版社 2013 年版，第 155 页。

③ 陈清秀：《行政诉讼法》，法律出版社 2016 年版，第 456 页。

12 月第 3 次庭长法官联席会议决议再次确认，课予义务诉讼的标的是原告请求法院判令被告应为决定或应为特定内容行政处分之主张”。[①] 本书认为，根据行政程序法观点，在课予义务诉讼中，被告行政机关不作为或拒绝申请的行为违法且侵害原告合法权益是该类诉讼的诉讼标的。原告之请求权是课予义务诉讼标的之其中一部分。

1. 拒绝申请或不作为违法

拒绝申请的行为和怠于作出某项行政行为的违法性是课予义务诉讼标的之一。行政诉讼的审查重点和中心应当围绕行政行为的违法性展开，这一点不同于刑事诉讼和民事诉讼。“在刑事诉讼和民事诉讼中，法院审理事实问题的共同点在于，法院是在解决一个最原始的法律争执，原告或被告所提出的事实主张都只代表了单方的看法，而且不曾出现过对相关事实上都具有法律效力的认定……法院的基本任务就是查清案件事实并在此基础上将一般实体法律规范用于具体的案件，从法律上明确认定当事人的权利或义务。”[②] 但行政诉讼的独特之处在于，法院审查的是一个已经发生法律效力的行政行为是否违法的问题。这是因为，对于行政相对人在行政法上的义务进行确定与制裁是行政机关的专属权力。这个行政行为是一个规定了行政相对人权利义务的决定，这个决定所依据的事实，作为行政决定的基础已经被行政机关所认定并且产生了相应的法律效力，而这个行政决定是否合法，只有在其合法性缺乏事实根据时才有可能被宣告违法。但法院对事实的审查，并不是对行政程序中的行政相对人进行审查。例如，在行政处罚案件中，法院审查的事实并非原告是否有违背行政法上权利、义务之行为，而是审查被告作出的决定是否合乎法律规定。这其中的区别在于，即使行政相对人违背了行政法上的义务，法院也不能据此认定被告的

① 陈清秀：《行政诉讼法》，法律出版社 2016 年版，第 456 ~457 页。

② 宋炉安、李树忠：《行政诉讼的审理对象》，载《行政法学研究》1997 年第 2 期。

决定是合法的。法院的任务不是根据原告的行为事实作出判决认定原告行为违法，而是审查行政决定是否违法。虽然在很大程度上，行政相对人应当承担的行政法上的权利与义务的事实与行政决定赖以成立的事实有交叉部分，但审查的出发点与审查范围并不相同。《行政诉讼法》关于法院审理行政案件的原则准确体现了本法的目的，2014 年修法以后，将“维护”一词删除，法院对于行政机关的行政活动主要在于“监督”，亦即纠正违法行政行为，从而实现保护相对人的合法权益。在行政诉讼中，之所以必须将被诉的行政行为的违法性作为诉讼标的之一，其主要原因包括以下几个方面：“第一，行政诉讼在本质上是通过司法权对行政权的监督实现对相对人合法权益的保护。第二，即便相对人行为违法也并不意味着行政行为的合法。相对人在违法的情况下也需要司法保护的合法权益。第三，以被诉行政行为作为审理对象具有惩罚性质，督促行政机关依法行政。”① 在诉讼中，法院即使对行政决定赖以存在的事实进行审查，也不必审查全部内容。原告仅在行政行为合法性要件中找到一个突破点，证明其合法性存疑即可，并不需要各个击破。换句话说，原告的任务仅仅在于寻找漏洞，而不是证明行政决定毫无依据。不过，作为行政诉讼标的的行政行为违法性不以原告提出的个别违法性事由为限，应及于行政行为的整体违法性。

2. 相对人权利因拒绝申请或不作为遭受损害

行政相对人因行政机关拒绝申请或怠于作出某项行政行为，从而遭受权利的损害是课予义务诉讼标的的另一部分。学界和实务界的通说认为课予义务诉讼是给付诉讼之下的特殊亚类型，系请求行政机关作出某一特定行政行为而提起的诉。“在给付诉讼中，能否获得作为请求权目标之特定给付，是纠纷的核心。”② “与撤销诉讼不同，课予义务诉讼并不请求法院

---

① 马怀德：《行政诉讼原理》（第 2 版），法律出版社 2009 年版，第 80 ~81 页。

② ［日］新堂幸司：《新民事诉讼法》，林剑锋译，法律出版社 2008 年版，第 221 页。

以判决直接确定某种权利义务关系，而是判决被告作出一个具体行政行为。”[①] 故而，原则上课予义务诉讼和撤销诉讼是相互排斥的，原告以撤销诉讼消除行政行为所确定的负担，而课予义务诉讼将获得一个授益性的决定。二者的审理对象截然不同。但正如前文所述，有关撤销诉讼与课予义务诉讼的关系，相对人有时也可仅针对行政机关的拒绝行为提起撤销诉讼，且这一诉存在一定的诉的利益，那么单独提起撤销之诉也是被允许的。

虽然我国学界对于行政不作为与行政拒绝履行在性质认定上有较大的差异，但是从现有制度上来说，却也不存在无法进入司法审查的问题。在行政机关单纯不作为的情况下，诉讼标的应当是要求确认被告不作为违法并侵害其合法权益之诉请。申请型课予义务诉讼主要通过审查原告是否曾向法院提出过申请，申请是否符合规定，被告是否有逾期不予答复及不予答复是否有正当理由来判定。直接型课予义务诉讼主要通过审查原告是否存在请求权（主观利益与反射利益的界定）、被告是否存在不作为来判定。在行政机关拒绝履行的情况下，诉讼标的是确认行政机关驳回或拒绝申请的行为违法并侵害其权利的诉讼上请求。大体上则遵从原告请求权是否成立、行政主体是否应履行义务、行政主体是否已经履行义务的判断基准。在课予义务诉讼中，法院审查的重点在于原告是否享有公法上请求权。在这一点上，与民事诉讼中的给付诉讼审理对象一致。原告是否享有请求权，是课予义务诉讼案件审查的核心，原告是否享有请求权决定了被告不予答复或者拒绝履行行为是否违法。原告请求权成立的，被告不作为或拒绝作为即告违法（特殊情况下除外，如被告有合法且正当的理由）；原告请求权不成立的，被告拒绝作为则不违法，但是单纯不作为仍可能是违法的，因为被告无论如何应当给原告一个清楚的意思表示。例如，相对人提

---

① 刘飞：《德国公法权利救济制度》，北京大学出版社 2009 年版，第 89 页。

交的申请事项不属于该接收机关职责范围，但该机关有义务将申请转送至有相应事务管辖权的行政机关并告知相对人，不可置之不理，否则仍然构成违法不作为。

第二节 课予义务诉讼的证明责任与法院调查取证

证明责任的分配直接关系到当事人诉讼结果的胜负，因此，对于当事人来说具有重大意义。民事诉讼普遍采取辩论主义，诉讼两造承担证明责任，由提出事实主张之当事人提供证据。而在行政诉讼中，大陆法系国家和地区多采取与辩论主义相反之职权探知主义，当事人并不承担实质意义上的证明责任，而由法院依职权调查取证，当事人所负担的提出证据责任仅仅是履行证据协力义务的表现。但我国行政诉讼却与大陆法系的普遍做法不尽相同。

一、证明责任的内涵

证明责任被看作“民事诉讼的脊椎”“法律人的真正十字架”。证明责任是一种与不利的法律后果相联系的制度，对于当事人能否获得胜诉判决而言十分重要。在行政诉讼中，证明责任规范亦是整个诉讼制度的核心，该责任应当由哪一方当事人承担有不同的学说和看法，其分配原则受到当事人承受能力、诉讼模式、证明标准等因素的影响。

（一）证明责任的含义

1. 证明责任的概念

当案件进入审理阶段，法官即对案件进行实质审理，在经过审理程序作出裁判时，法院必须对作为判决基础的事实进行认定。但无论是当事人还是法院，基于人的客观认识能力的有限性，法院对于某事实的审理，有可能直到作出判决时依然无法得出“该事实存在或不存在”的确切心证。但法院不得拒绝裁判，否则诉讼制度的目的也未能达成，在此情形下，即便事实存在与否不明，也需要促使法官作出判决的法规范，该法规范即证明责任规范。根据该规范，“原则上将存在与否不明的事实视为不存在，进而命令（法院）作出不发生以该事实为要件的法律效果之裁判”。① 就当事人的立场而言，当某个事实存在或不明确时，某一方当事人即将承担以该事实为要件的，于己不利的法律效果无法获得认可的不利益。此种科以当事人承担的不利益就是证明责任，或曰举证责任、立证责任。此种证明责任与当事人在诉讼中的具体举证活动并无关系，仅仅是在审理最后阶段无法形成心证时产生的裁判基准。就证明责任的概念，马怀德教授认为：“举证责任是指当诉讼上无法确定判断一定法律效果的权利发生或消灭所必要的事实是否存在时，对当事人有法律上不利于己的假定被确定的风险。”② 占善刚教授认为：“从狭义上讲，证明责任仅指结果责任，即在案件言词辩论结束以后，当事人因要件事实没有得到证明，法院不认可相当于该事实的构成要件的法律效果的发生而承担的诉讼上的不利益。”③

2. 证明责任的承担主体与范围

证明责任是一项即使案件事实处于真伪不明的状态时法官亦可作出法律判断的法律技术，故而，在请求法院作出某特定判断时，该事实的证明责任仅由当事人之一方承担，而不能就一方当事人以该事实存在，另一方当事人以该事实不存在分别承担责任。当然也有例外情况，如反诉中，就同一个事实可能出现双方当事人分别承担证明责任的情形。证明责任的范

---

① ［日］新堂幸司：《新民事诉讼法》，林剑锋译，法律出版社 2008 年版，第 392 页。

② 马怀德主编：《行政诉讼原理》（第 2 版），法律出版社 2009 年版，第 243 页。

③ 占善刚：《民事证据法研究》，武汉大学出版社 2009 年版，第 144 页。

围仅限于案件的主要事实，即与直接规定法律效果发生或消灭的法规构成要件相对应的事实，并不及于间接事实和辅助事实。

3. 证明责任的特点

证明责任系要件事实与言词辩论终结时，法官自由心证用尽时才被适用的规则。当事人未尽主张的事实，不可以其未尽举证责任从而无法认定其主张事实存在与否为由将该不利益科以该当事人，法官应当向当事人行使阐明权促使其举证。故而，在诉讼开始时或进行中，并不会发生证明责任的适用问题。

（二）主观证明责任与客观证明责任

1. 主观证明责任与客观证明责任的概念

根据现代证明责任理论，可以将证明责任进一步区分为主观证明责任与客观证明责任。证明责任是在案件事实真伪不明时确定责任主体的裁判准则，而证明责任也影响着当事人及法院的行为。事实真伪不明时裁判准则的证明责任一般称为“客观的证明责任”。客观的证明责任与当事人在诉讼过程中的举证活动并无关系，而是于审理最后阶段法院仍然无法形成心证时的裁判基准。“为了避免遭受因法院对系争事实作出存在或不存在之判断而导致的不利益而在审理过程中进行举证的必要性，称为‘主观的证明责任（抽象的证据提出责任）’。”① “从广义上讲，除结果责任外，证明责任还包括提供证据的责任，即当事人在具体的诉讼过程中，为避免承担败诉的危险而向法院提供证据的必要性。”② 主观证明责任是一个从客观证明责任衍生出来的概念，主观证明责任的分配有赖于客观证明责任的分配。“主观证明责任不过是客观证明责任通过辩论主义所显现出来的特殊

---

① ［日］新堂幸司：《新民事诉讼法》，林剑锋译，法律出版社 2008 年版，第 396 页。

② ［日］新堂幸司：《新民事诉讼法》，林剑锋译，法律出版社 2008 年版，第 144 页。

投影。”[①] 在英美法系国家，则将证明责任分为推进责任与说服责任。虽然称谓不同，但从含义上来说，推进责任和客观证明责任意义相当，说服责任和证明举证责任意义相当。

2. 主观证明责任与客观证明责任的关系

（1）二者的联系

主观证明责任与客观证明责任之间存在十分密切的联系。对于承担客观证明责任的当事人而言，承担主观证明责任的意义在于避免证明责任在言词辩论终结时发生。当案件出现争议时，该当事人在诉讼中首先负担着主观证明责任以求主张的事实成立。通常来说二者分配是一致的，主观证明责任以客观证明责任为前提，对于承担客观证明责任的当事人而言其必须提出证据，承担主观证明责任；对于不承担客观证明责任的当事人而言，乃是提出反证的责任。

（2）二者的区别

第一，“证明责任在当事人发生实体法律关系时就已产生；而提供证据责任（主观证明责任）则仅于当事人之间产生诉讼法律关系时才产生”。[②] 第二，客观证明责任只能根据请求权由一方当事人承担，但是主观证明责任则可以随着法官心证情况发生转移，即在案件审理过程中，主观证明责任会发生转换，但客观举证责任则恒定。虽然有时在特殊情形下会发生证明责任的转换，但纯属立法政策问题，与具体案件无关。第三，主观证明责任有推动诉讼进程的意义，但客观证明责任不具备该意义。第四，客观证明责任无论在辩论主义还是职权探知主义诉讼模式中均存在适用的空间，无论是在哪种模式下，由于当事人和法院能力有限，均可能出现辩论终结时待证事实仍处于真伪不明的状态。但主观证

① ［日］新堂幸司：《新民事诉讼法》，林剑锋译，法律出版社2008年版，第396页。

② 占善刚：《民事证据法研究》，武汉大学出版社2009年版，第144页。

明责任不同，其不存在于职权探知主义模式。在职权探知主义模式下，法官负担调查与收集证据的责任，当事人承担的仅仅是证据协力义务。第五，就法律后果而言，当待证事实处于真伪不明的状态时，其不利后果由承担证明责任的一方当事人承担，而非负有提供证据责任的一方承担。

（三）证明责任的分配

“证明责任的分配，即确定由诉讼中哪一方当事人对案件主要事实承担证明责任。证明责任的分配在法律适用中具有至关重要的作用，故而有‘举证责任之所在，败诉之所在’的法谚。”①

1. 证明责任规则的流变

关于证明责任的分配起源于罗马法，在法律诉讼时期“原告未证明则开释被告”，由提出诉或主张的原告承担证明责任，即谁是原告谁就承担证明责任。但在对人之诉的证明主题中，债的存在不仅包含债的发生还包括债未消灭。古罗马人认为由原告证明“债未消灭”是不合理的，进而区分出以“债的产生”与“债的消灭”为界分的证明责任分配规则，此时原告须举证“债的产生”，而被告须举证“债的消灭”，该规则矫正了仅存在一种证明责任规范的不足。到程式诉讼时期，“被告在抗辩中变为原告”作为“原告未证明则开释被告”规则的补充，后者在前者的基础上构建产生。在这一时期，被告不仅需要对“债的消灭”承担证明责任，还应对其他抗辩承担证明责任。此时，“诉”与“抗辩”取得同等地位，提出抗辩的被告变为“原告”。发展到非常审判时期，由查士丁尼法学家们在前述两项证明责任规则的基础上抽象出“谁主张谁举证”规则。该规则统合了前两项规则。“由于主张包括诉的主张和抗辩的主张，所以‘谁主张谁举

① 胡东海：《“谁主张谁举证”规则的历史变迁与现代运用》，载《法学研究》2017 年第 3 期。

证’规则根据‘诉—抗辩’结构来划分证明责任。”①

2. 现代证明责任分配规则

法国是最先将“谁主张谁举证”规则纳入民法典的国家。波蒂埃认为，“主张债权者，应证明可产生系争债权的事实或协议；若债已获得证明，主张债务解除者，应证明债的履行”。② 德国以规范说重塑了“谁主张谁举证”规则，罗森贝克以“规范说”对“诉—抗辩”进行结构式改造，他从法律规范的角度，以“基础规范—相对规范”对应，基础规范指权利的产生规范，相对规范则包括了权利阻碍、权利消灭、权利受制规范。他还指出“每一方当事人均必须主张和证明对自己有利的法规范（法律效力对自己有利的法规范）的条件”。③

我国1982年《民事诉讼法（试行）》采纳“谁主张谁举证”规则，并在1991年《民事诉讼法》第64条予以保留，但该规则遭到学界严厉的批判，主要意见集中于此处的“主张”含义不清，无法作为证明责任分配的一般性规则。在欧陆证明责任学说中，规范说与“谁主张谁举证”属于相互融合的关系，但在我国通常认为二者是相互排斥的关系。规范说利用“基础规范—相对规范”结构改造了“谁主张谁举证”规则的“诉—抗辩”结构，前者是后者的现代运用形式。“我国证明责任学说却曲解了二者在欧陆证明责任学说中形成的历史与逻辑关系，最终背离了欧陆证明责任学说史。”④

对当事人之间证明责任的分配通常考虑公平及法律的旨趣。一方面，决定证明责任的分配应当从决定权利有无的实体法规范以及诉讼上武器平等原则出发，反映当事人之间的公平。“从公平的理念来看，欲变更现状

① 胡东海：《“谁主张谁举证”规则的历史变迁与现代运用》，载《法学研究》2017年第3期。

② R. J. Pothier, *Trattato delle obbligazioni*, tra. it., 2° ed., Livorno, 1874, p. 344. 转引自胡东海：《“谁主张谁举证”规则的历史变迁与现代运用》，载《法学研究》2017年第3期。

③ ［德］莱奥·罗森贝克：《证明责任论》，庄敬华译，中国法制出版社2002年版，第342页。

④ 胡东海：《“谁主张谁举证”规则的历史变迁与现代运用》，载《法学研究》2017年第3期。

的当事人应当对变更之要件承担证明责任，这就是所谓的证明责任分配的消极基本原则。”[①] 将权利存在与权利发生要件事实结合，将权利不存在和权利消灭原因事实结合，即主张权利存在的当事人对权利发生的根据事实承担证明责任，主张权利不存在的当事人对权利消灭的事实承担证明责任。此外，由主张例外情形的当事人承担该事实的证明责任。另一方面，“由于证明责任的分配也决定着某个法规的适用与否，因此每个法规的立法趣旨也当然地发挥着证明责任分配标准之作用”。[②]

二、行政诉讼的证明责任

在行政诉讼中，由于各国或地区采行的诉讼模式不同，其主观证明责任亦不相同。在采行职权探知主义的大陆法系国家和地区，并不承认主观证明责任和主张责任，只存在客观证明责任，并仅承认当事人在诉讼程序上之协力义务。行政法院应依职权探知事实，并依据职权调查证据，不受当事人主张事实与证据调查声明的约束。在采行辩论主义的英美法系国家和地区，因不严格区分公私法，行政案件以民事程序进行，当事人既负有推进责任，亦承担说服责任。在我国，情况则有不同。

（一）行政诉讼证明责任的学说

结合域外国家和地区的考察对比，在行政诉讼中有关证明责任有以下几种学说：

1. 法律要件分类说

该学说又被称为规范说，是有关民事诉讼证明责任的通说。该学说认为，主张权利者对产生权利的事实负担举证责任，对方当事人则对妨碍该

---

① ［日］新堂幸司：《新民事诉讼法》，林剑锋译，法律出版社 2008 年版，第 397 页。

② ［日］新堂幸司：《新民事诉讼法》，林剑锋译，法律出版社 2008 年版，第 400 页。

法律效果发生的权利妨碍事实，以及否定已经产生的法律效果的权利消灭事实负担举证责任。有学者认为，在撤销诉讼中也可以根据该学说确定举证责任。对于积极性行政行为应当由被告承担举证责任，对于消极性行政行为即拒绝申请和不作为应当由原告承担举证责任。而在禁止行政机关不得作为的形式中，积极性行政行为的举证责任由原告负担，消极性行政行为由被告负担。

2. 合法性推定说/原告应负举证责任说

传统行政法学理论认为，行政行为具有公定力，一经作出即推定合法。因此，原告要推翻此种合法性推定就必须负担证明该行为不合法的举证责任。但该学说由于现代行政法理论的发展几乎被废弃。

3. 行政机关负担说/被告应负举证责任说

姜明安教授认为，行政诉讼举证责任的分配应实行“举证责任倒置”原则，原告主张被告举证。[①] 该学说将行政法中法治主义的基本原则与行政诉讼中举证责任进行了联系，认为在依法治国的原则下，行政机关应当负担证明其所有行政行为合法的全部举证责任。“但有学者认为将实体法原理适用于诉讼法上举证责任的分配不无问题。因此，并没有纯粹采取该学说的学者。”[②]

4. 调查义务反映说

该学说支持者为日本学者小早川光郎，该学说认为，行政机关在作出行政行为时，应当为了避免违法侵害相对人权益而负有调查的义务，因此，在该调查义务的范围内，行政行为的合法性由被告承担举证责任。该学说以作出行政行为时必要的调查程度确定被告之举证责任，根据个案不

---

① 参见姜明安主编：《行政法与行政诉讼法》，北京大学出版社、高等教育出版社 1999 年版，第 347～348 页。

② 江利红：《日本行政诉讼法》，知识产权出版社 2008 年版，第 377 页。

同，有时会减轻对行政机关的证明责任的要求。

5. 权利性质说

该说支持者为日本学者高林克己，该学说认为，对于限制私人自由和课予私人负担的行政行为由被告承担举证责任，对于国民的社会保障给付申请的拒绝则由原告承担举证责任。该观点是以行政行为的法律效果以涉及国民权利性质为标准确定的。相类似地，我国学者马怀德教授认为，行政机关作出不利于相对人的决定时，行政机关应当承担举证责任；行政机关依相对人申请作出对相对人有益的决定时，由相对人承担举证责任。①

6. 授益侵权区分说

该学说同权利性质说类似，将授益性行政行为与侵权性行政行为相区分，前者原告负担举证责任，后者被告负担举证责任。该学说与权利性质说有相似之处，但却很难处理在行政管理活动中兼具授益与负担行政行为的举证责任分配问题。

7. 个别具体判断说

该学说认为，举证责任的分配应当根据当事人之间的公平、与证据之间的距离、举证的难易程度来判断。② 对于该学说，有学者予以批判认为，该观点在判断举证责任分配时所考虑的因素有一定意义，但却没有标准，缺乏可操作性。放弃预先确立的标准和法律安定性，对于当事人来说也欠缺预测的可能性。

法律要件说即规范说来自德国学者罗森贝克的观点，目前系民事诉讼证明责任分配规则之通说。行政诉讼与民事诉讼性质不同，在借鉴民事诉讼证明责任分配规则时，须以行政诉讼之特性为角度予以审慎考量，具体

---

① 参见马怀德：《行政诉讼原理》（第2版），法律出版社2009年版，248~252页。

② 参见马原主编：《中国行政诉讼教程》，人民法院出版社1992年版，第116页。

情况具体分析。合法性推定说显然与现代法治国家社会的发展内涵不符。行政机关负担说和调查义务反映说均以依法行政及依法治国为理念，但行政机关负担说由行政机关承担所有证明责任也不尽合理，调查义务反映说在日本支持者较少，主要原因在于受民事诉讼举证规则的影响。权利性质说和授益侵权区分说则较为合理。正如学者所批判的那样，个别具体判断说可操作性不强，随意性较大。

（二）与证明责任相关的因素

1. 证明责任与诉讼模式

"行政诉讼模式是对行政诉讼制度中所有运行程序的高度概括和总结，是行政诉讼理论中基础性的、关系到行政诉讼程序设置的全局性问题，是法院与诉讼两造以及两造之间权利（权力）的配置及其诉讼地位的表现，对整个诉讼制度的构建起着基础性的关键作用。"① 当今世界各国所采用的诉讼模式主要可分为职权主义诉讼模式与当事人主义诉讼模式，在其下证据制度层面的模式分为职权探知主义和辩论主义。职权探知主义模式并不承认主观举证责任，当要件事实不甚清楚明白时，法院可依据职权进行调查，以查明案件事实真相。在该模式下，当事人履行的并不是主观举证责任，而是证据协力义务。在辩论主义模式下，确定裁判基础事实所需诉讼资料及主要事实的主张、必要证据的申请是当事人的权能及责任。法官始终保持消极中立地位，责任始终由当事人负担，受当事人事实主张的约束，不得径行调查。但无论是在职权探知主义模式还是辩论主义模式下，客观举证责任都是一样的，与采取何种诉讼模式并无关联。

2. 证明责任与主张责任

"在采用当事人主义时，法院不能对当事人没有主张的事实进行判断。

---

① 胡煜：《我国行政诉讼模式的理论探讨与制度重塑》，载《理论月刊》2018 年第 6 期。

因此，如果当事人不主张的事实，法院就作为该事实不存在处理。”① 在民事诉讼中，就何种事实应当由哪一方负担主张责任，系由证明责任之分配决定，一般来说，当事人的证明责任和主张责任是一致的。在行政诉讼中采取职权探知主义的国家和地区，并不承认主张责任，因法院应依职权探知事实，而不待当事人的主张。在非采取职权探知主义的国家，如日本，通说认为在撤销诉讼中主张责任由被告承担。

3. 证明责任与证明标准

证明标准的严格程度直接影响到承担证明责任一方的证明负担。一般认为，行政诉讼中的证明标准应当低于刑事诉讼，高于民事诉讼。故而，行政诉讼应当在盖然性标准和排除一切合理怀疑之间选择高度盖然性标准。在要求某一当事人承担举证责任时，也不得不考虑其举证能力，判断其是否能够负担举证之责。

（三）我国行政诉讼证明责任分配

现行《行政诉讼法》第 34 条第 1 款规定了我国行政诉讼基本证明责任规则，被告对作出的行政行为负有举证责任，应当提供作出该行政行为的证据和所依据的规范性文件。接着第 2 款规定了被告证据失权，但又有补充，被诉行政行为涉及第三人合法权益的，第三人提供证据的除外。另外，第 37 条对原告提供证据与被告提供证据之间的关系作出了规定，原告可以提供证据证明被告行为的违法性，但即便该证据不成立，亦不能免除被告的举证责任。此时，原告的举证仅仅是一种诉讼进程中的活动，而不是结果意义上的证明责任，被告仍然承担着要件事实真伪不明时的客观证明责任，与主观证明责任承担的主体相一致。但原告并非在任何情况下均不承担证明责任。根据该法第 38 条规定，原告在起诉被告不履行法定职责

① 江利红：《日本行政诉讼法》，知识产权出版社 2008 年版，第 381 页。

时，承担提供其曾向被告提出申请的证据。同时，立法也规定了两种例外情况：被告应依职权主动履行法定职责；原告有正当理由无法提供证据。另外，在行政赔偿与补偿案件中，原告应对行政行为造成的损害提供证据，此规则与民事诉讼一致。但因被告原因导致原告无法举证的，则由被告承担举证责任。

从我国行政诉讼立法规定来看，被告承担着绝大多数情况下的证明责任，原告仅在依申请履行法定职责案件以及行政赔偿、补偿案件中，就损害事实负有证明责任。此种特殊的证明责任规则受到我国行政诉讼采用的诉讼模式影响。因我国大陆行政诉讼并未如德国和我国台湾地区一样采取职权探知主义诉讼模式，将调查事实和收集资料的负担科以法院并不具有现实必要性。由行政机关证明自己作出的行政行为的合法性，更加符合法治政府之要义。从表面来看，原告提出被告侵害其权利之诉，却由被告承担证明其行为合法的证明责任似乎与证明责任分配理论相悖，然而事实并非如此。“根据罗森贝克基于‘基础规范—相对规范’结构对证明责任的分配，谁主张适用基础规范，谁应就基础规范（权利产生规范）的适用条件承担证明责任；谁主张适用相对规范，谁应就相对规范（权利阻碍、消灭、受制规范）的适用条件承担证明责任。”① 行政诉讼审理的是一个已经经过行政机关处理过的、对相对人权利义务产生影响的行政行为，且该行政行为因为法律获得应当被尊重和执行的效力。在以维护当事人合法权益和监督行政机关依法行政为目的的行政诉讼中，特别是撤销诉讼，原告通过向法院提起对其权利进行非法干预和限制的行政行为的诉，谋求该行为自始不发生效力，从而恢复其行为的自由。在这一意义上，相对人行使某项权利的自由被行政机关作出的行政行为阻碍。根据“法无禁止即自由”的原则，原告不需要就其享有自由权进行举证，因为这是宪法所赋予的无

① 胡东海：《“谁主张谁举证”规则的历史变迁与现代运用》，载《法学研究》2017年第3期。

须被证明的天然权利，自然也就不存在权利产生的主张。由原告证明被告对其作出的限制和干预违法显然是荒谬的。相反，被告需要就其对原告进行限制和干预进行证明，证明该限制行为是正当且合法的，因为这项权力是法律有条件地授予，仅在满足条件时才能行使。因此，按照法律规范说，行政机关应当就其科以相对人负担的行政行为合法，即相对规范的适用承担证明责任。

三、课予义务诉讼证明责任的再分配

当然，在行政诉讼中，并没有一以贯之地能够适用于所有行政案件的证明责任分配规则，被告并不是在所有案件中均应当承担其行为合法且有法律依据的证明责任。目前立法所规定的例外情况中即包含依申请作出行政行为的类型。只不过，原告证明其提出过申请的事实不一定是该类案件的要件事实，而是属于诉讼要件应当审查的事项，特别是在要求行政机关履行其法定职责而不仅仅是确认行政行为违法时。实际上，这很难说是行政诉讼证明责任分配的例外。

（一）域外国家和地区证明责任的分配规则

德国《联邦行政法院法》第 86 条第 1 款规定，法院依职权调查案件。调查中应传唤参与人，调查不受参与人提供的陈述及查证申请的约束。我国台湾地区“行政诉讼法”第 133 条规定，行政法院于撤销诉讼，应依职权调查证据；于其他诉讼，为维护公益者，亦同。德国和我国台湾地区均在行政诉讼中明文采取职权探知主义。在职权探知主义模式下，法院调查时不受当事人陈述与举证申请的约束，要求法院必须消除行政机关在有关事实调查中存在的瑕疵，并促使案件达到裁判时机成熟的程度。当事人双方均不承担事实主张和证据提出的责任，而由法院依职权探知事实、调查证据。故而，从理论上来说，行政诉讼中的原、被告双方均不负有主动向法院提出证据或在法院的要求下提出证据的主观证明责任，只不过是证据协力义务的体现。在德国行政诉讼中，判断客观证明责任的归属取决于该诉是否为撤销之诉，如若不涉及撤销之诉，而是确认之诉、给付之诉、义务之诉，那么举证责任的分配原则与民事诉讼相同。德国民事诉讼中通常适用辩论原则，而职权探知原则意味着例外，[①] 即主张享有公法权利的一方必须证明其享有该公法权利的事实存在。质言之，在德国义务之诉中，当事人之间举证责任的分配原则与民事诉讼相同，不再采取职权探知主义，而与民事诉讼证明责任分配规则相同，采取“谁主张，谁举证”原则。

日本的情况则较为特殊。“二战”后，日本在德国和美国的双重影响下，行政诉讼带有两个不同法系的特点。日本《行政事件诉讼法》虽没有详细规定行政诉讼中的举证责任，但按照该法第 7 条，行政诉讼法没有规定的参照民事诉讼法的规定。由于行政诉讼的特殊性，完全采取民事诉讼中的举证责任又似乎不合适，因此，有关日本行政诉讼之举证责任认定的观点并不统一。“但一般认为，鉴于课予义务诉讼是给付诉讼，应当认为，民事诉讼的一般原则适用于此处。”[②]

一言以蔽之，在德国和日本，课予义务诉讼（义务之诉）基于其特殊的给付性质，原告须对其享有向被告要求其作出一定或特定行为的实体法请求权存在予以举证，否则将承担败诉的不利后果。我国台湾地区则以是否牵涉公益为标准确定是否采行职权探知主义。但是课予义务诉讼多涉及公益，通常采取职权探知主义。

（二）我国《行政诉讼法》的规定

我国现行《行政诉讼法》第 34 条明文规定由被告承担其作出行政行

---

① 参见［德］汉斯－约阿希姆·穆伊拉克：《德国民事诉讼法基础教程》，周翠译，中国政法大学出版社 2005 年版，第 64 页。

② ［日］盐野宏：《行政救济法》，杨建顺译，北京大学出版社 2008 年版，第 166 页。

为合法的证明责任，并须提供其作出行政行为的证据与依据的规范性文件。即使原告出于胜诉利益的驱动向法院举证证明被告行政行为违法未果，也不能免除被告的举证责任。我国立法者并未借鉴大陆法系国家（地区）采行的职权探知主义，而是巧妙运用被告承担举证责任分配方式应对我国行政权独大而司法权孱弱的这一现实问题。

由被告证明其作出的行政行为合法的证明分配规则于撤销诉讼中较为合适，但在课予义务诉讼中则不符合证明责任分配原理。原告起诉被告要求其作出一定行政行为的课予义务诉讼中，原告主张其对被告享有作出某行为的请求权存在，却由被告负担这一重要要件事实的证明责任显然是不合理的。《行政诉讼法》第 38 条规定，原告起诉被告不履行法定职责的，应当证明其曾提交申请。质言之，原告在课予义务诉讼中的举证责任仅在申请型课予义务诉讼中，且该证明责任的范围仅限于曾经向被告提交申请这一诉讼要件事实。本书认为，第 38 条所谓的“证明责任”的性质更倾向于原告资格上的证明，并不涉及案件实体审理，很难说是一种证明责任。如若原告无法证明其曾经向被告提交申请（申请型行政行为），则会导致诉讼要件不合法被驳回起诉。如前文所述，课予义务诉讼的诉讼标的系行政机关拒绝作出或不作出某项行政行为违法并侵害原告合法权益。法院在审查行政机关拒绝作为的行为是否违法时，无法绕开对原告是否享有要求被告作出该行为请求权的审查。“请求权基础主要是指如果原告对其所追求的行政行为具有请求权（*Anspruch*），行政机关对原告所申请的行政行为的拒绝或者停止作为就是违法的。”① 如若请求权不存在，被告拒绝作出的行政行为则并不违法。既然如此，依照给付诉讼之法理，应由原告证明其请求权的存在。如若这一点无法被证明，原告的诉请将不会得到满足。

虽然无论是在申请型抑或直接型课予义务诉讼中，原告均须证明其有要

---

① 姜鹏：《不履行法定职责行政案件司法审查强度之检讨》，载《华东政法大学学报》2017 年第 4 期。

求被告作成一定或特定内容行政行为的公法请求权存在这一主要要件事实。但问题在于，在申请型课予义务诉讼细分下的拒绝履行课予义务诉讼中，被告对其作出的拒绝履行行为进行证明是否应当承担证明责任？例如，《信息公开规定》第5条第1款规定，被告拒绝向原告提供政府信息的，应当对拒绝的根据以及履行法定告知和说明理由义务的情况举证。本书认为，此时被告所承担的并非证明责任。根据诉讼理论，证明责任是一种承担不利后果的责任，它的要旨在于当用尽一切手段，据以判决的主要要件事实仍属真伪不明的状态时，由于法院不得拒为裁判，只得依照证明责任的分配规则将败诉的不利后果科以一方当事人承担。如果我们承认，无论是在哪一类课予义务诉讼类型中，原告均承担其公法上请求权存在的举证责任，被告作出拒绝履行的决定时也须承担证明该行为的合法性，那么当要件事实不明时，将无法根据举证责任原理判断由原告或被告承担败诉的不利后果，因为双方都承担着证明责任。但根据证明责任的特性，其不利后果仅能由一方当事人承担（反诉时例外）。因此，在拒绝履行型课予义务诉讼中，原告仍然负担着其享有给付请求权的证明责任，被告的“举证”则应理解为一种“抗辩”。被告可以为有效的抗辩，也可以不作任何抗辩，即使被告不为抗辩，也并不一定导致败诉。在课予义务诉讼证明责任分配下，原告的请求权是否存在尚待原告的事实声明与证据提出是否能够达到一定程度的证明标准，足以使法官相信该请求权存在时，方能获得课予被告某种义务的胜诉判决。否则，法院将直接以诉讼无理由驳回原告诉请。《信息公开规定》有关被告举证的规定则是受到撤销诉讼理念下，被告承担作出行政行为合法性的举证责任思维的影响。但其从客观上来说，起到了对被告行政机关是否依法行使职权的审查作用，有利于依法行政根本目标的实现。

但需要特别强调的是，一方面，原告承担课予义务诉讼案件中的证明责任，虽然该责任的范围不止立法所规定的曾提交过申请这一事实，但也仅限于原告之公法上请求权存在这一要件事实。不能将原告的证明责任作泛化处理，从而加重原告的证明负担。另一方面，法院不得不考虑原告的证明能力。相比于被告行政机关的专业性，原告通常为不通晓法律制度的普通公民，为了保障原告举证责任的正确行使和诉讼实质平等的实现，在必要情况下法院可辅以释明与之相配合。

四、课予义务诉讼法院调查取证的界限

（一）我国行政诉讼模式

如前文所述，诉讼模式可分为职权探知主义与辩论主义。前者是指“法院应依职权探知事实关系及依职权调查证据，而不受当事人之主张陈述以及证据声明的拘束”；[①] 后者是指“事实关系之解明属于当事人之权能及责任，非经任何一造当事人主张之主要事实（法律要件事实）不得采为判决之基础，为认定事实所需之证据资料，原则上应由当事人声明之证据方法始得为之；当事人间无争执事实（自认，拟制自认）毋庸举证，法院采为判决之基础”。[②]

1.1982 年《民事诉讼法（试行）》时期

在确定法院就课予义务诉讼调查取证的边界问题之前，需要梳理的一个问题是：我国行政诉讼采取的是职权探知主义模式还是辩论主义模式。行政诉讼法学研究早期，较多学者认为我国职权主义色彩浓重，应为职权主义或者职权探知主义。[③] 这与我国行政诉讼立法初期制度理念有关。我国行政纠纷在 1989 年以前参照 1982 年《民事诉讼法（试行）》（现已废

① 陈清秀：《行政诉讼法》，法律出版社 2016 年版，第 460 页。

② 陈清秀：《行政诉讼法》，法律出版社 2016 年版，第 460 页。

③ 参见宋炉安：《评我国行政诉讼结构》，载《中央政法管理干部学院学报》1997 年第 2 期；黄学贤、邹焕聪：《中国行政审判模式的重构——以职权主义与当事人主义融合为背景》，载《福建行政学院学报》2006 年第 4 期。

止）相关规定予以处理。该法第62条、第65条、第87～89条、第92条、第107条、第114条、第166条均展现了十分浓厚的职权主义，其中第62条规定，法院不受当事人陈述与否和陈述内容的限制，可结合案件的证据审查认定事实，此一证据调查规定与职权探知主义内涵十分接近。

2. 1990年《行政诉讼法》时期

1990年《行政诉讼法》第32条规定由被告承担证明其行为合法的责任，并提供其所作出行政行为的证据和所依据的规范性文件。《行政诉讼法》改变了在适用《民事诉讼法》时期法院全面收集证据和调查事实的做法，而是将主观举证责任交由当事人之被告方承担。但在证据保全、补充证据、撤诉、执行方面依然显示出较为强烈的职权色彩。“此时我国的行政诉讼模式呈现出从强职权主义诉讼模式到职权主义诉讼模式的迭进趋势。”①

3. 2000年《若干解释》到2008年《撤诉规定》时期

从2000年到2008年，最高人民法院颁布了三部司法解释，在《若干解释》中新增了三种原告承担举证责任的情形，同时限制了法院依职权调取证据的范围。另外，当事人可依申请财产保全，亦可依申请强制执行，改变了以往只能以法院意志为转移的做法。2002年《最高人民法院关于行政诉讼证据若干问题的规定》（以下简称《行诉证据规定》）着重强调了被告承担证明责任，法院仅在案件涉及国家利益、社会公益和第三人合法权益时可主动收集证据。同时，在该规定第65条首次引入了民事诉讼中“自认”规则。2008年《最高人民法院关于行政诉讼撤诉若干问题的规定》（以下简称《撤诉规定》）限缩了原告申请撤诉时法院裁量的权限范围，进一步规范了司法行为。经过三部司法解释的细化，我国行政诉讼基本完成了从职权主义向当事人主义转变的过程。

---

① 胡煜：《我国行政诉讼模式的理论探讨与制度重塑》，载《理论月刊》2018年第6期。

4. 2017 年《行政诉讼法》时期

现行《行政诉讼法》在结合 1990 年《行政诉讼法》及上述三部司法解释的基础上，在实体审理阶段，加强了被告举证责任，并规定了逾期举证的失权制度。另外，立法通过第 37 条原告提供证据的规定，反向强调了被告承担证明责任规则。2018 年 2 月，最高人民法院颁布《行诉解释》，取代 2000 年《若干解释》以及 2015 年《最高人民法院关于适用〈中华人民共和国行政诉讼法〉若干问题的解释》（以下简称《适用解释》），第 39 条反向规定了法院依申请收集证据的规定，第 47 条细化规定在行政赔偿、补偿案件中特殊情况下的举证责任分配以及举证责任倒置的情形。

从上述行政诉讼法规范数度修改与完善的过程中可以看出，我国行政诉讼逐步确立了以法院消极被动行使职权，当事人积极主动声明与举证的规则范式。虽然从现行立法和相关司法解释的规定中依然可以寻找到职权主义要素的痕迹，但并不意味着我国行政诉讼采取的就是职权主义或职权探知主义。对行政诉讼模式的认定宜从高屋建瓴地宏观维度出发探索，而不宜将视线过分停留在某一具体制度的建构或者某一程序的推进上。行政诉讼在诉讼推进上的某些个别程序中，法院发挥的作用较大，在某些微观层面上带有一定程度的职权色彩，似是具有职权主义的外观，但如果把当事人主义和职权主义作为某种基本模式的总体概括的话，其仍属于当事人主义范畴。但是也无法得出我国行政诉讼采行辩论主义的结论，就辩论主义三要素①而言，当事人自认的事实应当约束法院，但根据《行诉证据规定》第 65 条的规定，当事人自认的事实并不具有约束法院的效力，自认的事实与法院查明的事实不符的，不产生自认效力。

---

① 辩论主义三要素包括事实关系之解明属于当事人之权能及责任，非经任何一造当事人主张之主要事实不得采为判决之基础，为认定事实所需之证据资料，原则上应由当事人声明之证据方法始得为之；当事人之间无争执事实（自认，拟制自认）毋庸举证，法院采为判决之基础。参见骆永家：《民事诉讼法Ⅰ》，1976 年自版，第 116 页。转引自《行政诉讼法》，法律出版社 2016 年版，第 460 页。

（二）课予义务诉讼法院调查的边界

虽然我国并未采取职权探知主义模式，当事人不仅须承担客观证明责任，亦应当承担主观证明责任。在课予义务诉讼中，原告应证明其享有要求被告作出一定或特定行为的公法请求权存在，倘若举证不能则将被科以相应的不利后果。但是，这并不代表法院在诉讼中不承担任何调查取证的责任。按照现行立法的规定，当案件涉及国家利益、公共利益或他人合法权益时，法院也必须依职权进行调查。

就当前行政诉讼立法规定来看，法院主动行使调查取证的权力有以下三种情形：第一，程序性事项。例如，回避、追加当事人、中止诉讼、终结诉讼等，这是司法权之天然属性，无所谓职权主义。第二，当事人因客观原因无法提供的证据，也就是说仅在当事人无法自力收集时法院才可主动干涉。看似主动，但实则被动，须等待当事人之申请才能启动该权限。第三，案件涉及国家利益、公共利益和他人利益时。与之类似的是，《最高人民法院关于适用〈中华人民共和国民事诉讼法〉的解释》（以下简称《民诉法解释》）第 96 条规定，当涉及可能损害国家利益和公共利益时，法院可径行调查。即使是在民事诉讼中，公益成为问题的地方也排除当事人主义的适用，行政诉讼亦然。

就课予义务诉讼而言，当事人在证明其给付请求权这一事项上因某种客观原因无法自行收集证据，须依赖法院之公权力调取方能证明案件事实，法院也应当作必要的调查。这种客观原因须由法院斟酌而定，并且原告必须提供证据线索和该证据与证明事项的紧密联系程度，否则法院不应调查。在调查取证上，法院必须谨慎克制，扮演消极中立的第三人角色，不能主动调取证明被告行政行为合法的证据，同样也不能主动调取原告享有请求权的证据。但在特殊情况下，原告因自身能力有限，能够提供证据方向的，法院可予以援助，不致出现实质不平等的诉讼现象。

第三节 课予义务诉讼的调解、自认与撤诉

行政诉讼中的调解、自认与撤诉均牵涉当事人双方行使处分权的问题，而这一问题一直以来是行政诉讼中讨论和争议的重点。通常因行政诉讼恒涉及公益，当事人处分权受到限制，故而《行政诉讼法》规范在建设初期具有强烈的职权色彩，当事人的程序权利有时并不能得到足够的重视与尊重。情况随着当事人作为程序主体角色的转变而有所缓和，法院作为“操控手”在诉讼程序中对当事人处分权的控制逐渐削弱。这主要表现在2002年《行诉证据规定》第65条引入民事诉讼中著名的自认规则，2008年《撤诉规定》对法院许可撤诉的裁量范围进行了限缩，现行《行政诉讼法》第60条允许行政裁量案件进入调解程序。如何谋求保障当事人处分权行使与行政诉讼的公益性质之间的平衡是值得探讨的问题。

一、调解在课予义务诉讼中的运用

调解是指在法院的主持下，诉讼中的当事人基于合意作出一定的让步，终结部分或全部诉讼程序的行为。在民事诉讼中，基于当事人意思自治原理，允许当事人自由处分自己的诉讼权利进行和解。但是在行政诉讼中，被告行政机关代表着国家公权力，是否能够自由处分诉讼权利而进行调解始终存在争议。

（一）有关调解的学说

1. 调解肯定说

持调解肯定说的学者认为，第一，人民法院主持行政案件的调解，在

法院的审查监督下，可有效避免调解结果损害国家利益、社会公共利益或者当事人合法利益。① 第二，行政诉讼过程中的处分权不同于行政过程中的处分权。《行政诉讼法》第62条的规定已经承认行政主体在判决前有权改变已经实施的行政行为。② 第三，诉讼当事人地位平等。在进入行政诉讼后，双方当事人的法律地位是平等的。法院是独立于行政机关的第三种力量，完全可以依据法律地位平等进行调解，至于现在法院在人事、财物上依赖于行政机关，这完全可以在体制上进行改革。③ 第四，随着时代的变迁，公权力理论已由原来的国家公权力至上向带有协商、合作精神的公权力转变，让行政相对人容易接受，才是目前行政行为所要追求的理想目标。温和行政、柔性行政应当是社会主义国家行政机关的追求。④ 第五，适用调解有利于提高诉讼效率。

2. 调解否定说

坚持行政诉讼不可适用调解的学者则认为：第一，公权力不可处分。调解是以当事人享有处分权力为前提的，而行政权不可处分，它是法定的而非行政主体之职权。行政主体必须依法行使该职权，不存在调解的可能性。⑤ 第二，双方当事人地位不平等。"在行政法律关系中，行政主体与相对人处于天然不平等的地位，在此前提下，双方达成的调解协议很难保证系平等且自愿。"⑥

---

① 参见刘东亮：《论行政诉讼中的调解——兼与朱新力教授商榷》，载《行政法学研究》2006年第2期。

② 参见向忠诚：《论行政诉讼中的调解》，载《江西行政学院学报》2004年第4期。

③ 参见李爱民、陆伟明：《调解在行政诉讼中的选择性适用》，载《云南大学学报》（法学版）2000年第3期。

④ 参见向忠诚：《论行政诉讼中的调解》，载《江西行政学院学报》2004年第4期。

⑤ 参见罗豪才、湛中乐主编：《行政法学》，北京大学出版社2006年版，第128页。

⑥ 林莉红：《行政诉讼法学》，武汉大学出版社2001年版，第217页。

（二）调解制度的曲折发展

行政诉讼中的调解制度经历了从禁止到例外性肯定的过程，这一过程与我国行政诉讼制度的目的及司法政策密切相关。

1990 年《行政诉讼法》第 50 条明确规定，人民法院审理行政案件，不适用调解。但是，“《行政诉讼法》正式施行后的一段时间内撤诉率一直维持高比率”。[①]“由于撤诉与调解作用相似，撤诉成了没有调解书的调解。”[②] 随着社会转型与社会矛盾的凸显，行政案件数量激增，撤诉成了法院以“协调”方式解决行政纠纷的有效途径。“有时调解甚至成为最为主要的结案方式，这一点从行政诉讼居高不下的撤诉率可以清楚地看出。”[③] 使用“协调”终止行政诉讼程序的方式从未停止过。2007 年 3 月，《最高人民法院关于进一步发挥诉讼调解在构建社会主义和谐社会中积极作用的若干意见》明确，“对行政诉讼案件可以根据案件实际情况，参照民事调解的原则和程序，尝试推动当事人的和解”，并且“调解工作成绩应当纳入个人考评的范围”。2009 年，《关于当前形势下做好行政审判工作的若干意见》第 8 条指出：“要善于运用协调手段有效化解行政纠纷，促进社会和谐。”2010 年，《关于进一步贯彻“调解优先、调判结合”工作原则的若干意见》第 2 条指出，各级法院要把调解作为处理案件的首要选择。最高人民法院不仅把调解当作构建社会的重要手段，还将其作为个人考评范围，“协调”几乎成为法官最为重要的工作内容，其在司法实践中的泛滥失去了限制。

“协调”有着其积极作用的一面，在面对行政机关管理水平低下，行

① 黄学贤：《行政诉讼撤诉若干问题探讨》，载《法学》2010 年第 10 期。

② 何海波：《行政诉讼法》（第 2 版），法律出版社 2016 年版，第 506 页。

③ 黄学贤：《行政诉讼调解若干热点问题探讨》，载《法学》2007 年第 11 期。

政法治不健全、案件事实和证明标准确定困难，被告行为合法但原告确实存在困难的现实背景下，法院很难“一判了之”，通过居中调停、斡旋的方式寻求解决方案是一件不得已而为之的事情。[①] 故而，即便立法明文禁止调解，“协调”在司法实践中依然是解决行政纠纷的重要方式。但我们不可否认的是，无论“调解”与“协调”是否有本质上的不同，失去规制的“协调”侵害原告的合法权益，使监督行政机关依法行政之目的无从实现。

行政诉讼是否适用调解在经过漫长的争议之后被现行立法予以肯认，正如有学者所言，“在修订我国《行政诉讼法》时增加调解制度，目前已成为司法政策的要求和学界的共识”。[②] 2014 年《行政诉讼法》迎来了立法三十年来的首次修订，其中第60 条在1990 年《行政诉讼法》第50 条的基础之上例外地承认了调解制度的合法性。根据该条规定，行政赔偿、补偿以及行政机关行使法律、法规规定的自由裁量权的案件可以调解。虽然现行法对于调解作了一定的限制，但无不让人生疑。第60 条以行政案件不调解作为总的原则和政策，在涉及行政机关行使自由裁量权的案件中承认了调解的合法性。但根据行政行为的特性，国家为了使行政机关更好地行使职权，实现法律的目标，故而赋予其一定的裁量权，这成了行政行为的本质，行政法的精髓也在于行政裁量。行政机关享有裁量权的行政行为广泛存在于各类行政管理活动中，反而一义明白性的羁束行政行为占少数。况且，即便在羁束性行政行为中，也仅仅是在法律效果上没有选择，但在其他阶段行政机关依然享有判断自由。可以说，行政行为中充斥着大量的行政机关享有裁量权的行政行为，这是否意味着这些行政行为能够随着第60 条的规定进入调解程序？既然如此，调解是否还能成为一种例外性原则？现行立法有关规定在此显得过于宽泛，再加上司法政策的指引，调解

① 参见林莉红：《论行政诉讼中的协调——兼评诉讼调解》，载《法学论坛》2010 年第5 期。

② 方世荣：《我国行政诉讼调解的范围、模式及方法》，载《法学评论》2012 年第2 期。

极为容易被滥用，导致原告的合法权益无法得到切实保障，监督行政机关依法行政也成为空谈。我们也必须清楚地意识到，行政诉讼中的调解面临的真正问题并非调解的允许性，而是调解已经被过度使用的问题。

（三）课予义务诉讼的调解

1. 对调解制度的反思

调解制度是否合法的主要争议焦点在于“行政机关是否享有实体处分权”。“公权力不得自由处分。自由裁量权只是赋予行政机关根据案件的情况做出机动灵活处理的权限，并不是在随意处分公权力。在当下的法治环境和法治意识背景下，公权力尤其不得自由处分。”① 本书赞同该意见，至少在目前我国法治环境与法治意识尚未达到理想状态时，不可过度强调调解制度。在调解被过度看重的现状下，调解的允许性似乎显得并不那么重要，如何对其进行有效的规制则更为现实。虽然现行《行政诉讼法》第60条第1款开宗明义确定了调解的禁止性，但紧随其后的例外性规定却由于行政裁量的大量存在而变成了普遍性规定。

从域外经验来看，德国《联邦行政法院法》第106条明文规定：“以当事人对于诉之标的的得为处分为限，为全部或部分解决其所主张之请求之目的，当事人得以使载明于法院或受命推事，或受托推事之笔录之方法，缔结和解。”② 我国台湾地区“行政诉讼法”第219条也明文规定：“当事人就诉讼标的具有处分权，且其和解无碍公益之维护者，行政法院不问诉讼程度如何，得随时试行和解。受命法官或受托法官，亦同。第三人经行政法院之许可得参加和解。行政法院认为必要时，得通知第三人参加。”德国与我国台湾地区均承认行政诉讼在一定条件下可以以和解的方

---

① 参见林莉红：《论行政诉讼中的协调——兼评诉讼调解》，载《法学论坛》2010年第5期。

② 域外所谓“和解”，分为诉讼上和解和诉讼外和解。诉讼上和解与我国所称调解内涵一致。

式终结诉讼程序。从以上“立法例”可以看出，诉讼上和解须满足两个特别要件：第一，当事人就诉讼标的享有处分权。在此和解之诉讼标的，系是指当事人所争执的“法律关系”或主张的权利。因此，“当事人如果对于和解标的具有处分权，即得和解。倘若行政机关不得以公法契约方式为行为时，则欠缺处分权，不得缔结公法契约性质之诉讼上和解”。[①] 第二，不得侵害公共利益。公共利益存在问题的地方即便是在民事诉讼中亦不被允许。当和解损及国家利益、社会公共利益和他人“合法利益”时，不能有显然不具备合理性和正当性的和解存在，这是达成和解的必然要求。

虽然我国台湾地区较之德国在和解达成的条件上有“公益维护”之限制，但社会公益本身即行政诉讼应当维护的重点，并无须多言。简言之，德国和我国台湾地区在是否能够达成和解方面采取一致的肯定观点。本书认为，在借鉴域外经验时，须时刻回顾我国国情。我国目前法治建设仍在发展过程中，一些行政立法尚不完备，一些公民法治意识也较为薄弱，在此现实下大力推行调解制度有可能带来行政法治的损伤，不利于保护行政相对人的合法权益，更不利于监督行政机关依法行政。虽然现行立法将“解决行政争议”作为首要程序目的，调解的施行也正是在这一诉讼目的的宏观统摄下运行的，但“解决行政争议”并不是行政诉讼唯一、最终的目标。长远来看，监督行政机关依法行政，实现依法治国才是行政诉讼未来的发展方向。只不过在现阶段，以解决行政争议作为诉讼目标更契合当下的法治环境。故而，调解制度在当下我国行政诉讼中的运用应当保持小心、谨慎的态度。当然，这也并不意味着在所有行政诉讼类型中都绝对排除调解的适用，如在行政赔偿和行政补偿案件中，调解即有适用的余地。

2. 调解在课予义务诉讼中的运用与限制

在课予义务诉讼中，如原告要求作成的行政行为在法律要件上存在疑

---

① 陈清秀：《行政诉讼法》，法律出版社2016年版，第583页。

义，拟成立的调解对行政机关来说有权限作成且不抵触强行法和重大公共利益，那么调解是可行的。课予义务诉讼是行政给付诉讼的特殊类型，其在某些方面与民事诉讼上给付诉讼存在相似之处，因此原则上可进入调解，但有下述三条限制条件。首先，原告要求作成的行政行为的要件上须存疑义。在课予义务诉讼中，原告要求行政机关作成其要求的一定的或特定的行政行为的请求权是否存在由原告承担证明责任。当该主要要件事实存在真伪不明的情形时，应当由原告承担败诉的风险和不利益。此时适用调解程序，无疑是向原告倾斜。当然，倘若该要件的法律事实显然存在或不存在，亦即事实清楚，那么则没有调解的必要和余地。在这种情况下，原告或者被告通常没有必要作出让步与妥协，求得胜诉判决才能将诉讼利益最大化。其次，被告必须有权限作成调解内容的行政行为。如若不具有主管权限的行政机关作出非属其职权范围内的行政行为，则违背了法律的禁止性规定。且该行政行为是行政机关裁量选择范围内之事项。正如前文所述，行政机关享有裁量自由并不代表行政机关可任意裁量，其必须在法律规则范围内作出选择。最后，调解不得损害国家利益、公共利益和他人合法权益。在任何诉讼程序中，损害上述利益都将因触碰法律的禁止性规定而不被允许。

二、自认在课予义务诉讼中的限制

自认是民事诉讼中的一项重要制度，它建立在辩论主义模式上，经过当事人自认的事实，即便与法院审查的事实不符，也得拘束法院对构成裁判基础的要件事实的认定，不可作出与当事人自认事实相悖的判断。这是自认制度的重要特色。

（一）自认的含义

“通说认为，自认是指当事人一造主张之事实，对他造当事人不利，而他造当事人于本案诉讼中承认该事实为真实之陈述者。”① 自认必须是诉讼当事人，包括原告、被告、第三人，经过当事人授权后的诉讼代理人，在本案言词辩论终结以前，就于己不利的案件争议的主要事实作出自认，该自认一经作出即免除另一造当事人的证明责任。法院必须将该自认的事实作为裁判要件事实，不得作出与自认事实相反的认定。

自认制度的理论基础是辩论主义原则、处分权原则、诉讼经济原则。在职权探知主义诉讼模式下，证据资料和诉讼资料由法院主动调查收集，并且不受当事人自认事实的约束，在该模式下不存在自认的适用。只有在辩论主义下，法院才必须受到当事人自认的拘束。“根据处分权原则，该原则是一项将‘是否要求审判’或者‘要求对何进行审判’之判断委诸于当事人意思的原则，是一个与辩论主义与职权探知主义之对立处于不同层面的原则。”② 既然当事人有权处分自身的实体权利，对于己不利事实的承认即是行使当事人处分权的表现。诉讼的首要价值是公平与公正，但亦不可荒废效率。在诉讼经济的要求下，自认使案件的争议得以确定，当事人可紧紧围绕其他争议事实进行举证与反证，如此便能较好地提高诉讼效率。

（二）自认制度的引入

行政诉讼中的自认制度源于民事诉讼的规定，结合 2015 年《民诉法解释》以及 2020 年《最高人民法院关于民事诉讼证据的若干规定》（以下简称《民诉证据规定》），一方当事人在诉讼过程中，或者在证据交换、询问、调查过程、起诉状、答辩状、代理词等书面材料中，对于己不利的事实明确表示承认的，另一方当事人无须举证证明。但《民诉证据规定》第

① 吴庚：《行政争讼法》，台北，三民书局 1999 年版，第 175 页。

② 胡煜：《我国行政诉讼自认之反思与完善》，载《重庆社会科学》2017 年第 6 期。

8条两款对自认作出了两条排除性规定，其一，属于《民诉法解释》第96条第1款规定的涉及身份关系、国家利益、社会公共利益等五项应当由法院依职权调查的事项，不承认自认的适用。在诉讼程序中，即便采取辩论主义也依然存在法院依职权调查的事项，因此在身份关系诉讼以及涉及上述利益时，不承认自认的适用，符合诉讼经济与诉讼公正之间的平衡规则。其二，自认的事实与已经查明的事实不符的，人民法院不予确认。自认制度的特点在于它是当事人对于于己不利事实的承认，从而产生免除对方当事人举证责任的法律后果。在私益诉讼中，自认是民事法律意思自治在诉讼法上的逻辑延伸，它必然以损伤部分实体正义为代价。但对实体正义的追求不可以牺牲程序正义为代价。显然，当法院查明的事实与自认事实不符时则不予确认抹杀了自认制度的魅力。

《行诉证据规定》第65条通说认为是民事诉讼自认制度在行政诉讼中的扩张适用。但该自认条款之规定本身存在一些疏漏之处：其一，该条文未规定适用的案件类型，既未作肯定之列举表示，也未作否定之排除表示。言下之意，所有行政案件类型均可适用自认。但依据自认的性质，自认的事实与真实之间存在一定差异，如若毫无限制地将其适用于时常牵涉公共利益的行政诉讼中，或有侵蚀行政诉讼目的的可能。其二，对于自认的效力，法院并未全面肯认，人民法院“可以”对该事实予以认定，并且自认的事实与法院查明的事实不符的，法院不予确认自认的法律效果。“可以”意味着法院可将自认的事实作为案件裁判基础，也可以不予采纳，与法院查明的事实不符时，法院不应确认。如此一来，自认制度无异于被架空。其三，“但有相反证据足以推翻的除外”，此处并未明言持有相反证据的是何人，有可能是法院、作出自认之当事人、对方当事人。如若法院推翻自认事实，则有侵害当事人处分权之嫌疑。如若是作出自认之当事人，则意味着自认的撤回毫无限制。如此一来，不仅影响诉讼的效率，也违背自己责任原则。其四，自认之撤回没有限制。自认原则一经作出即生效力，不得随意撤回，但法律应予规定例外情况。例如，该自认之事实有可能侵害第三人之利益，或对方当事人同意自认人撤回自认等情形。行政诉讼与民事诉讼不同，前者除担负解决争议的职责外，还肩负着监督行政机关依法行政之职责，故而行政诉讼案件大多数情况下均含有公益性质，自认在行政诉讼中的运用必然存在限制，但限制的前提是承认自认的意义，在可适用自认的诉讼类型中，应确认当事人自认的事实具有约束法院的效力。

（三）课予义务诉讼的自认

在采行职权探知主义模式下的德国和我国台湾地区，法院依职权调查案件，并不认可自认的适用。日本没有明确规定采取职权主义，但日本《行政事件诉讼法》第24条规定，法院认为有必要时，可以依职权进行证据调查。但对该证据调查的结果，必须听取当事人的意见。故而，自认在上述国家或地区中并无适用余地。

我国行政诉讼模式并非职权探知主义，但也很难说就是辩论主义，总体上来说更接近于辩论主义范畴。在完善自认制度在行政诉讼中的适用前提下，可根据诉讼类型的不同判断自认的适用与否。完善的手段包括：其一，当事人自认的事实即使与法院查明的事实不相符，法院亦不可作出与自认事实相反的认定。但涉及国家利益、社会公共利益、第三人合法权益的事项除外。其二，自认的事实限于案件主要事实，非主要事实不产生自认的效力。其三，对自认的撤回予以限制。除非作出自认的当事人能够证明其作出的自认违背其真实意思，或者对造当事人同意其撤回，否则自认不可随意撤回。

在以形成诉讼之撤销诉讼为中心的行政诉讼中，因涉及公共利益而不宜适用自认。课予义务诉讼系给付诉讼之亚类型，其诉讼标的乃是一定的请求权，与民事诉讼之给付诉讼类似，自认并非完全没有适用的余地，但总体而言，请求作成的行政行为涉及公益居多，因此容许适用的情形比较少见。例如，在涉及市场准入之行政许可时，因事关社会经济秩序，即不可适用自认。

三、撤诉在课予义务诉讼中的完善

撤诉是法院以判决终结案件以外的另一种独立于司法判决的结案方式，撤诉与调解制度存在一定的相似性，一度成为规避立法禁止调解有效的结案方式。2017 年《行政诉讼法》关于撤诉的规定以及 2008 年《撤诉规定》目前依然是撤诉的主要依据。

（一）撤诉在行政诉讼中的异化

撤诉是原告单方意思表示撤回起诉从而终结诉讼的方式，该制度在行政诉讼之初与调解制度有着密不可分的关系。受国家司法政策的影响，在调解制度尚未得到《行政诉讼法》肯认之前，法院在处理行政纠纷时偏好采用“协调”的方式结案，导致行政案件撤诉率畸高，这普遍被认为是一种不正常现象。《撤诉规定》承担了《行政诉讼法》不可承受之重。该规定第 1 条[①]实质上鼓励被告在行政诉讼中改变行政行为，从而获得原告的同意撤回诉讼。被告在诉讼过程中改变被诉行政行为，按照《撤诉规定》第 3 条的规定，即便改变后的行政行为对于原告来说并无实益亦可。法院基于司法政策，甚至是迫于被告的压力动员原告撤诉也时常出现。对于原告而言，撤回诉讼有可能基于“赢一时，输一世”的不利后果的综合利益考量的结果。在被告、法院、原告在各自不同利益的驱动下，撤诉率一直居高不下。虽然《行政诉讼法》第 62 条明确规定法院应当

① 《撤诉规定》第 1 条规定：“人民法院经审查认为被诉具体行政行为违法或者不当，可以在宣告判决或者裁定前，建议被告改变其所作的具体行政行为。”

对原告的撤诉申请进行审查，其初衷是为了避免原告迫于不正当压力从而撤诉，但法院的审查是否能够起到维护原告合法权益的作用在司法实践中并不乐观。根据实证调查结果，在审理行政案件时，面对原告的撤诉申请，53.9%的法官都会同意，44.8%的法官会审查撤诉原因，根据具体情况决定是否同意。[①] 该数据显示，在司法实务中，超过一半的法官并不会对原告的撤诉申请进行审查，原因也比较显而易见，即撤诉是一种比判决更为快捷、方便的结案方式，法院没有必要舍近求远。在法院审查撤诉原因的44.8%的比例中，会根据具体情况决定，其中具体情况是哪些，是否包括但不限于法律规定的情况则不清楚。显然，《行政诉讼法》规定人民法院应当对原告的撤诉申请进行审查的规定在实践中并没有得到很好的执行。之所以如此，主要原因仍然在于1990年《行政诉讼法》时期，调解被全面禁止，受到司法政策的影响，使司法实践中无法调解的案件以“协调”方式结案，而协调呈现的法律后果即原告申请撤诉。在这一意义上，原告撤回起诉是被告，甚至是法院所期待之结果，法院自然没有再行审查撤诉是否符合规定的必要，即便审查也仅仅是形式上的“走过场”。当然，在《行政诉讼法》承认调解的允许性，其被作为例外情形得到肯认之后，调解的法律障碍消灭，经过调解程序的案件基本不会再通过传统撤诉方式结案，撤诉率或有下降。

（二）课予义务诉讼的撤诉

原告能否得以撤诉取决于其是否享有处分权。在课予义务诉讼中，原告享有处分权毋庸置疑，但原告处分权的行使以不损害国家利益、社会公益和第三人利益为限。通常在行政诉讼中，法院并不会对当事人的撤诉作

---

① 参见林莉红、宋国涛：《〈行政诉讼法〉实施状况调查报告（法官卷）》，载《行政法学研究》2013年第2期；林莉红主编：《行政法治的理想与现实》，北京大学出版社2014年版，第35页。

出限制性规定。例如，德国《联邦行政法院法》第92条规定，直至判决之前，原告人可撤诉。但在言词审理过程中提出申请之后欲撤诉的，须得到被告的同意，如公益代表人也参加言词审理的，也必须得到公益代表人的同意。日本行政诉讼也采取此种态度，基本承认原告对自己的权利享有处分权，同意原告以撤诉的方式终结诉讼程序。① 故而，原则上来说，原告提出撤诉，无论被告是否改变行政行为，法院均可予准许，这是原告行使其处分权的充分表现。只不过，《行政诉讼法》要求法院对于原告提出的撤诉申请进行审查，是基于原告有可能迫于被告的压力作出非属于自愿的撤诉的考虑。

法院对撤诉申请进行审查的目的与重心其实并不在于限制原告处分权的行使，而是限制被告行政权力的滥用。在课予义务案件里，较为常见的是被告在诉讼过程中作出了一定的行政行为，该行为或是对申请予以回应(其具体内容在所不问)，或是作成原告所要求的特定行政行为。虽然被告在诉讼中改变行政行为是被立法允许的，但在学理上却存在激烈的争论。支持者认为行政机关在诉讼中改变行政行为，同样能够达到保护原告权益、督促行政机关依法行政的目的，并且能提高诉讼效率，减少法院工作量。改变被诉行政行为也是行政机关作为权力主体行使其天然权力的表现。② 反对者则认为在诉讼程序中改变行政行为，即改变诉讼系属，不利于诉讼秩序稳定。③ 简言之，支持者出于诉讼效率角度，反对者则出于诉讼稳定角度。

被告在行政诉讼过程中改变原来作出的行政行为，有时出于对已作出行政行为违法性的积极认识，而有时则仅仅出于平息诉讼的消极心态。但

---

① 参见江利红：《日本行政诉讼法》，知识产权出版社2008年版，第440页。

② 参见周圭碧：《行政诉讼中被告改变原具体行政行为的几个问题》，载《法律适用》1993年第6期。

③ 参见张树义主编：《寻求行政诉讼制度发展的良性循环》，中国政法大学出版社2000年版，第220～222页；蔡虹：《论被告在诉讼中改变具体行政行为》，载《律师世界》1994年第9期。

可以肯定的是，“在法律规范的范围内，行政机关在诉讼程序中改变其所作的具体行政行为，符合纠纷解决机制多元化的发展趋势，也是推进社会矛盾化解、管理机制创新的重要而又具体的体现”。[①] 因此，本书认为，被告在行政诉讼过程中改变已作出的行政行为是可行的：第一，从诉讼价值的选择来看，虽然被告在诉讼中改变原行政行为会直接引起诉讼系属的改变，但诉讼系属的改变并没有对诉讼的稳定性产生实际不良影响。倘若不允许被告在诉讼中改变原行政行为，法院就该被诉行为作出判决以后，被告再行对同一当事人作出在诉讼中可能作出的更改后的行政行为，当事人不服的必将再次启动诉讼程序，显然不符合诉讼经济原则。第二，从保护原告合法权益角度来看，被告改变原行政行为，却不一定会促成原告撤诉，如在课予义务诉讼中，原告可改变诉讼请求，就改变前的行政行为请求法院确认违法。此时，原告的诉讼利益依然存在且值得保护。但不可否认的是，在当前行政机关“做被告”即影响该单位年终考核的相关政策下，原告有可能迫于被告的压力不得不撤诉。此种情况虽然不是我们所乐见的，但在司法实践中却并不罕见。因此，对于撤诉申请的审核与限制显得十分必要。只不过，在理论上十分必要的审查，在实务上却并不容易。如何审查得知原告是否系迫于被告压力不得不申请撤诉即成为问题。

对于法院是否应当审查原告的撤诉申请在理论界素有争议，支持者认为，原告撤诉经常不是出自真实意思表示，或侵害公共利益，法院有必要行使职权予以审查；反对者认为，对撤诉申请的审查有违背处分权原则之嫌，法院不应审查。本书认为，法院对原告提出的撤诉申请可予以适度的审查，以撤诉法律后果的释明为限。在司法实务中审查原告撤诉是否为真实意思表达十分困难，该心证难以获得。从原告法律知识欠缺，与被告诉讼实力差距较大的角度考虑，法院必须在原告提出撤诉申请时明确告知该

---

① 黄学贤：《行政诉讼中被告改变具体行政行为研究的学术梳理》，载《法治研究》2010 年第 12 期。

诉讼行为的法律后果，即根据《行诉解释》第60条规定，法院裁定准许原告撤诉后，原告再以同一事实或理由起诉的，法院将不再受理。简言之，以该法律后果的告知为足。当一个理性的社会人自动放弃了法院对有可能侵害其合法权益的被诉行政行为进行审查的权利，那么无关之第三者，包括法院也没有理由非要强行干预不可，否则即违背“不告不理原则”。

第四节 课予义务诉讼的临时救济

自原告向法院提起诉讼到法院作出判决需要经历相当长的一段时间，有的疑难复杂案件还会经过延期审理，一审不服的案件还会经历二审程序。通常至少会经历数月甚至是一两年的时间，当事人的权益在此期间可能遭受难以挽回的损害。目前，我国《行政诉讼法》明文规定的临时救济措施包括起诉停止执行与先予执行（限于金钱的给付），但不能适用于未作出的行政行为。《行诉解释》的规定较为隐晦，且不易于实践操作。因此，为了在这段时间内临时性地保护当事人的权利，有必要进一步完善和填补临时课予义务制度。

一、行政诉讼临时救济制度

临时救济制度是为了防止因诉讼程序的经过导致当事人的权利遭受难以挽回的损害而设置的。我国现行《民事诉讼法》第9章以专章的形式设置了民事诉讼中的临时救济制度。该法设置了行为保全与财产保全，财产保全是法院为了保证将来作出的裁判得以执行，对当事人的财产或争议标的物作出限制当事人处分的临时措施；行为保全是指法院责令一方当事人作出一定行为或禁止作出一定行为，防止该当事人正在实施或将要实施的行为给申请保全人造成难以挽回的损失。当事人不仅可在诉讼中提起保全申请，根据《民事诉讼法》第101条的规定，利害关系人还可在提起诉讼或申请仲裁以前向有管辖权的法院提出保全申请。在诉中保全中，如若法院要求申请人为其保全申请提供相应的担保而该当事人不能提供的，法院将裁定驳回申请。财产保全的措施包括查封、扣押、冻结或其他方法。第106条则设置了先予执行措施，因当事人一方生活或生产的紧急需要，法院可以在作出判决前根据当事人的申请，裁定义务人先行给付一定数额的金钱或其他财务，或者实施或停止某一行为。通常情况下，执行发生在生效判决之后，但判决的作出往往需要较长的时间，先予执行制度着眼于当事人的迫切需求，允许执行发生在生效判决作出以前，以缓解当事人燃眉之急，维持其正常的生产或生活。

民事诉讼中临时救济制度较为全面，综合考虑了诉前和诉中，财产和行为，申请人与被申请人权益。在我国行政诉讼中，根据《行政诉讼法》第56条的规定，诉讼期间不停止行政行为的执行。诉讼不停止执行是1990年《行政诉讼法》即已确立的一项一般原则。当事人提起行政诉讼，不待法院认定该行政行为合法与否，行政机关作出的行政行为均应得到贯彻执行。行政行为不因诉的提起而停止执行的理论基础系行政行为公定力理论。根据该理论，行政行为一经作出即被认为是（合法）有效的，[①] 未经有权机关宣布其无效，各方当事人均受其约束。“在公定力理论的支撑下，未经有审查权限的法院撤销之前，自然应被付诸执行。虽有学者主张诉讼期间行政行为‘效力待定’，但立法和司法实践都没有接受这种说法。”[②] 起诉不停止执行制度不仅引起了学者们广泛的批评，而且

---

① 行政行为公定力理论从20世纪90年代进入我国学者的视野，经过不断发展和修正，目前大多数学者均从“合法性推定”转向“有效性推定”。

② 何海波：《行政诉讼法》（第2版），法律出版社2016年版，第496~497页。

为建立起诉停止执行为原则制度开出了长长的理由清单。这些理由包括：第一，该制度与强制执行制度相矛盾，导致起诉不停止执行仅仅适用于少数自力执行的行政机关，原则一说很难成立；第二，指导思想过于强调维护公共利益，实际与行政诉讼的目的相违背；第三，该制度加重了原、被告双方的不平等，未能考虑到保护弱者的情形。基于以上理由，学界对于起诉不停止执行发出了质疑之声。纵然理论界对起诉停止执行的呼声很高，但立法并未对此作出正面回应。立法者更加注重对公共制度的维护，认为将起诉停止作为原则将会扰乱行政活动的稳定性，使法律秩序处于不稳定状态。

目前，只有法定例外情况下，行政行为才可以停止执行。根据现行《行政诉讼法》第 56 条规定，以下四种情形属于起诉不停止执行的例外：(1) 被告认为需要停止的；(2) 原告或利害关系人申请停止执行，同时得到法院认可，法院认为如果不停止执行将会给当事人造成难以弥补的损害且侵害国家和社会公益；(3) 法院不经当事人申请查明执行行为将会给国家和社会公益造成重大损害的；(4) 法律、法规确定的其他情形。2017 年《行政诉讼法》在 1990 年《行政诉讼法》有关起诉不停止执行的例外情况基础上进行了几点补充：首先，是否准予停止执行应以“裁定”的官方书面形式告知当事人；其次，申请停止执行人的范围从原告扩张至利害关系人，立法考虑到了诉讼外第三人利益受损却无从救济的情形；再次，利益的损害方不仅包括公共利益，还包括国家利益；最后，法院可不待当事人申请即主动停止执行，但前提必须是国家利益和公共利益将受到重大损害。当事人就法院作出的裁定不服的可以申请复议进行救济，不服当事人包括原告和被告双方。《行诉解释》第 76 条第 1 款在立法基础上进一步补充，申请保全的前提包括行政行为和生效裁判难以执行两种情况，亦即被告行政机关和原告均可向法院申请财产或行为的保全。

与此同时，现行《行政诉讼法》第 57 条新增了先予执行措施，应是在借鉴《民事诉讼法》第106条有关先予执行的规定基础上形成的，这是1990年《行政诉讼法》未曾规定的内容。该条规定，“人民法院对起诉行政机关没有依法支付抚恤金、最低生活保障金和工商、医疗社会保险金的案件，权利义务关系明确、不先予执行将严重影响原告生活的，可以根据原告的申请，裁定先予执行”。该条文沿袭《若干解释》第48条之规定，原告欲获得先予执行，需要满足以下三个条件：第一，执行内容仅为抚恤金、保障金和社会保险金这三类以金钱为给付标的的案件类型；第二，权利义务关系明确，即案件事实和法律关系均清楚，不存在疑义的情况；第三，不予执行将会严重影响原告生活。这一要件对先予执行制度提出了紧急且严重的限制性要求，如若案件不紧迫，或者不先予执行也不会造成生活的严重影响的则不予适用。综上所述，先予执行制度被立法设置了较高的要求，并且适用范围非常有限，仅在上述三类以金钱作为给付内容的行政案件中方有适用的空间。至于其他以物质或行为为给付内容的临时救济制度尚为空白。当然，当事人不服裁定的也可申请复议，但复议期间不停止裁定执行。

二、临时课予义务制度的缺失

临时课予义务，顾名思义，是指在对本案作出判断之前，通过暂时地要求行政机关履行在本案中的请求义务，确保对私人权利利益救济的实效性。[①] 就我国现行《行政诉讼法》第56条和第57条的规定，暂时权利保护制度有起诉不停止执行的例外和先予执行两种。起诉停止执行制度的功能与临时课予义务制度类似，均是一种临时性的救济措施。但区别在于，起诉停止执行系针对行政机关已经作出的某种行政行为，临时课予义务却是针对行政机关尚未作出的行政行为。而先予执行制度，适用于依法支付

① 参见江利红：《日本行政诉讼法》，知识产权出版社2008年版，第552页。

抚恤金、最低生活保障金和工伤、医疗社会保障金的案件，针对的是金钱的给付，该类临时救济对应于一般给付诉讼，亦即《行政诉讼法》第73条给付判决所针对的对象，并不包括行政行为的给付。总之，行为性质的不同导致在课予义务诉讼中无法适用撤销诉讼结构下的起诉停止执行制度，先予执行也因给付标的物的限制而无法扩张适用于课予义务诉讼之临时救济。

临时课予义务制度在《行政诉讼法》上暂为空白，但我们尚可通过《行诉解释》第76条寻觅踪迹。第76条规定，人民法院对于一方当事人的行为或者其他原因，可能使行政行为或者人民法院生效裁判不能或者难以执行的案件，根据对方当事人的申请，可以裁定对其财产进行保全、责令其作出一定行为或者禁止其作出一定行为；当事人没有提出申请的，人民法院在必要时可以裁定采取上述保全措施。从该条文的内容可以分析出，因被告一方的行为致使法院生效裁判不能或难以执行，根据原告的申请，法院可裁定责令被告作出一定行为。不过，条文规定得过于简单，不利于临时课予义务的实际操作。例如，"难以执行"如何界定？当事人申请是否有限制条件？条件为何？法院必要时可采取保全措施，何为"必要"？以上问题在《行诉解释》中均没有明确规定。

德国《联邦行政法院法》通过第80条和第123条分别展开了对当事人暂时权利的保护措施。"针对不利行政行为的暂时法律保护，除法定例外以外，通过《联邦行政法院法》第80条的延缓效力得以实现。"① "在所有的其余诉讼类型中，则采用第123条中的暂时命令进行保护，适用于除撤销之诉以外的所有诉种。"② 第80条与第123条为相互排斥的关系，同时，第80条具有优先性。二者在适用上的区别基于严格的形式区分，诉

① ［德］弗里德赫尔穆·胡芬：《行政诉讼法》，莫光华译，法律出版社2003年版，第491页。

② ［德］弗里德赫尔穆·胡芬：《行政诉讼法》，莫光华译，法律出版社2003年版，第491页。

讼标的为不利的行政行为或该行为本身缺乏效力时适用第80条，否则适用第123条。这种界定依赖于对“不利”与“授益行政行为”的界定，以及对“事实行为”与“行政行为”的界定。质言之，撤销之诉适用第80条，其他诉种，包括义务之诉则适用第123条寻求暂时的权利保护。该法第123条第1款规定，根据申请，法院在存在因现状的变化使申请人的权利不能实现，或其实现为困难之虞，可在提起诉讼之前针对争议标的采取暂时命令。尤其在一持续的法律关系中，采取规范措施对避免重大不利或紧迫暴力为必要的，暂时命令也可针对争议的法律关系，在一临时状况中为作出该规范而使用。

日本2004年修法建立课予义务诉讼的同时增设了相应的临时课予义务救济措施。此次修法，基于对日本公民利益施以实效性的救济，缓和了停止执行的条件，增设了临时课予义务制度，通过完善临时救济制度为原告在诉讼中提供临时性救济措施。《行政事件诉讼法》第37条之五第1款规定：“在提起课予义务诉讼的情况下，为避免由于不作为有关课予义务诉讼的处分或裁决产生的不能弥补的损害，紧急而必要时，而且，在本案中能看到存在理由时，法院可以依据申请，以决定方式命令行政机关暂时作出该处分或裁决。”而在撤销诉讼中以诉讼不停止执行为原则，对于停止执行设置了严格的要件限制。

我国台湾地区亦设置了具有“确保本案判决”“分配于降低错误判决风险”“暂时满足”等功能的暂时权利保护制度。[①] 我国台湾地区在“旧法”时代，因仅存在撤销诉讼一种诉讼类型，因此仅设立停止执行制度一种。到“新法”修改时，诉讼类型已增加，为了适应新诉讼类型的需要，“新法”仿照“民事诉讼法”设置有假扣押与假处分两种保全程序。保全

① 参见刘宗德、赖恒盈：《台湾地区行政诉讼：制度、立法与案例》，浙江大学出版社2011年版，第373 ~374页。

程序在于确保将来权利的实现，不因现状的改变而受影响。我国台湾地区“行政诉讼法”第293条第1项规定，“为保全公法上金钱给付之强制执行，得申请假扣押”，假扣押是为了确保日后不能强制执行或执行困难而暂时扣押债务人的财产或权利而禁止其处分所设立的制度。“假扣押乃针对一般给付诉讼之公法上金钱给付请求而言，假处分原则上可适用于课予义务诉讼与其他一般给付诉讼（包括就得易为公法上金钱请求之请求而提起者）或其他确认诉讼（无效确认以外）。”[①] 根据“该法”第298条规定，“公法上之权利因现状变更，有不能实现或甚难实现之虞者，为保全强制执行，得申请假处分。(第1项) 于争执之公法上法律关系，为防止发生重大之损害或避免急迫之危险而有必要时，得申请为定暂时状态之假处分（第2项)”，上述规定系借鉴德国《联邦行政法院法》第123条形成，第1项为保全性质的假处分，与德国立法之“保全命令”相当，第2项的目的在于采取必要措施，以定暂时状态，与德国立法的“调整命令”相当。

以上国家和地区的“立法”经验表明，建立临时救济在诉讼中有重要意义，“一个有效的司法救济体系必须包括有效的临时救济”。[②] 从日本和我国台湾地区设置临时救济制度的发展过程来看，均系针对“修法”以后诉讼类型的变化——从单一的撤销诉讼向新增课予义务之诉（义务之诉）的多元诉讼类型转变的过程中建立相应的临时救济制度。由此观之，建立诉讼类型对于完善和填补行政诉讼体系，实现无漏洞权利保护有着至关重要的意义。《行政诉讼法》在2014年进行修改时，并未就行政行为的临时救济建立相应的措施，仅在2018年《行诉解释》第76条隐晦地表达了临时课予义务。司法解释囿于其权限范围，在立法尚未规定临时课予义务的

---

① 刘宗德、赖恒盈：《台湾地区行政诉讼：制度、立法与案例》，浙江大学出版社2011年版，第420页。

② 何海波：《行政诉讼法》（第2版），法律出版社2016年版，第496页。

前提下在司法解释中率先予以肯定，有突破上位法之嫌。因此，就立法意义上而言，临时课予义务制度仍然是缺失的。

三、临时课予义务制度的设置

虽然我们可通过《行诉解释》第76条推导出临时课予义务，但条款规定较为简单，那么，如何进一步予以细化和补足涉及当事人合法权益的及时保护以及司法权与行政权的界限？从域外立法经验来看，各国（地区）在设置课予义务之诉（义务之诉）临时救济措施的同时也设置了对应的限制条件。毕竟诉讼尚未结束，法院不得预先裁判。临时救济是出于一种紧迫状态不得已而为之的特殊措施。

德国在判断暂时命令是否有作出的必要时，从实质裁判条件与理由具备性两个方面进行认定。就实质裁判条件而言，包括了案件是否属于审判管辖范围、法院是否具有管辖权、当事人是否具备参与能力与诉讼能力、是否具备适当性（与第80条之间的界定问题）、当事人是否具有请求权、申请的事项是否有法律保护需要、是否提出书面申请、诉讼标的是否同时在其他法院接受审查、是否涉及程序行为的暂时命令（已有单独的法律提供暂时保护）。其中，考察当事人是否具有请求权时，当事人还须证明该权利可能受到侵害或威胁，以证明暂时保护的必要性。请求的理由根据暂时命令的不同而有所区别。就义务之诉而言，通常当事人不是为了维护当前的法律状态，而是暂时改变，以防止造成严重的不利影响，应当属于"调整命令"适用的对象。"申请人在申请调整命令时，必须主张一项属于他自己的权利［命令请求权（*Anordnungsanspruch*）］，并且该权利受到了某一状态变化的威胁［命令理由（*Anordnungsansgrund*）］。"① 倘若申请人的申请同时具备命令请求权与命令理由，暂时命令的理由具备性则可得到

① ［德］弗里德赫尔穆·胡芬：《行政诉讼法》，莫光华译，法律出版社2003年版，第522页。

满足。值得注意的是，在德国暂时权利保护中有一项禁止性原则，即“禁止预先办理主体事务”。根据该原则，“如果暂时命令赋予申请人的东西，只有在案件主体事务中才可以实现，就不应准许作出暂时命令”。[①] 在审查暂时命令是否需要作出时，德国采取了独立的审判程序，当事人不能提出言词审理请求，法院最终以裁定的形式作出。当情况发生变化需要变更暂时命令则是比较有争议的问题，但此种需求十分可能也十分必要。

日本于2004年修法时，将课予义务诉讼与课予义务临时救济一同设立，给予了民众更为完整的保护制度。立法对临时课予义务作出了程序要件、积极要件和消极要件三方面的限制：第一，程序要件。申请临时课予义务必须是在合法提起课予义务诉讼的情况下，一般是在提起该诉讼的同时向法院提出临时课予义务申请。同时，当事人资格也有限定，仅可由诉讼的原告提起，申请对象也必须是本诉的被告。法院不得依职权主动提出，仅能依原告的申请。第二，积极要件。在积极的要件中又继续细分为三条：首先，当事人的损害是“不能弥补的损害”，不能弥补的损害显然比重大损害（撤销诉讼停止执行的要件）的限制严格得多，此一要件在于限制临时课予义务的作出。但这一限制在日本学界产生了很大的争议。其次，紧急必要时。一般将该要件与不能弥补的损害同时考虑。最后，“在本案中能看到存在理由”，这一限制要求法院考虑原告在本案中获得胜诉的可能性，如果不存在该可能性，那么法院作出临时课予义务之裁定，在原告败诉后，必将撤销该临时措施。对原告的救济以及行政权的正常运行均不利。故而，法院必须“盖然性”地判断出原告有可能获得胜诉时才能作出临时课予义务的决定。第三，消极要件。根据日本《行政事件诉讼法》第37条之五第3款规定，如若临时课予义务将对公共福祉产生重大影响则不得作出。这一反向限制性要求与日本撤销诉讼中停止执行制度的消

---

① ［德］弗里德赫尔穆·胡芬：《行政诉讼法》，莫光华译，法律出版社2003年版，第523页。

极要件相同。

在我国台湾地区，当事人提起给付诉讼，为确保诉讼结果的实现，“立法”设置了保全程序。其中，当事人申请假处分也必须符合一定的条件。程序要件方面包括了与假扣押以及停止执行制度的界分，一般诉讼要件，依“法定程序”提出申请，在此不再赘论。实质要件方面，与德国类似，以其所申请的保全性质的不同而有所区别。根据我国台湾地区“行政诉讼法”第298条的规定，申请保全处分须有保全之“公法”上权利的存在且因现状变更有日后不能实现或甚难实现之虞。申请定暂时状态处分须有争执的“公法”上“法律关系”，亦即具有“公法”上具体权利义务，其次须为防止发生重大损害或避免急迫的危险，亦即具备必要性。同样地，我国台湾地区亦设置有“本案先取禁止原则”，与德国“禁止预先办理主体事务”含义相当。暂时权利保护制度的最终目的并不是取代本案诉讼程序，而是为本案审理做准备，“公法”上权利义务或“法律关系”存否仍然有待本案诉讼程序进行最终确认，因此禁止当事人经由定暂时状态的假处分获得本案终局权利保护结果。

从上述德国、日本、我国台湾地区就课予义务诉讼（义务之诉）相应的暂时权利保护措施的限制条件的设置来看，德国和我国台湾地区的规定基本一致，日本虽不甚相同，但亦有重合之处。例如，当事人适格等程序要件方面与德国和我国台湾地区之一般诉讼要件基本相同。在是否具备理由的实质内容审查方面，均强调暂时保护的紧急必要性。即便是在以职权探知主义为诉讼原则的德国和我国台湾地区，也不排除在认定是否应当作出临时保护时以当事人声明和陈述为限的审查。以上是德国、日本和我国台湾地区的相同之处。区别在于，德国和我国台湾地区并没有就课予义务诉讼专门设置独立的暂时保护措施，而是以撤销诉讼、无效确认诉讼与其他诉讼类型为“分水岭”，将停止执行制度与保全制度区分开来。后者可以适用于包括课予义务诉讼临时救济在内的其他诉讼类型，如一般给付诉讼、违法确认诉讼等。

在设置暂时权利保护制度时，必须明确的是设置该制度的目的。民事暂时权利保护制度的设置目的在于避免因债务人嗣后无资力或法律关系变动从而致使债权人的合法权益无法实现，考虑的是债权人与债务人之间利益的衡量与取舍。行政诉讼与民事诉讼中的保全与先予执行不同。行政诉讼是"民告官"的制度，国家作为债务人对公民负有公法上的给付义务，很难有判决发生后给付不能的情形。设置暂时权利保护制度的目的在于保障公民的合法权益免受行政行为造成难以弥补的损害，考虑的是公民的权利、依法行政、行政效率、社会公益之间的利益取舍，不存在公民利益与行政利益衡量的问题。故而，行政诉讼临时救济措施必然与民事诉讼不同。本书认为，临时课予义务最为紧迫之处在于需要获得全国人大立法的肯定，仅仅以最高人民法院颁布的司法解释为依据不甚妥当。另外，就该临时课予义务制度的具体设置作如下完善意见：其限制条件除案件属于法院管辖范围、当事人适格等一般诉讼要件符合法定要求外，对于临时课予义务救济须具备的特殊要件可作以下几点限制：第一，原告向法院提出临时课予义务的书面申请。被申请人必须是本案的被告，不能是本案第三人或另案当事人。法院在紧急情况下可依职权主动启动临时课予义务程序，但须以国家利益和社会公共利益为限。第二，当事人须证明其实体请求权利存在，且该权利将遭受难以弥补的损失。在这一限制性要件中，最为重要的是证明权利保护的必要。具体操作上，法院可结合"难以弥补的损失"与"情况紧急"共同考量。例如，原告申请参加考试的资格认定，如若不采取临时救济措施，等待法院判决作成，考试可能已然结束，即使原告获得胜诉判决亦无意义。第三，行政行为的先予执行不得损害国家、公共利益以及他人合法权益，任何侵害公益和他人合法权益的行为都不应获得认可。

本章小结

诉讼标的是诉讼理论中极为重要的理论，从诉讼的开始至终了阶段，诉讼标的自始至终地发挥着核心作用。诉讼标的理论经历了旧实体法说、诉讼法说、新二分肢说、一分肢说、新实体法说的发展过程。各国和地区在选择上不尽相同，但不可否认的是，以上任何一种学说都难一以贯之地运用于整个诉讼体系中，有的国家甚至已经抛弃了传统的体系性的诉讼标的理论，改以拆解的形式在具体的场景中寻求解决的办法。行政诉讼标的亦是众说纷纭，课予义务诉讼之诉讼标的，在行政机关纯粹不作为的情况下，应当是被告不作为违法并侵害原告合法权益。在行政机关拒绝履行的情况下，应当是行政机关拒绝申请的行为违法并侵害原告的合法权利。

证明责任是一种与不利的法律后果相联系的制度，对于当事人能否获得胜诉判决十分重要。当案件处于真伪不明的状态，法官无法获得该要件事实是否存在的心证，但法院不得拒绝裁判，只能据此作出不发生以该事实为要件的法律效果之裁判。根据现代证明责任理论，可进一步区分为主观证明责任与客观证明责任。主观证明责任是一种证据提出责任，客观证明责任则是一种后果责任。主观证明责任是一个从客观举证责任衍生出来的概念，主观证明责任的分配有赖于客观证明责任的分配。我国《行政诉讼法》规定被告对作出的行政行为负有举证责任，应当提供作出该行政行为的证据和所依据的规范性文件。而原告仅在两种情况下承担证明责任：其一，起诉被告不履行法定职责案件中证明其曾经向被告提交过申请这一事实；其二，在行政赔偿与补偿案件中，应对行政行为造成的损害提供证据。学界对于行政诉讼中被告承担证明责任的理论依据众说纷纭，但从立法角度来说，此种证明责任的分配是在综合考虑证明责任理论、行政诉讼制度的目的，以及行政权与司法权关系后的结果。这一证明责任对于撤销之诉而言是合适的，在给付诉讼性质的课予义务诉讼中则不然。如若秉承由被告承担证明责任的证明规则，被告必须承担其作出拒绝原告申请或不作为举证不能的不利后果。申言之，被告在诉讼中必须提供证据证明原告请求权不成立，这与证明责任理论之主张法律关系变动的一方承担证明责任显然是相悖的。因此，在课予义务诉讼中，应由原告承担其享有公权请求权是否存在的证明责任。需要说明的是，在拒绝履行课予义务诉讼类型中，被告向法院说明其拒绝行为的理由是一种抗辩，而不是证明责任的负担。不采行职权探知主义的我国行政诉讼将证明责任操之于当事人之手，但并不意味着法院在任何情形下均不具有依职权调查取证的职责。当案件涉及国家利益和社会公益时，或者原告依其举证能力的限制能够大概证明请求权的存在，但该证据的获取需要法院为之时则予以调查。

行政诉讼是否可以适用调解一直是学界争论的焦点，在众多不同意见中，行政机关是否享有处分权则是争议的核心问题。现行《行政诉讼法》使调解正式得到立法的肯认。但现有立法对涉及行政机关行使自由裁量权的案件均可以进入调解程序的规定则未免显得过于宽泛，根据行政裁量行为的普遍性，调解是否还能作为一种例外性规则不无疑问。从域外立法例来看，大多数国家（地区）均承认行政诉讼中有调解的余地。但调解制度能够得以施行的关键在于该国（地区）的法治进程、司法运行状况、公民的法治意识。当调解成为工作政绩纳入考评机制，成为促进社会和谐的工具时，就失去了其应有的界限与规制，就我国法治发展所处的阶段而言，许多行政立法尚不完备，公民法治意识也较为薄弱，在此现实下大力推行调解制度必然带来行政法治的损伤，不利于保护行政相对人合法权益，更不利于监督行政机关依法行政。

《行诉证据规定》第 65 条被认为是民事诉讼自认制度在行政诉讼中的扩张运用，但结合自认理论，第 65 条是被“阉割”了的自认，自认制度在行政诉讼中已丧失了其最具魅力的部分。根据自认之法理，一方当事人作出的于己不利的事实的承认即便与法院调查事实相悖，法院也不得作出与自认事实相矛盾的判断。但在第65条中，自认的事实与法院已查明的事实不符的，不认可该自认的效力。在以形成诉讼之撤销诉讼为中心的行政诉讼中，撤销诉讼的标的乃是行政行为的违法性，因恒涉及公共利益，因此不宜适用自认。课予义务诉讼可区分情况判断是否适用自认，但大多数情况下难有自认适用的余地。

撤诉，是一个与调解制度关系十分密切的制度。在调解获得立法容许之前，撤诉成为调解合法化的途径，这是我国行政诉讼撤诉率居高不下的主要原因。撤诉制度不仅受到调解制度的影响，还受到行政机关是否在诉讼中改变原行政行为的影响。是否允许被告在诉讼过程中改变原行政行为在学界颇有争议，但从诉讼经济与多元解决纠纷的角度来看应当是被允许的。原告向法院提交撤诉申请，法院虽对撤诉申请进行审查实属必要，但在司法实践中如何审查，审查到什么地步却是一个十分困难的问题。实际上，法院仅作形式上的审查即可，当一个理性的社会人自动放弃了法院对有可能侵害其合法权益的被诉行政行为进行审查的权利，那么无关之第三者，包括法院也没有理由非要强行干预不可，否则法院即违背了“不告不理原则”。但出于原告法律知识欠缺、与被告诉讼实力差距较大的考虑，法院必须在原告提出撤诉申请时行使阐明权，告知该诉讼行为的法律后果。

《行政诉讼法》目前仅就撤销之诉中停止执行和特定的四类以金钱为给付内容的临时救济措施作出了规定，以行政行为为临时给付内容的暂时权利保护目前仅可从《行诉解释》第76条中推导得出。鉴于最高人民法院颁布司法解释的局限性，立法宜应尽速对临时课予义务制度予以肯定，从而确保权利的无漏洞保护以及法律依据的明确性。综观大陆法系国家和地区的相关“立法”例，德国、日本和我国台湾地区均相继以诉讼类型为核心建立了停止执行制度与假处分、假扣押或临时课予义务的暂时性权利保护制度。在借鉴域外“立法”经验的同时，结合司法解释既有规定，建立以行政行为为给付内容的临时课予义务制度须辅助以条件限制，除满足一般诉讼要件外，还要求原告必须提出书面申请且证明其申请具有“难以挽回的损失”和“情况紧急”的现实必要性。此外，临时课予义务的施行不得侵害国家利益、社会公益或第三人合法权益。

第四章　课予义务诉讼之裁判与执行

课予义务诉讼是以作出特定的行政行为为给付内容的诉讼类型，这也是它区别于其他诉讼类型之特殊性所在。当课予义务诉讼案件实体部分审理完毕后，除撤诉或调解外，将以判决的方式终结。课予义务诉讼之判决根据内容的不同，可分为课予义务判决、命为决定判决、确认判决、驳回诉讼请求判决。无论法院作出何种判决，根据判决的既判力效果，判决将约束当事人双方和法院自身。由此产生课予义务判决确定力、既判力和执行力三大效力。根据判决之执行力，当事人不履行生效判决所确定的义务时，法院可根据法律规定采取强制措施，以保证生效判决的执行。

第一节　课予义务诉讼审查强度

如前文所述，课予义务之诉的诉讼标的包含两个部分：被告行政机关拒绝或单纯不作为违法以及该违法行为侵害原告合法权益。那么，法院在审理课予义务诉讼案件时，即应当围绕诉讼标的之两部分展开审理。具言之，法院应对以下要件予以审查和认定。

一、原告请求权基础存在

原告要求被告作出一定或特定行政行为所依据的实体法上的请求权是否存在是课予义务案件审查的重点。原告请求权是否存在与被告行为之间的违法性存在直接联系。“如果原告对其所追求的行政行为具有请求权（*Anspruch*），行政机关对原告所申请的行政行为的拒绝或者停止作为就是违法的。”① 当然，原告请求权明显不可能存在的起诉，法院在诉讼要件审理阶段即可驳回。但是在诉讼要件审查阶段，对该项事务的判断不应过于严苛，只要并非明显不成立即可进入实体审理阶段，否则将会侵害原告诉权之行使。当案件进入实体审理阶段以后，法院经过审查认定原告请求权不存在，该诉将会因为诉讼理由不具备从而被驳回诉请。是否享有请求权对于原告是否能够赢得胜诉而言至关重要，而这一点，在课予义务诉讼中由原告承担证明责任。即由原告证明其享有要求被告作为或作出特定行为的请求权存在。

原告享有的请求权基础来源的宽窄决定其通过司法审查获得个人权利实现的多寡。对于法院而言，审查原告是否享有公法上请求权的关键在于对公法权利与反射利益，以及实定法权利与实定法以外合法权益边界的把握，而标准多取决于司法政策的引导与立法的规定。在“王某诉山东省人民政府履行法定职责案”中，最高人民法院强调：“这里的‘权利’应当是通过法律规范明确赋予申请或原告，且并非明显不属于被告职责范围内的事项。”② 亦即，原告的请求权源于法律规范明确的规定，并不涵盖所有合法性权益。最高人民法院在“司某诉黑龙江省鸡西市滴道区人民政府履行给付义务案”中就原告享有的请求权基础作出如下阐述：“司某提起的

① ［德］弗里德赫尔穆·胡芬：《行政诉讼法》，莫光华译，法律出版社 2003 年版，第 439 页。

② 最高人民法院（2018）最高法行申 6783 号行政裁定书。

一般给付诉讼的前提条件之一是其具有给付请求权。给付请求权可以来自法律、法规或规章的规定，也可源自行政决定、行政协议及行政机关的承诺。”① 在法律明文规定的请求权以外，行政决定、行政协议和行政机关的承诺在司法实践中也可成为原告享有给付请求权的来源。

二、被告不履行法定职责

继拒绝履行行为纳入履行判决中以后，无论行政机关逾期不予答复还是直接驳回原告的申请，一旦被判定违法，法院均可适用履行判决对原告施以救济。行政机关单纯不作为在实务操作中较为容易判断。从行为外观角度来看，单纯不作为表现为被告行政机关无明确外观的积极行动，不具有行为的有形性和具体性，原告无法从中获取被告的意思表示。就存在论的层面而言，此种单纯不作为并不是“行为”，但法律将其拟制为“行为”从而能够为法律所识别和判断。当法律规定其必须行为而行为人无行为时，这种拟制效果才有意义。从时间经过角度来看，但凡被告超出法定期限或法律虽未规定具体期限，但明显超出合理期限未作出相应行为的将被判定为行政不作为。例如，在“沈某、蔡某诉南通市公安局开发区分局行政不作为案”中，被告接到报警后立案并多次组织双方调解，但沈某明确表示不同意调解后，被告仍迟迟不作出处罚决定。南通市港闸区人民法院一审认为：“被告开发区分局是否在法定期限内履行了法定职责，应当从法律、法规规定的办案期限及是否存在不计入办案期限的正当事由两个方面审查。被告办案期限明显超过了法律规定的一般办案期限。”②

但拒绝履行行为的表现则更为多样，准确把握拒绝履行的内涵与外延有助于加强对原告合法权益的保护和对被告行为的司法规制。章剑生教授

---

① 最高人民法院（2018）最高法行申7900号行政裁定书。

② 江苏省南通市港闸区人民法院（2013）港行初字第0085号行政判决书。

认为，拒绝履行有以下若干变种："推脱法定职责""不正确履行""未实际履行""不完全履行"，① 宋智敏教授则将拒绝履行行为分为"完成全部程序的拒绝履行行为"和"未完成全部程序的拒绝履行"，② 王克稳教授以受理和不受理申请为标准具体细分为"拒绝接受申请""作出不予受理答复""不予答复"；受理申请后的"不予答复""未启动行政程序拒绝""未完成全部程序拒绝""完成全部程序拒绝""答复履行但逾期没有结果"。③ 上述三位学者从不同角度对行政机关不履行职责的样态进行了描述和列举，基本能够涵盖所有不履行法定职责的表现形式。

拒绝履行行为表现的多样化源于行政程序一般包含多个步骤。被告在行政程序中是否启动实体审查程序、是否完成审查程序、是否作出决定、是否通过合理方式送达相对人、是否督促履行、是否申请法院执行等不一而足。例如，"张某诉濮阳市国土资源局行政不作为案"中，被告收到原告书面申请要求调查其所在村的耕地被有关工程项目违法强占的行为之后，对该违法行为进行了受理核查，但并未送达核查结果。濮阳市中级人民法院二审认为："上诉人未及时将审查结果告知申请人，上诉人的行为未完全履行工作职责，违反了《土地违法案件查处办法》第十六条的规定。"④ 又如，在"王某诉寿光市人民政府行政不作为案"中，市政府根据原告村务公开申请书进行调查核实，并向洛城街道褚庄村村委会发出责令其公开原告申请的村务信息，但没有督促该村委会实际落实该项职责。潍坊市中级人民法院一审认为："被告在履行责令职责时，不应仅限于作出

---

① 参见章剑生：《行政诉讼履行法定职责判决论——基于〈行政诉讼法〉第54条第3项规定之展开》，载《中国法学》2011年第1期。

② 参见宋智敏：《论行政拒绝履行行为的司法审查——以42份行政拒绝履行案件判决书为分析样本》，载《法学评论》2017年第5期。

③ 参见王克稳：《论行政拒绝行为及其司法审查——以郑广顺申请规划认定案为例》，载《安徽大学法律评论》2009年第2期。

④ 河南省濮阳市中级人民法院（2014）濮中法行终字第28号行政判决书。

并送达责令通知，还应限定公开的合理期限并应跟进监督村委会对责令通知的执行情况，以实现公开的结果。”① 除以上程序视角外，还可通过内容和结果视角观察。例如，被告是否从申请的实质内容上完成该职责。行政司法案件情形多样，须在不同的案件中具体判断行政机关对于该申请应当完成的全部程序是否及时履行完毕。通过主客观标准相结合的审查标准进行判断，进而弥补法律在这一问题上的单一化规定。

在审查强度上，判定行政机关是否履行了职责，有时还可运用来自域外裁量收缩至零理论作为分析框架，对这一问题予以综合考量。裁量收缩理论是指，依据行政法规范行政机关享有裁量权，但因为特殊的原因，被告的裁量空间被压缩，从而不存在选择的自由。裁量收缩是法院对行政行为司法审查中强度最大的审查途径。对于裁量收缩至零理论，国内有少数学者曾予以研究，杨建顺教授认为：“裁量收缩理论是指在某种情况下，规定唯一的决定没有瑕疵，而其他的决定皆带有瑕疵，使得本来属于行政裁量范畴的行为所具有的裁量性减弱，以引进司法审查的理论。”② 吴庚教授认为：“行政机关于作成裁量处分时，本有多数不同之选择，若因特殊之事实关系，致使行政机关除采取某种措施外，别无其他选择，称为裁量萎缩或称裁量缩减至零。”③ 在此种情况下，法院也可以作成课予义务判决。但在司法解释尚未对我国行政履行判决实体性裁判的法律障碍予以消解之前，裁量收缩理论主要运用于行政赔偿诉讼案例中，这一情况与日本颇为相近。“但在实体性裁判获得允许以后，履行判决所蕴含的课予义务诉讼在我国目前逐渐活跃，大大增加了我们在履行判决中发现裁量收缩理

① 山东省潍坊市中级人民法院（2014）潍行初字第42号行政判决书。

② 杨建顺：《论行政裁量与司法审查——兼及行政自我约束原则的理论根据》，载《法商研究》2003年第1期。

③ 吴庚：《行政法之理论与实用》，中国人民大学出版社2005年版，第79页。

论有用性的可能。”[1] 裁量是否收缩取决于基本权利以及行政便宜进行比较衡量时的基准。德国学者拉伦茨就相关冲突的基本权利之间的比较衡量，对德国的判例进行了整理：“相较于其他法益，尤其是财产性利益，人的生命或人性尊严有较高的位阶，因为言论自由权及资讯自由对于民主社会具有‘结构性的意义’，联邦宪法法院明白赋予两者——较其他基本权——更崇高的地位。”[2] 在德国裁量收缩理论的开拓性判决——“带锯判决”中，原告请求法院责令被告使原告面临附近煤炭企业带来的噪声与粉尘污染，法院判决认为存在非常强的妨害和危险时，行政机关决定不介入，就是误用裁量权。

我国虽没有明确该理论，但在司法实践中却有少数蕴含该理论内涵的判决出现，如“丁某诉临海市公安局不作为行政赔偿案”，原告一审败诉，二审改判胜诉。在该案中，认定被告是否履行职责是主要争议焦点。一审法院认为，“被告接到原告报警后，立即出动警力赶往现场制止。后由于围观人众，导致制止效果不明显。但被告在平息事态后积极采取了措施，因此认定被告在该案中履行了法定职责”。二审法院认为，“被告在接到报警后立即出警赶往现场的行为是积极主动的，但是被上诉人出动警力有十四五人之多，且警察到达现场时，双方并没有开始打架，警方有足够的精力采取预防和制止措施，但却没有积极预防和制止导致打架事件发生，造成多人受伤的后果。被上诉人并不是一点都没有履行职责，只是不积极履行，仍然属于不履行职责的范畴”。[3] 据此法院认定被上诉人违反《中华人民共和国人民警察法》的规定，其行为属于不履行法定职责。在该案中，二审法院虽并未明确使用裁量收缩理论，但却在判决理由中以该理论之内

---

① 王天华：《裁量收缩理论的构造与边界》，载《中国法学》2014 年第 1 期。

② ［德］卡尔·拉伦茨：《法学方法论》，陈爱娥译，商务印书馆 2003 年版，第 285 页。

③ 浙江省台州市中级人民法院（2002）台行终字第 242 号判决书。

涵阐释了被告不履行法定职责的缘由。如果要将司法个例中理论的正确实践以标准式的框架扩张运用于其他类似案件中，则需要对行政裁量理论勾勒一个判断的框架。据此，可从以下五个基准进行判断：第一，被侵害的法益属重大法益。受到不法侵害的法益乃人身安全之重大法益，其他如财产，虽也是重要法益，但相较于生命、健康而言，其重要程度有所差别。但若涉及的是当事人基本生活所需的财产，也可以认为是重大法益。第二，危险具有紧迫性。危险已经发生，或者发生具有较高盖然性。第三，可预见性。我国采取行政行使权限调查即可知晓危险，即知道和容易知道标准。第四，结果的可避免性。从社会通俗观念与行政机关自身的客观条件出发，损害结果因为行政机关及时、恰当地采取措施即极有可能避免。第五，期待可能性。私人期待行政机关适当、及时地行使其职责。一言以蔽之，当重大法益遭受到紧急的危险，行政机关能够预见或应当预见，并且有能力和义务采取措施排除危险，这时行政裁量必须收缩。“从裁量收缩的构造来看，裁量收缩要件所呈现的是该理论其实只是一个在事实和规范之间目光流转的判断框架或者思考进路。实现个案正义依赖于法律适用者对每一例真实案件的诚实与关怀，决定于法律的旨意。”①

裁量收缩并非否定了裁量的意义，正好相反，裁量收缩理论是在承认行政裁量的价值的前提下，将裁量约束在合理范围之内。在特定的情况下压缩裁量空间，督促行政机关作成最为合适的行政行为，以达到排除危险的目的。在课予义务诉讼中，尤其是在被告不履行保护公民人身权、财产权的案件中，当原告面临诸如生命健康权这一基本法益遭受非法侵害时，即使行政机关依照法律规定享有裁量自由，为了保护国民生命、健康的安全，避免其遭受侵害，应采取积极措施尽量减少其所受到的伤害。因此，行政裁量收缩理论承载着保护基本法益，督促行政机关履行职责的重要使命。就我

---

① 王天华：《裁量收缩理论的构造与边界》，载《中国法学》2014 年第 1 期。

国当下而言，裁量收缩理论恐怕仅能在少数疑难案件中发挥作用。

三、被告负有履行职责的义务

被告不履行法定职责违法的前提是被告负有履行该职责的义务，否则将不被认定为违法行为，自然也就没有侵害原告合法权益的可能。被告负有履行职责的义务与原告是否享有请求权是一体两面的问题，只不过观察角度不同。行政法理论认为，行政机关是国家机关，行政职权是国家通过立法赋予行政机关的公共权力，（行政）职权法定是行政法的一般原则。“由于公权力的另一面就是行政机关的义务，职权的范围也是义务的范围，职权的来源也是义务的来源。所以，行政义务的来源应当是立法而不是其他。”[①] 也就是说，行政机关不履行法定职责建立在义务源于法定理论基础上。但行政机关的义务却不见得全部源于立法。现代行政管理手段多元化是必然的发展趋势，也是社会发展的需求，因此义务法定是主要形式但却不再是唯一形式。针对立法和司法解释以“法定职责”表述被告履行义务的来源，倘若对“法定”以立法目的等方式作扩大解释，那么能被纳入司法审查范围的案件则较为广泛；如果对“法定”作狭义上的解释限定为实定法，那么因被告的职责范围狭窄，能够纳入司法审查的范围也相应收缩。根据《行政诉讼法》（注释本）对“法定职责”的表述，不履行的法定职责即法律、法规明确规定的职责。[②] 也就是说，立法对“法定职责”采取了狭义的解释方法，但过于狭窄的解释显然不利于原告权益的保护。行政机关的作为义务必须是一种现实、可行的义务，而非抽象、一般的义务，否则行政机关不作为并不会被认定为违法。例如，要求公安机关保障公民的人身、财产安全，要求工商部门对社会经济秩序进行监管等。本书

① 杨小军：《怠于履行行政义务及其赔偿责任》，载《中国法学》2003 年第 6 期。

② 参见《中华人民共和国行政诉讼法》（注释本），法律出版社 2015 年版，第 79 页。

认为，从向原告提供无漏洞救济的角度出发，被告义务来源应予以适当扩展，包括以下形式：

（一）行政立法

立法无疑是行政机关义务来源的主要形式，这是由行政机关的国家机关性质和职权的国家权力性质所决定的。根据我国目前的立法制度，此处立法的范围应限缩于法律、法规和规章。一般规范性文件因不具有立法性质而不能成为行政机关义务的来源。

（二）行政职责

除了立法，行政机关的职责还源于其身份和宗旨等原则性要求。例如，工商部门有维护市场秩序的职责，公安行政部门负有维护社会治安的职责，即便某些职责并没有以明文形式规定在立法中，但却易于从其本身的法定职责中推导出来。权力的行使受到法律保留原则的约束，若没有明确规定则不得为之，但对于义务的设定则没有如此多限制，只要该行为不违反法律禁止性规定和原则即可。

（三）行政先行行为

有些行政义务，源自行政机关先前所实施的行为。由于行政机关先前实施了一定的作为行为，造成了违法或者危险状态，该行政机关即产生了纠正或者消除违法或者危险状态的义务，如果不履行该义务，即构成不作为违法。[①] 例如，行政机关错误颁发证照的行为，一经发现应当立即撤回的义务，以防使他人合法利益受到该错误行政的侵害。又如，公安行政机

---

① 参见王和雄：《论行政不作为之权利保护》，台北，三民书局 1994 年版，“前言”。转引自杨小军：《怠于履行行政义务及其赔偿责任》，载《中国法学》2003 年第 6 期。

关将因打架斗殴的双方当事人带回公安机关，要防止其因口角争斗再次发生伤人的后果。先行行为既可能是行政行为，也可能是事实行为。

四、被告不履行法定职责无正当理由

有时候被告未履行其应当履行的法定职责，在特殊情况下也不必然导致违法的后果。例如，没有条件或者履行职责存在阻碍，导致被告无法履行。该要件用以判断行政不作为的违法性，被告有职责却不履责，如若存在无现实作为的可能，不履行职责行为则不能判定为违法。“行为是主观见诸于客观的活动，行为违法应有主观恶意，即行为主体不作为是出于故意或疏忽大意，是有能力履行法定作为义务而不履行。”[①] 当有正当理由出现，行政机关即使负有职责履行而不履行因为没有现实作为的可能性，不能认定为违法。例如，消防员在接到火警报告以后，由于必经路段发生损毁，无其他道路可绕行时，此时非归责于消防的原因导致无法及时救火，并不构成不作为的违法。一般而言，在申请型课予义务中，有无现实作为的可能性较容易判断，相较之下，行政机关基于法律职责应当主动履行法定职责的情形，一般在危险防止型，是否存在正当理由则更为复杂。复杂的原因在于一般法律规范赋予了行政机关针对个案的不同情况具体作出调整和选择的空间，这属于行政机关自行决定的范畴，一般来说法院不得侵入。法院在审查该类不作为案件时，须深入案情，结合法律的规定、公众的期待、行政机关执法能力和其他相关因素综合考量。

五、被告超出履行期限

被告超出法定履行期限这一要素主要在相对人起诉被告对于申请毫无反应的情形。法院审查被告是否未作为，还须进一步审查被告履行期限是

---

① 李战良：《略论行政不作为违法的司法救济》，载《行政法学研究》1999 年第 4 期。

否到期。被告具有履行义务，且规定有履行期限的，需要审查被告是否超出履行期限。如若尚在履行期内，被告仍有自由裁量的余地，不能判定为不作为。如若没有规定具体履行期限的，则应以该事项的紧急程度和一般必要时间作为衡量标准，须结合个案进行审查。如在“北京市食用蜀国演义出售的福寿螺的患者起诉北京市卫生局不作为案”，2006 年 6 月，北京蜀国演义酒楼出售福寿螺凉菜，导致多人食物中毒就医。北京市卫生局虽当即收到了疫情报告，但直到 8 月，蜀国演义酒楼才停止销售凉拌螺肉，在这一段时间里，又有不少食客受害。其中 9 名食客便诉至法院，请求法院认定北京市卫生局不作为违法并承担相应的国家赔偿责任。根据《中华人民共和国食品安全法》的相关规定，当地卫生行政部门应及时处理。但何为及时？北京市卫生部门在事发后近 2 个月才予以处理，是否属于超出履行期限？卫生部门是享有行政裁量权的，可以根据具体情况具体判断何时采取处理措施。“只不过，一切权力只有在正当行使的前提下才能受到保护，无论公法还是私法，禁止滥用权利都是普遍的法原理。”①

行政裁量接受司法审查是法治国家的基本共识，但如何审查却各行其是。一般来说，以裁量的外部界限和内部界限作为区分基础，前者的违法是裁量逾越，后者的违法是裁量滥用。“裁量逾越就裁量基准而言，是指行政机关在格次划分上超越了上位法给定的裁罚空间，要么是低于下限，要么是超出上限。其在本质上是一种实实在在的违法行为。”② 此处便涉及司法审查的程度问题。域外各国和地区司法审查均对裁量予以了一定限度的审查，也包括在课予义务诉讼中。德国《联邦行政法院法》第 114 条规定，“行政机关有权依其裁量作出的行为，法院也有权对行政行为、拒绝作出行政行为或对行政行为的不作为是否违法进行审查。审查行政机关是

① ［日］田村悦一：《自由裁量及其界限》，李哲范译，中国政法大学出版社 2016 年版，第 40 页。
② 周佑勇：《行政裁量基准研究》，中国人民大学出版社 2015 年版，第 192 页。

否超越法定裁量界限，是否以不符合裁量授权目的方式使用裁量”。也就是说，裁量的超越与滥用适用于行政行为、行政不作为、拒绝作出行政行为。我国台湾地区“行政诉讼法”第201条亦有相似规定：“行政机关依裁量权所为之行政处分，以其作为或不作为逾越权限或滥用权力者为限，行政法院得予撤销。”同样地，日本《行政事件诉讼法》第37条之二第5款和第37条之三第5款规定：“课予义务诉讼在符合第1款及第3款规定要件的情况下，对于该课予义务诉讼相关联的处分，认为行政机关应当作出该处分在作为该处分根据的法令中明确规定，或者认为行政机关不作出该处分超越或滥用了裁量权的范围时，法院判决命令行政机关应当作出该处分。”在直接型课予义务诉讼和申请型课予义务诉讼中，其胜诉要件均包括行政机关不作成原告要求的行政行为是超越或滥用裁量的情形。

我国现行《行政诉讼法》第6条明确规定行政诉讼以合法性审查为原则，将行政行为是否适当的问题交由行政复议解决。但第70条第6项和第77条的规定却表明行政裁量并非没有界限，当其超越或有滥用等明显不当情形时，应当受到司法权的干涉。对于课予义务诉讼而言，该道理同样适用。总结我国撤销之诉与域外课予义务诉讼之经验，可以采用超越或滥用裁量权之标准判断行政机关的不作为或拒绝作为行为是否违法。大致可从以下五个方面审查被告之行为是否为滥用裁量权或超越裁量权。

（一）合目的性的审查

一般情况下，法院不得过问行政行为的动机。但在权力滥用时，却必须对其动机予以审查。行政机关的裁量权限源于法律的目的，如若其违背立法目的作出行政行为，该行为可被认定为超越或滥用裁量权。有的规范明确规定了目的，有的却没有，在没有具体指引的情况下，可以公共利益观念进行审查。正如有学者所言：“法院审查行政裁量决定的目的，并不是以自己臆想的目的取代行政的目的，而是要确保行政的目的与法律目的之间的一致性。”①

（二）认定事实的审查

在事实认定清楚的情况下，裁量才有可能是正确的。事实认定错误，其裁量结果也必然不合法。虽说认定事实并非裁量层面的问题，但却与其密切相关，因此也可从这一角度予以审查。我国法院在司法审查中一般不区分事实审与法律审。例如，《行政诉讼法》第70条规定，行政机关事实认定错误的法院将会撤销行政决定。在课予义务诉讼中，也须对行政机关认定的事实是否清楚进行审查。

（三）社会通常观念的审查

社会通常观念在民法和刑法中经常被使用，行政法亦如是。在社会生活中，通常观念与个人日常生活、行为以及法律制度的建立息息相关。当行政行为用社会通常观念来看，明显欠缺妥当性时，即可认定该行为存在滥用或超越裁量权的情形。

（四）法律原则的审查

法律规范存在一定的滞后性，由于时代的局限性和立法者个人能力的有限性，不可能穷尽社会生活中所有可能发生的法律纷争形态。因此，在没有明确法律规范予以指引的时候，可以根据法律原则进行审查，而法律原则本身也是法源之一，将其作为审视行政行为是否正当行使的标准，用以填补实定法的漏洞。

---

① 王贵松：《行政裁量的构造与审查》，中国人民大学出版社2016年版，第156页。

（五）不相关因素考量的审查

当行政机关作出某一决定时，其往往有三种选择：必须考虑什么，不必考虑什么，可能考虑什么。这是法院审查相关考虑的主要任务。如若法院审查行政机关不当、轻率地忽视本来应该非常重要的要素和价值，或者对本来不应当考虑的因素予以考虑，将其作为裁量判断的方法，该裁量决定则是违法的。

回到“北京福寿螺案”中，北京市卫生部门接到举报，知悉蜀国演义酒楼出售的凉拌菜“福寿螺”存在食品安全问题，在涉及广泛民众的人身健康安全时，本应紧急采取相关措施避免更多民众因该食品遭受人身健康的侵害，利用前述裁量收缩理论，即最为严格的裁量审查方式。但该部门在一个多月以后方才向社会通报相关情况，致使在这期间有更多消费者因误食而健康受损，即便是以社会通常观念也可知该部门显然属于滥用行政裁量权。

六、当事人提出申请符合要求

该适用条件并非所有课予义务判决之必需，仅在被告依申请才能启动行政程序的案件中，相对人才有提出申请的必要。如若行政机关履行职责不以当事人的申请为前提，而依法应依职权主动履行职责的，因无提交申请的必要，也自然不必对当事人是否提交申请进行审查。

需要提出申请的情形，有时不仅仅审查是否提出申请，还须审查申请是否符合规定。因相对人向有管辖权的行政机关提交申请，有的法律、法规规定当事人提出申请应以书面形式，甚至是格式文本。有的法律、法规还规定不仅应当提供书面申请还应当提供相关的申请材料。在这种情况下，法院则应当先行审查当事人的申请是否符合法定形式。如果未按规定提交书面材料，或材料不齐全，则应当视为没有提交申请。只不过行政机关此时负有一次性告知的义务，完全置之不理也是不恰当的。

第二节 课予义务诉讼裁判基准时及裁判形式

在履行判决中，旷日持久的拒绝履行行为性质之争以及实体性裁判的允许性问题，随着2015年《适用解释》出台而告一段落，该解释第22条明确将拒绝履行行为纳入履行判决的适用对象，同时允许法院在条件满足时可判决被告行政机关按照原告要求作成的特定行政行为。2018年2月，《行诉解释》全面覆盖了《适用解释》，江必新副院长在新闻发布会上表示，“丰富行政裁判方式，强化课予义务判决、给付判决的运用，通过具体判决的方式确保诉判一致”。① 从该讲话的内容可以看出，我国行政履行判决是以域外课予义务判决为参照对象进行的修改与完善。

一、课予义务诉讼裁判基准时

“行政诉讼裁判基准时，探讨的是法院在行政诉讼中应以何时之事实及法律状态来判断诉的理由具备性的问题。”② 由于自行政行为作出的时间点开始至法院作出判决存在时间的经过，在此期间内有可能发生事实关系的变更、法律的改废等情势变更问题，有时可能产生行政行为在作出时违法但在判决时却不违法的情况；相反，也有可能产生行政行为在作出时合法，但由于法律修改在判决时违法的情况。因此，在以撤销诉讼为中心的行政诉讼中，确定法院判断行政行为违法性的基准时对于撤销诉讼的审理

① 《最高人民法院关于适用〈中华人民共和国行政诉讼法〉的解释新闻发布会》，载最高人民法院新闻网：http：//www. court. gov. cn/zixun-xiangqing –80332. html，最后访问日期：2018年2月7日。

② 梁君瑜：《行政诉讼裁判基准时之考量因素与确定规则——以撤销诉讼为中心的考察》，载《河南财经政法大学学报》2016年第5期。

具有重要意义。

行政诉讼与民事诉讼在违法判断基准时上并无共通之理。究其原因在于，行政诉讼以形成诉讼为主，涉及司法权与行政权的分立，在裁判基准时的判断上较为复杂。一般存在处分时说与判决时说两种对峙观点。处分说认为，法院在诉讼中进行违法判断时，应当根据行政行为作出时的法律与实施状态进行判断，因为案件争议的行政行为的违法性系在作出时。撤销诉讼是一种事后审查，不能期待法院有考虑行政行为作出后所有情况的能力。可以说，处分时说是依法行政原理的体现。但处分说的问题在于，行政行为在作出时违法，判决时合法，依据处分说撤销该行政行为后，行政机关再次作出相同行为的概率很高，那么撤销判决也就失去了意义。判决时说是指法院在诉讼中进行违法判断时，应当根据口头辩论终结时的法律与实施状态进行判断。其理由在于，撤销诉讼的本质在于排除行政机关第一次判断产生的违法状态。该学说回避了处分时说的问题，原本的行政行为违法，在口头辩论终结时，可以合法地作出同一行政行为时，避免了撤销原本的行政行为而又重新作出同一行政行为的繁琐程序。无论是处分时说还是判决时说都注重行政行为的合法性，但两种学说一个重视在行政行为作出时的合法性，另一个重视判决时行政行为的合法性。“因侧重点不同，因此并无绝对的孰是孰非的问题。并且根据具体个案的不同，保护的价值不同，判断基准时是有所变动的。”①

对于课予义务诉讼而言，其作为给付诉讼与撤销诉讼所属的形成诉讼最大的区别在于，审理撤销诉讼案件，是基于一个已经由行政机关根据事实进行过一次法律判断的结果。课予义务诉讼中，特别是行政机关纯粹不作为这一类型，行政机关并没有作出任何行政行为，因此也就没有阻止这

① 梁君瑜：《行政诉讼裁判基准时之考量因素与确定规则——以撤销诉讼为中心的考察》，载《河南财经政法大学学报》2016 年第 5 期。

一拟制行政行为存续力的必要，因此不可适用对于撤销诉讼案件的违法判断标准。正如学者吴庚指出："课予义务诉讼之本质在于判断行政机关驳回相对人之申请或怠于在法定期间履行义务（不作为）的合法性，上述行为是否直接侵害原告合法权利的裁判基准时，原则上应当以判决时的事实与法律变化为准。"①

法院判决被告履行给付义务，是以法院判决之时刻确认原告是否仍有给付请求权的存在，故以言词辩论终结时，即判决时的事实及法律状态为准，与民事诉讼上给付诉讼的判断基准时相同。也就是说，课予义务诉讼裁判基准时原则上以判决时为准，在判断课予义务诉讼有无理由，判断驳回申请或怠为行为的合法性及原告是否因其遭受权利损害时，除根据法律、一般法律原则和行政行为的性质，原则上有关事实及法律的状态应取决于法院判决时，即言词辩论终结前为准。《最高人民法院关于审理行政许可案件若干问题的规定》（以下简称《许可规定》）第 9 条即含有此意，"人民法院审理行政许可案件，应当以申请人提出行政许可申请后实施的新的法律规范为依据；行政机关在旧的法律规范实施期间，无正当理由拖延审查行政许可申请至新的法律规范实施的，适用新的法律规范不利于申请人的，以旧的法律规范为依据"。但与此同时有四种例外情形：其一，根据法律规定，法院只在审查行政行为的理由根据时，以处分时为准。其二，以新的法律规定，依其明示或立法旨意或合宪性解释，应不影响旧有的请求权的情形时，也不适用判决时。其三，倘若有新的法律，该事件侵犯到重要的法律地位，尤其是基本权利时，仍维持适用旧的法律。其四，当行政相对人的申请，原本应当予以许可，行政机关违法作出驳回决定，原告提起行政诉讼的，原规定发生变更，该申请之请求权不复存在。如新

---

① 吴庚：《行政争讼法论》，台北，元照出版有限公司 2012 年版，第 277 页。

规定并未溯及既往，原则上则以驳回处分时的法律状态判断。[①]

另外需要单独说明的是，针对行政拒绝行为提起课予义务之诉须合并撤销诉讼，由于撤销判决与课予义务判决之基准时不同，如行政机关作出行政时原告尚不具备请求权，但在诉讼过程中法规范发生变化，在言词辩论终结时原告又具备该项请求权，将可能出现在同一判决中既承认拒绝履行行为合法又作出要求被告履行法定职责的矛盾情形。本书认为，法院此时可行使释明权，建议被告自行加以撤销。此时，如若被告自行撤销原行政行为，并针对变更以后的法规范对原告作出允许其申请的行政行为。那么，原告可申请撤诉终结诉讼程序。原告不撤诉的，因原告诉的利益丧失，法院判决予以驳回。倘若被告不愿在诉讼中改变其作出的原行政行为，则涉及撤销诉讼裁判基准时的判断问题。“撤销诉讼之判断基准时有处分时说与判决时说两种观点，但因价值取向各有侧重，两种学说都难免存在顾此失彼的缺陷。”[②] 因此出现有修正的判决时说，行政行为在作出时合法，故不会溯及既往地丧失效力；但因嗣后违法，行政行为在判决时不应被继续维持，故自违法时点往后丧失效力。[③] 由于法院已行使阐明权，此时被告就是否根据已经变更的情势状况重新作出行政行为已经在诉讼中行使了首次判断权，法院此时可判决撤销拒绝申请之行政行为，并要求被告履行法定职责。此时，既兼顾了法安定性原则又不违背诉讼经济原则，也能较好地恪守行政权与司法权的边界。

二、课予义务判决的作出

法院经审理作出课予义务判决，须达到案件事证明确的标准。“所谓

---

① 参见陈清秀：《行政诉讼法》，法律出版社2016年版，第687~688页。

② 梁君瑜：《行政诉讼裁判基准时之考量因素与确定规则——以撤销诉讼为中心的考察》，载《河南财经政法大学学报》2016年第5期。

③ 参见梁君瑜：《行政诉讼裁判基准时之考量因素与确定规则——以撤销诉讼为中心的考察》，载《河南财经政法大学学报》2016年第5期。

案件事证明确，亦即案件已经达到可以裁判之程度，系指该案件为作成终局的裁判所必要之事实上及法律上前提要件已经具备的情形而言。”① 我国《行诉解释》第 91 条规定，当原告请求权成立，被告违法拒绝履行或逾期不予答复，且被告没有裁量余地时，可以认为属于案件事证明确的情形，此时即可判决被告在一定期限内作成原告要求的法定职责。事证明确包括以下几个方面：

（一）原告享有请求权

1. 直接型课予义务诉讼的请求权

直接型课予义务诉讼不以相对人的申请为前提，而是基于行政主体的职责，被告应当主动行使职权而未行使。至于原告对被告的起诉是否存在请求权，需要回顾到原告资格中对于反射利益的探讨。耶利内克在《主观公法权利体系》中曾这样经典地谈及反射利益：“为了共同利益，公法的法律规范要求国家机关为特定的作为或不作为。这种作为或不作为的结果可能会有利于特定个人，尽管法制并无扩大个人权利领域的意图。这种情形可以被称为客观法的反射作用。”② “法律上的反射利益问题，是由于利益超出法律或者法律行为预先设想的范围而产生的。正是这一超出预期性，导致法律对这一利益不予保护。按照最早论者的想法，就是没有被赋予请求权，利益享有者并不拥有针对妨害其利益的当事人的意志力。此时他的利益处于一种偶然存在状态，是为反射利益。”③ 按照反射利益的理论，一般而言，反射利益是公法权利的“余数”，该利益的享有者并不能因反射利益而向行政机关提出请求权。故而，在直接型课予义务诉讼中，

---

① 陈清秀：《行政诉讼法》，法律出版社 2016 年版，第 189 页。

② ［德］格奥格·耶利内克：《主观公法权利体系》，曾韬、赵天书译，中国政法大学出版社 2012 年版，第 64 页。

③ 王本存：《论行政法上的反射利益》，载《重庆大学学报》（社会科学版）2017 年第 1 期。

如若原告享有的仅仅是反射利益，因其不享有真正的公法上的请求权，因此无法获得胜诉判决。另外，原告是否享有请求权还涉及请求权基础是限定于实定法还是包括可以扩大解释的法的目的等在内的非具文规定的范畴。根据我国现行立法的规定，就受案范围和原告资格的界定来看，目前仅以实定法所明确规定的权利为限。据此，原告必须就其享有公法上请求权进行证明，这也是课予义务诉讼证明责任分配的要义。

2. 申请型课予义务诉讼的请求权

申请型课予义务诉讼的原告向被告行政机关提交作成特殊行政行为的申请而未获得回复或者获得拒绝履行的回复。当法院进入实体审理阶段时，需要审查原告是否享有请求被告作成已经遭到驳回或怠为处分的请求权。如果该请求权成立，被告的拒绝行为或怠于处分行为必然是违法的，并且损害了原告的合法权益。上述请求权的基础大多源于实定法的规定，当然也不限于此，还包括行政机关的承诺、行政机关的先行行为、行政机关的职责。

（二）案件已达可裁判程度

原告因被告行政机关单纯不作为或拒绝申请行为提起课予义务诉讼，在单纯不作为的情况下，原告有可能提出两种诉的声明：第一种为请求被告就其申请作出相应的处理；第二种为要求行政机关就其申请的内容作出特定的行政行为。在不服行政机关拒绝申请时，原告提起的诉的声明则多为第二种。第一种情形称为请求作为行政行为，第二种则属于作为特定内容的行政行为。课予义务判决则是针对第二种诉的声明。作出课予义务判决的其中一个重要前提在于被告行政机关不享有行政裁量权。课予义务判决中，司法机关替代行政机关作出一定行政行为，基于国家权力的分配理论，司法权与行政权在一般情形下应当各司其职，不可超越其职权范围行事。倘若行政机关仍然享有裁量权，此时案件即尚未达到能够作出课予义务判决的地步。裁判时机成熟是指行政程序已经发展到适宜由法院进行裁判的地步，否则司法权就过早地介入了行政权。判断案件是否成熟的标准须借用“首次判断权理论”，基于该理论的内涵，行政机关尚未行使其裁量权的，应当交由行政机关自行解决，法院不得代为行使。法院审查当事人申请行政机关作出一定行为的诉求，须判断行政机关是否已经完成了其裁量权的行使。已经行使完毕的，法院才有作出课予义务判决的可能。在行政机关已经行使裁量权作出决定的情形下，法院须结合裁量权超越滥用的审查方法，判断被告行政机关是否存在裁量权的滥用情形，必要时可利用“裁量收缩理论”对行政裁量作最严格的审查。

裁判时机成熟在德国《联邦行政法院法》第113条第5款中有所体现，“违法拒绝作出行政行为或对其不作为，原告人权利受侵害的，法院可宣布行政机关的该义务……”“裁判时机成熟意味着对于一个即将终结的关于诉讼请求的法院决定而言，所有事实和法律上的前提皆已具备”。[①]我国台湾地区“行政诉讼法”第200条第3款规定：“原告之诉有理由，且案件事证明确者，应判明行政机关作成原告所申请内容之行政处分。”此处“案件事证明确”即裁判时机成熟，在此情形下，无论是否涉及行政裁量和判断余地，法院均应在原告起诉声明的范围内作成要求被告为特定内容的行政处分。在德国和我国台湾地区因采行职权探知主义，法院原则上应当自行审查所有系争请求权应当具备的事实和“法律”要件，亦即有促使案件达到裁判成熟的义务。但该义务有界限，不得侵犯行政权所享有的自主决定领域，必须遵守权力分立原则。当时机不成熟时，只有行政机关才有权创造成熟的裁判时机。

日本《行政事件诉讼法》规定课予义务诉讼（直接型与申请型）的胜诉要件为：“对于与该课予义务诉讼相关联的处分或裁决，认为行政机关

---

① 参见［德］弗里德赫尔穆·胡芬：《行政诉讼法》，莫光华译，法律出版社2003年版，第443页。

应当作出该处分或裁决根据的法令中明确规定，或者认为行政机关不作出该处分或裁决超越或滥用裁量权的范围时，法院判决命令行政机关应当作出该处分或裁决。”此处的“法令中明确规定”是指法令的规定中明确否定效果裁量的羁束行政行为，对于裁量行政行为，只要存在超越或滥用的情形即可作出课予义务判决。日本建立课予义务诉讼是对以往撤销诉讼中心主义修正的结果，认为没有必要强调行政机关首次判断权理论，[①] 尽管如此，该条款实则已经包含了该理论之要义。无论行政机关是作出一义明白性（羁束行政行为）还是裁量行政行为，都证明了行政机关已经行使了其职权，法院在行政机关职权行使完毕以后介入并不属于侵犯其自主权。判断行政机关是否享有裁量权一般根据实定法的规范，如若规则非常明确，采取原告所诉的行政行为是应当的，是唯一的选择，即法规范具有一义明白性，不存在选择的余地。那么，法院可以判令被告作出原告期待之行政行为，并予以具体指定内容和时间。但有时羁束与裁量并不十分明确，二者也并非非此即彼的关系，而是一对相对的概念，准确判断并非一件容易的事情。传统行政法关于羁束与裁量的区分标准可分为效果裁量说和要件裁量说。效果裁量说认为，裁量权的有无决定行政行为的效果是限制或侵害相对人还是予以授益行为，前者为羁束行为，后者如无特别规定则为授益行为。要件裁量说则从法律要件出发，认为法条没有确定要件或者仅指示行政之终极目的的公益概念，需要行政机关自行补充要件作出行政行为的就是自由裁量；法条明确规定了要件，运用多义性不确定法律概念解释的是法律问题，则是羁束裁量。“二战”以后占据支配性地位的学说是以田中二郎为代表的“法规目的说”，他认为区分羁束与裁量，应在具体情形下对法的目的和旨趣进行合理与合目的性解释。把法解释为预定了一般法则性即一义性的解决，据此作出的行政行为是羁束行为，如若解

① 参见江利红：《日本行政诉讼法》，知识产权出版社 2008 年版，第 542 页。

释为政治性和技术性的判断，据此作出的行为是裁量行为。[①] 有学者对上述学说意见提出批判，“过多的标准共同使用导致裁量与羁束界限不清的问题。裁量与羁束并不是本质的对立，而只有量化的差别。羁束裁量与自由裁量之间本是流动的，可以相互转换，生硬地将其一刀两断也是不可能的”。[②] 羁束裁量与自由裁量日益相对化，在现代行政法中，不受司法审查的自由裁量已近乎绝迹，严格区分羁束与裁量仅对于司法审查具有重大意义。随着现代行政法治的发展，严格区分羁束与裁量并无太大价值，不受司法审查的裁量范围日趋减少，行政机关作出的无论是羁束行为抑或裁量行为，均遭受到不同程度的司法审查。

显然，课予义务判决相较于传统的撤销判决、确认判决具有显著积极的特征，它不仅可以裁判被告不作为或拒绝作为行为违法，还可直接判令被告如何作出新的行政行为，这无疑是对行政行为超强度的限制与监督。但凡事不可逾矩，如若对于司法权的边界没有清晰的界定，则会严重挫伤行政机关的积极性，导致司法权的滥用。故而，课予义务判决的作出必须强调在行政权行使完毕之后司法权才得以干预与审查。

三、命为决定判决的作出

根据《行诉解释》第 91 条的规定，当案件尚待被告调查或裁量的，法院应判决被告针对原告之申请重新作出处理，该规定仅具有命为决定判决之外形，却缺乏命为决定判决之实质内涵。根据我国台湾地区“行政诉讼法”第 200 条第 4 款的规定，“原告之诉虽有理由，惟案件事证尚未臻明确或涉及行政机关之行政裁量决定者，应判命行政机关遵照其判决之法律见解对于原告作成决定”。德国《联邦行政法院法》第 113 条第 5 款规

① 参见王贵松：《行政裁量的构造与审查》，中国人民大学出版社 2016 年版，第 26 页。

② 王贵松：《行政裁量的构造与审查》，中国人民大学出版社 2016 年版，第 27 页。

定，“其他情况下，应作出对义务的宣判，根据判决的法律观对原告人作出答复”，被告重新处理时如何处理与被告按照判决的法律见解进行处理，二者在判决效果上存在巨大差异。

（一）案件事实尚未明确

法院一方面需要尊重行政机关就自己内部事务专业性的判断，另一方面也要考虑自身能力的局限性。如果作成一定内容的行政行为须涉及专业知识的判断。例如，税法上的税务计算方法，或者专利的认定，倘若行政机关尚未经过专业技术机关的参与判断，法院在未必具有同等专业条件的情况下不宜自行调查，此种情况称为案件事实尚未明确。法院如认为案件须作进一步的事实调查，且该调查依其性质对于当事人利益十分重要，此时也属于尚未明确。又如，原告基于法律或事实上的原因，对于请求被告行政机关作成行为的并不享有绝对的请求权，或该请求权仅能由主管行政机关再作选择时，也属于未到达可裁判的地步。

（二）涉及行政机关裁量决定及判断余地

1. 裁量决定

在行政机关仍享有裁量余地时，法院不得代为作出决定。因此，当行政机关仍有裁量空间时，案件事实尚有选择的余地，属于未达到明确的程度。我国对行政行为也有羁束与裁量之分，但并不对其进行更进一步地细分。实务上多将行政裁量称作“自由裁量”，理论上将羁束裁量从自由裁量中独立出来与狭义的自由裁量相区分，但我国学界和理论界对羁束与羁束裁量的理论极为陌生。实务界区分羁束与裁量主要从法律规范的表述出发，无论是效果要件还是实物要件，只要有选择的余地即存在行政裁量。一般而言，在以下三个方面，法院会认为行政机关存在裁量权：第一，法规范中的不确定法律概念。不确定法律概念广泛存在于法律规定中，这是因为法律具备普遍性和一般性，它并不为个人或个例所设置。从法律意图的多义性考虑，不确定法律概念和行政裁量具有同质性，在不确定法律概念具体化的过程中必然存在裁量。不确定法律概念虽然给行政机关提供了一定选择的余地，但仍然是一个法律概念，并非行政机关的法外自由。行政机关被赋予不确定法律概念时，也是一种约束，这种约束体现在法院的审查上。原则上对不确定法律概念应进入全面审查。但在价值判断上，如若行政机关的判断没有超出法律授权，或者该判断是基于行政的专门性和专业性，法院则不宜过多审查。第二，法定范围内的选择，法律规定行政机关可在某种情况下采取规定范围内的任意结果。第三，法律未有明确规定，仅依靠行政机关自行判断时，也通常认为行政机关有裁量的空间。

2. 判断余地

判断余地理论系由德国学者巴霍夫于 1955 年提出，他认为判断余地是指行政机关在适用不确定法律概念过程中享有的不受法院涵摄自由。① 不确定法律概念在法律构成要件的文字中广泛存在，由于实体法规定的精确程度不一，有的较为确定，有的不太确定，因此，学理上将不确定法律概念特指内容空泛及不明确的法律概念。虽然原则上不确定法律概念应当接受司法审查，但判断余地是例外，亦即判断余地原则上不受司法审查。判断余地的产生与不确定法律概念息息相关，其产生于法律构成要件采用不确定法律概念的情形，在解释及涵摄上均可能欠缺明确性。故而，数个不同的法律适用者，对同一事实基于不同的考量可能会得出不同的结果。虽然如此，但行政机关仍应作成正确及合法的决定，但凡该结果是合法的，可以被接受的，即不受法院的审查。我国并没有关于判断余地的系统整理，但是对于涉及行政机关专业领域的事项，法院一般尊重行政机关的认

① 参见王贵松：《行政裁量的构造与审查》，中国人民大学出版社 2016 年版，第 161 ~162 页。

定，不轻易予以推翻，审查上有所放松。德国在以下四个方面承认了判断余地的存在：第一，不确定法律概念的理解取决于对不明情况的预测和政治性判断。第二，对有关个人作出的判断，如对于公务员个性、能力、机智程度的品格判断。第三，具有高度人身性的专业判断，如考试资格的判断。第四，利益集团和社会代表组成的独立专家委员会对不确定法律概念作出的判断。①

当案件存在上述因素时，属于事证尚未明确，法院无法作出课予义务判决。在司法实践中，法院较好地把握了司法权与行政权的界限。例如，在"彭某诉深圳市南山区规划土地监察大队行政不作为案"中，深圳市南山区人民法院在一审判决中写道："鉴于作出强制执行决定和实施强制拆除属于行政机关的行政职权，且实施行政强制拆除具有严格的法定程序，故不宜直接责令区检察大队强制拆除违法建筑……"②

四、确认判决的作出

有时，在课予义务诉讼中无论作出课予义务判决还是命为决定判决均不妥当，原因在于被告在行政诉讼中改变原行政行为，或者判决被告履行其法定职责已无实际意义。例如，原告起诉被告行政不作为，被告在诉讼过程中认识到自身行为的错误即受理了当事人的申请，此时法院判令被告履行法定职责已无必要。例如，"兰州宏光驾驶员培训服务有限公司诉兰州市城关区城市管理行政执法局行政不作为案"中，被告意识到其不履行职责可能存在败诉风险，遂与原告达成一致意见，同意受理原告的举报事项并在其职权范围内进行调查，即依照原告的申请履行了

---

① 参见王贵松：《行政法上不确定法律概念的具体化》，载《政治与法律》2016 年第 1 期。

② 《彭某诉深圳市南山区规划土地监察大队行政不作为案》，载中国法院网：https：//www.chinacourt.org/article/detail/2015/01/id/1534631.shtml，最后访问日期：2019 年 12 月 10 日。

相应的法定职责。[①] 在“赵某诉凤阳县五店镇人民政府行政不作为案”中，被告也在案件审理期间，对原告危房改造申请进行了补充核查。[②] 行政诉讼的目的在于解决行政纠纷，当事人提起诉讼后，被告在诉讼过程中改变其原行政行为是法律所容许的，同样可以达到案结事了的审判效果，同时也凸显了行政审判对依法行政外部监督的影响力，彰显了司法审查的价值。

还有一种情况，如当事人申请公安行政机关保护人身权、财产权的案件，当事人的人身权、财产权因公安行政机关没有及时履行而导致损害诉至法院时，法院判令其履行职责已无实际意义。例如，在“张某等五人诉天水市公安局麦积分局行政不作为赔偿案”中，被害人刘某因遭到抢劫被刺身亡，法院判令被告履行保护公民人身权的职责已无实际意义，当事人可提起行政赔偿诉讼寻求救济。[③]

在以上两种情形下，没有作出课予义务判决的利益存在，因此法院只能作出确认违法判决（原告申请撤诉除外）。我国《行政诉讼法》第74条和第75条分别规定了确认违法判决和确认无效判决，其中第74条第2款第2项规定，“被告改变原违法行政行为，原告仍要求确认原行政行为违法的”，该条款规定所适用的情形在于，行政机关被起诉不履行法定职责，在诉讼过程中，被告履行了原告所要求的法定职责，此时课予义务诉讼之利益不再具备。但诉讼并不一定就此终结，原告可以改变诉讼请求，要求法院确认被告最初作出的不履行法定职责的行为是违法

① 参见《兰州宏光驾驶员培训服务有限公司诉兰州市城关区城市管理行政执法局行政不作为案》，载中国法院网：https://www.chinacourt.org/article/detail/2015/01/id/1534653.shtml，最后访问日期：2019年12月10日。

② 参见《赵某诉凤阳县五店镇人民政府行政不作为案》，载中国法院网：https://www.chinacourt.org/article/detail/2015/01/id/1534657.shtml，最后访问日期：2019年12月10日。

③ 参见《张某等五人诉天水市公安局麦积分局行政不作为赔偿案》，载中国法院网：https://www.chinacourt.org/article/detail/2015/01/id/1534668.shtml，最后访问日期：2019年12月10日。

的。当被告改变了原违法行为，但该行为并未完全满足原告要求，诉讼利益并不丧失，法院应就剩下的争议行为继续审理并作出相应裁判。倘若原告因为行政机关不履行法定职责产生损失的，还可依据第 76 条的规定要求行政赔偿。第 74 条第 2 款第 3 项规定：“被告不履行或者拖延履行法定职责，判决履行没有意义的。”判决被告履行原告所申请的行政行为或应当作出的行政行为已经毫无意义，没有履行的现实必要性，因此也只能作出确认违法判决。可以看出，确认违法判决之于课予义务诉讼判决具有备位性，只有当课予义务诉讼不合法时，才有审理确认诉讼实体问题的余地。

另须说明的是，第 75 条确认无效判决系针对行政行为有重大且明显的违法情形。该判决形式以原告提出确认无效的申请为前提，与确认违法判决不同。确认无效判决的形式并非常态判决类型，在审查行政机关不履行法定职责的案件中，只有当行政机关的不作为或拒绝作为重大且明显违法时才能适用。

五、驳回诉讼请求判决的作出

当原告的请求无理由，行政机关拒绝回复或未为决定并无违法情形下，应当判决驳回原告之诉讼请求。这些理由可能包括被告没有特定的作为义务、被告不作为有不可抗力的事由、原告申请不符合法定条件、被告已经履行了作为义务等。还有一种情况是，原告的诉讼请求不是要求被告作出一个全新的行政行为，而是对一个已经存在的行政行为在内容上进行补充，如果该行为内容属于不可分的，原告之诉讼理由也当属无理由情形，应当予以驳回。

第三节　课予义务诉讼判决的效力与执行

“行政判决效力是指行政判决对当事人、法院及其他人所产生的约束力。”① 行政判决的效力关系到行政诉讼功能的发挥，既涉及法院判决的权威和接受度，也涉及司法权与行政权的边界问题，同时还影响当事人的权利义务关系以及公法秩序的稳定，因此对行政判决效力的研究甚为重要。判决的执行与判决的效力也有千丝万缕的关系，判决的效力之执行力即是判决执行的理论基础。课予义务判决是以指明被告行政机关应当作成一定行政行为为内容的给付性质判决，当判决生效以后，被告拒不履行生效判决时，则涉及判决强制执行的问题。

一、课予义务诉讼判决效力的确定

法院经过审理对课予义务诉讼作出相应判决，该判决必然产生相应的法律效果，即判决效力。欲梳理课予义务判决之效力，我们须从判决效力这一理论体系本身着手进行观察和分析。

（一）判决效力的内涵

终局判决的作出，将会给哪些主体、在多大范围、多长时间内产生什么样的影响，是判决效力研究需要回答的问题。如果无法解决判决效力问题也就无法真正发挥判决解决纠纷的机能，诉讼目的也自然无法达成。“判决的效力是诉讼法制度中极为重要的组成部分，同时也是一个较为复杂的理论问题。判决展示了法院对案件的解决基准，通过宣告使纠纷解决

---

① 马怀德主编：《行政诉讼原理》（第2版），法律出版社2009年版，第407页。

基准之存在在外部获得明确化。”[①] “法一方面将撤销判决自身之可能性限定在一定的合理范围内，另一方面对于判决的判断内容，赋予其‘作为后面案件解决基准的’通用效力。”[②] “由于我国是成文法国家，因此在较大程度上秉承了成文法的传统，多以大陆法系传统的判决效力制度和理论体系为基本模式。”[③] 按照民事诉讼判决效力理论，通常，我们将判决效力分为形式效力和实质效力。“形式效力又称为诉讼上的效力，是指判决依法成立后在外形上所具有的作用力，包括因判决宣誓对法院产生的拘束力和因判决确定对当事人产生的形式确定力。”[④] 形式效力包括拘束力和形式确定力。“拘束力又可称为自缚性、不可撤回性，亦即法院不能撤回或变更已经宣告的判决，此种效力是针对法院自身而言的。对当事人的形式确定力指一旦终局判决确定，当事人便不能通过上诉对该判决表示不服。”[⑤] “作为判断内容的通用力而言，在同一诉讼程序内体现为判决的羁束力，而在一定范围的其他程序中，表现为判决的既判力、执行力、形成力及争点效等。”[⑥] “羁束力是基于程序内的各种要求，包括判决在内的各种裁判中的判断内容，应当对该案件程序内的其他法院具有拘束效果。”[⑦] “执行力是指给付判决除具有对诉讼对象的确定力之外，还可以依法创定力，命令被告给付以满足诉讼对象的请求。”[⑧] “执行力有广义和狭义两种理解：狭义的执行力是指为了实现裁判中所命令的给付内容而可以利用强制执行

---

① ［日］新堂幸司：《新民事诉讼法》，林剑锋译，法律出版社 2008 年版，第 465 页。

② ［日］新堂幸司：《新民事诉讼法》，林剑锋译，法律出版社 2008 年版，第 465 页。

③ 丁宝同：《英美法系判决效力制度初考》，载《宁夏大学学报》（人文社会科学版）2009 年第 1 期。

④ 田勇军：《论行政判决之既判力》，载姜明安主编：《行政法论丛》（第 13 卷），法律出版社 2011 年版，第 111 页。

⑤ ［日］中村英郎：《新民事诉讼法讲义》，陈刚、林剑锋、郭美松译，法律出版社 2001 年版，第 224 页。

⑥ ［日］新堂幸司：《新民事诉讼法》，林剑锋译，法律出版社 2008 年版，第 465 页。

⑦ ［日］新堂幸司：《新民事诉讼法》，林剑锋译，法律出版社 2008 年版，第 471 页。

⑧ ［日］中村英郎：《新民事诉讼法讲义》，陈刚、林剑锋、郭美松译，法律出版社 2001 年版，第 227 页。

程序的裁判属性。广义的执行力是指通过强制执行以外的方法，可以实现与判决内容相应之状态的性质。"①"形成力是形成判决所具有的就诉讼对象的权利或法律关系，设定、更改、消灭主文记载等的法律效果，其效果不仅产生于当事人之间，还具有对世效力，第三者不能否定其形成效果。"②"既判力与形式确定力相对，也被称为实体的确定力，它是指终局判决一旦获得确定，该判决对请求之判断就成为规范今后当事人之间法律关系的基准，当同一事项再度成为问题时，当事人不能对该判断提出争议、不能提出与之相矛盾的主张，法院也不能作出与该判断相矛盾或抵触之判断。"③"争点效是日本学者新堂幸司教授为解决传统既判力客观范围存在的缺陷而提出的一种学说。"④"在前诉中，被双方当事人作为主要争点予以争执，而且，法院也对该争点进行了审理并作出判断，当同一争点作为主要的先决问题出现在其他后诉请求的审理中时，前诉法院有关该争点所作判断的通用力，既不允许后诉当事人提出违反该判断的主张及举证，也不允许后诉法院作出与之相矛盾的判断，争点判断的这种通用力，就是所谓的争点效。"⑤"在日本，尽管'争点效'理论已经成为有力的学说，学理上支持这一见解的人逐渐增多，但其并未获得日本立法和实务界的一致认可。"⑥

（二）既判力的范围

既判力效力是判决诸多效力中最为重要的内容，其效力有积极和消极功能之分。消极功能即禁止重复起诉，积极功能则在于禁止判决矛盾，以

---

① ［日］新堂幸司：《新民事诉讼法》，林剑锋译，法律出版社2008年版，第508页。

② ［日］中村英郎：《新民事诉讼法讲义》，陈刚、林剑锋、郭美松译，法律出版社2001年版，第227页。

③ ［日］新堂幸司：《新民事诉讼法》，林剑锋译，法律出版社2008年版，第472页。

④ 江伟、常廷彬：《论已确认事实的预决力》，载《中国法学》2008年第3期。

⑤ ［日］新堂幸司：《新民事诉讼法》，林剑锋译，法律出版社2008年版，492页。

⑥ 江伟、常廷彬：《论已确认事实的预决力》，载《中国法学》2008年第3期。

前诉就诉讼标的为对象的判断为基础约束后诉法院的认定。既判力范围可分别从客观范围、主观范围、时间范围进行理解。

1. 既判力的客观范围

既判力的客观范围决定了在判决所表示的判断中，何种事项的判断产生既判力的问题。原则上，既判力只产生于判决的主文中，即当事人有意识地作为审判要求提出的纠纷解决基准，也就是诉讼请求的判断。判决理由原则上不产生既判力。倘若既判力范围太广，扩张至全部判决理由，将会使未充分审理的判决事项也具有拘束力。在诉讼过程中，不同的事项，当事人的注意程度是不同的，既有可能展开充分的攻击与防御，也有可能完全没有注意到。如若既判力范围及于判决理由，将会产生无法变动以后的诉讼危险。只不过，判决主文通常十分简单明了，特别是在驳回诉讼请求判决中，必须结合判决事实中记载的诉之声明及原因事实来判定这一客观范围。在驳回判决中，即可通过判决理由部分，判定法院作出了哪个诉讼要件不存在的判断。既判力的客观范围与诉讼标的理论紧密相联，既判力的客观范围即为诉讼标的。但例外情况下，“既判力的范围也会扩张至判决理由部分，如在抵销的判断上，在使诉求债权（受动债权）消灭的必要额度的‘反对债权（自动债权）不存在’之判断产生既判力”。[①] 但总体而言，既判力扩张的范围十分有限。

2. 既判力的主观范围

既判力的主观范围解决的是判决约束哪些人的问题。通常，既判力原则上仅约束对立当事人。如果允许判决的既判力全部扩张至案外第三人，由于第三人并未被赋予参加庭审的机会也就无从就争议事项进行辩论，这将对第三人利益造成不当干涉，剥夺了第三人的“接受裁判权”，同时也违背了正当程序的要求。但在特殊情况下，为了保障判决解决争议的实效

---

① ［日］新堂幸司：《新民事诉讼法》，林剑锋译，法律出版社2008年版，第485页。

性，以及在所有相关人员之间作出划一性处理，则必须将判决的既判力扩张至第三人。日本《民事诉讼法》规定，判决之既判力及于诉讼担当的被担当人、口头辩论终结后的承继人、为了维护被担当人或承继人利益的“请求标的物持有人”、诉讼脱退人、一般第三人。不过，如何在程序上保障未参与诉讼程序的第三人的利益仍然是一个值得探讨的问题。

3. 既判力的时间范围

既判力的时间范围也被称为既判力的标准时或者诉讼的基准时。在口头辩论终结前，当事人可以提出案件相关事实的资料，判决也必须在口头辩论终结时所形成的诉讼资料的基础上作出，在这一点上有关权利义务关系的判断产生既判力，在该时间点之前或之后都不是既判力确定的内容。不过出于程序保障要求，有时即便当事人提出的事由存在于前诉基准时以前，但基本无法期待其适时提出时，应当允许当事人在后诉提出该事由。

（三）课予义务诉讼的判决效力

我国现行《行政诉讼法》并没有明确规定行政判决的效力以及效力内容，仅在《行诉解释》第 69 条有关裁定驳回起诉的第 9 项规定中有明确使用“诉讼标的”的表述，“诉讼标的已为生效裁判或者调解书所羁束的”案件将不予受理。① 其他有关判决的效力内容主要以理论界的探讨和通说观念予以现实指导。学界对于我国行政诉讼判决的效力有不同的见解：有学者认为行政判决的效力可分为形式效力与实质效力。前者包括公定力、确定力；后者包括既判力、执行力。② 有学者则认为行政判决的效力包括

① 最初“诉讼标的”出现于 2000 年《若干解释》第 44 条第 10 项，“诉讼标的为生效判决的效力所羁束的”。由于调解在当时并不被立法所容许，因此没有就调解书的羁束效力作出规定。《行诉解释》颁布施行时，调解已为立法所肯定，因此在沿袭旧有规定基础上新增“调解书”一项。

② 参见马怀德主编：《行政诉讼原理》（第 2 版），法律出版社 2009 年版，第 410 ~412 页；杨海坤、章志远主编：《行政诉讼法专题研究述评》，中国民主法制出版社 2006 年版，第563 ~564 页。

拘束力、确定力和实现力。[①] 对于判决效力的内容，称谓众多，在此有必要先作梳理与统一才能进行有效的比较研究。马怀德教授也将判决效力分为形式效力与实质效力。形式效力下继续细分为公定力与确定力。"公定力是指判决一经成立，不论合法与否，即具有被推定合法，要求所有人予以尊重的法律效力。"[②] 这一效力及于法院、当事人以及其他任何组织和个人，是一种基础性效力，决定了行政判决的其他效力。根据公定力之内涵，与中村英郎就判决效力的论述中"确定力"内涵相同，他认为"确定力"是理论前提的诸效力，是各类判决产生的效力。[③] 马怀德教授所言及确定力则是指，"行政判决一旦成立，法院不经过法定程序不得撤销或变更。对当事人来说是一种不可争辩力。确定力是对法院和当事人均产生拘束"。[④] 这一效力实际上与拘束力及形式确定力的总和相当。虽然称谓有所不同，但均承认判决之形式效力对法院和当事人均产生拘束力，就法院而言，不可随意更改和撤销；就当事人而言，不可再为与之矛盾或相反的争辩。

"在日本，行政判决除产生裁判判决一般承认的既判力、形成力外，还在行政事件诉讼法上所特有的拘束效力。"[⑤] 拘束力是指法院在作出撤销判决后，禁止行政机关反复作出同一行政行为。[⑥] 此效力在形成力之基础上，为原告权利救济的充分性，避免在撤销判决后行政机关单方面作出与原行政行为基本相同的行为。既判力是对于行政行为违法这一结论性判断

① 参见姜明安主编：《行政法与行政诉讼法》（第5版），北京大学出版社2011年版，第518页。

② 马怀德主编：《行政诉讼原理》（第2版），法律出版社2009年版，第411页。

③ 参见［日］中村英郎：《新民事诉讼法讲义》，法律出版社2001年版，第226～227页。

④ 马怀德主编：《行政诉讼原理》（第2版），法律出版社2009年版，第411页。

⑤ 江利红：《日本行政诉讼法》，知识产权出版社2008年版，第457页。

⑥ 此处需要注意，此处行政判决的特殊效力之拘束力与前述所称判决的拘束力不同。前者是对被告行政机关的一种拘束效力，禁止其作出与前一被撤销行政行为相同或类似的行为。后者是对法院而言，禁止其撤销和变更已生效的判决。

的通用性问题；形成力则是指行政行为溯及既往不产生效力这一形成结果的问题。日本《行政事件诉讼法》第32条规定，撤销判决还具有第三人效力。基于行政判决的形成力，将会产生原告与被告的法律关系的变动，有观点认为将会涉及第三人，因此承认第三人效力。该第三人通常是指与原告利益相对立的第三人，但也有可能是与原告利益相同的人。课予义务诉讼同撤销判决同样具有既判力与拘束力，但日本通说认为课予义务诉讼不具有第三人效力，而只具有形成力。

我国台湾地区将行政判决效力分为羁束力、形式确定力、实质确定力（既判力）、撤销判决之效力（包括形成力、对世效力、拘束力）、执行力（包括广义与狭义）及其他效力（构成要件效力和确认效力）。[①] 此处的羁束力等同于中村英郎所论述的形式确定力，即拘束力，均是约束作出判决的法院，不得自行撤销、变更或补充判决。我国台湾地区“行政诉讼法”第206条规定了行政判决的羁束力：“判决经宣示后，为该判决之行政法院受其羁束；其不宣告者，经公告主文后，亦同。”“同法”第213条规定了判决的确定力（实质确定力，即既判力），“诉讼标的于确定之终局判决中经裁判者，有确定力”，亦即对于法院已经判决的事项，当事人不得为与该确定判决内容相矛盾的主张，法院也不得为与该判决内容相抵触的判决。另外，撤销判决的拘束力同日本相同，均是为了防止原机关依同一“违法”事由对同一人作出相同的行为。第216条规定，“撤销或变更原处分或决定的判决，就其事件有拘束各关系机关的效力，即原机关不得以同一事实或理由作出。这一拘束力除在撤销诉讼，于其他诉讼准用”。质言之，课予义务诉讼也具有拘束力。另外，构成要件效力与确认效力并非行政判决之通用效力，须依据“实体法”或“诉讼法”的特别规定予以判定。

与民事诉讼判决效力之通说观念相比，行政判决效力也区分有形式效

---

① 参见陈清秀：《行政诉讼法》，法律出版社2016年版，第691~697页。

力与实质效力。在形式效力方面，作出生效判决的法院不得随意撤销或变更已经宣判的判决，当事人也不能通过上诉对判决表示不服。只不过在称谓上有所不同以及内涵上有重叠。例如，我国台湾地区所称法院不可随意变更或撤销判决的羁束力实则为拘束力，马怀德教授所言确定力实则是拘束力和形式确定力之合。各国（地区）均有不同界定，称谓上虽比较复杂，容易混淆，但其内容指向仍是清楚的：生效判决在形式上，无论是对当事人抑或法院均产生拘束效力。就判决对诉讼对象所产生的规范效力即实质效力而言，各国（地区）没有太大差异。但对于行政撤销诉讼的特殊性而言，日本和我国台湾地区特别规定了一种“拘束力”。根据该拘束效力，原行政行为被撤销的行政机关再行作出全新的行政行为时不得以同一事实和理由作出基本相同的行为。我国大陆虽没有在判决效力中予以明确，但在《行政诉讼法》第 71 条也作出了与重作判决类似的限制性规定。[①] 重作判决在我国现行立法框架下，仅可以在原行政行为被撤销、确认违法以及在裁判时机尚未成熟时作出。另外，在判决的执行力方面，我国学者通常仅论述执行力的狭义层面，对于广义层面的执行力则较少涉及。广义的执行力并不限于给付判决，在形成判决和确认判决中亦可得到实现，根据该效力，当事人可依强制执行以外的方法，实现适合于判决内容的状态。例如，申请户籍登记的记载、更正或涂销。

综而述之，行政判决的效力亦可分为程序上的效力与规范效力。程序上效力包括对法院变更和撤销生效判决以及对当事人再行争辩的限制效力，即确定力。确定力可分为形式确定力与实质确定力。在形式确定力的约束下，法院的判决一经宣告，即使有不当或违法情形，也不得自行变更或者废弃。但对我国目前规定的再审和申诉程序而言，形式确定力也仅具

---

① 《行政诉讼法》第 71 条规定：“人民法院判决被告重新作出行政行为的，被告不得以同一的事实和理由作出与原行政行为基本相同的行政行为。”

有理论意义。规范效力则包括既判力、执行力（包含广义与狭义）、撤销判决包括形成力、第三人效力、拘束力（限制行政机关）。实质确定力则是指既判力，已为实体审理作出判决的诉讼标的，当事人和法院都不得再为不同的主张与判断。在课予义务诉讼判决中，除具备程序上的形式确定力以及既判力以外，因其具有给付属性，因此自然具有判决之执行力（狭义）。被告拒不履行生效判决的，原告可依据判决的执行力申请法院强制执行。对于判决之形成力而言，由于给付判决只要存在权利就可以请求，并不使权利义务关系或行政法律关系发生改变，因此课予义务判决不具有形成力。总体而言，课予义务诉讼判决的效力主要体现在程序上效力和规范效力两方面，程序上效力包括对法院和当事人均产生拘束的确定力；规范效力则包括执行力（狭义）和既判力。

1. 课予义务诉讼判决的确定力

确定力拘束作出生效判决的法院及其上级法院，非经法定程序不得撤销或变更，当事人也不可再行争辩。拘束力一方面是为了维护司法审判的严肃性和权威性，不得朝令夕改；另一方面是为了维护公法秩序的安定。生效判决对争议的行政法律关系一旦作出判断，就应具有相对的稳定性。对法院而言，生效判决作出时即产生判决的确定力；对当事人而言，被宣告或送达时产生确定力。

2. 课予义务诉讼判决的执行力

对执行力进行广义与狭义区分的意义在于，使确认诉讼与形成诉讼中与判决内容相适应的部分能够实现。在课予义务诉讼之给付类型诉讼亚类下，其给付内容以狭义的执行力即足以实现。当行政机关不履行生效法律判决时，狭义执行力可成为给付内容能够被强制执行的理论支撑。

3. 课予义务诉讼判决的既判力

课予义务判决的既判力与其他判决含义相同，可分为对当事人之效力和对法院之效力。就当事人而言，经过生效判决确定的法律关系，当事人不得再为相反的主张；就法院而言，不得作出与该生效判决相矛盾的裁判。具体而言，既判力的客观范围仅以判决主文为限，是否扩张至判决理由存在争议。我国台湾地区“行政诉讼法”第213条规定，既判力客观的范围，仅以诉讼标的经法院裁判者为限，亦即在诉讼标的范围内产生既判力。通说认为，判决理由本身并不具有既判力，仅仅是对判决主文的说明。目前，日本对于行政判决既判力的客观范围也尚有争议，在我国学界亦如是。一般而言，既判力的效力仅限于判决主文部分。但也有学者立足于既判力扩张理论，认为行政判决的判决理由部分也应当具有既判力。例如，田勇军副教授认为：“只有赋予法定判决理由以既判力，才能在法律上明确其对当事人的权益造成影响，从而在上诉或者是再审程序中被认为具有诉的利益而进入新的诉讼程序，从而使行政纠纷得到彻底解决。”① 但持相反观点的学者主张行政判决中的理由不应当具有既判力：“行政行为范围广泛，内容复杂，专业性强，且具有易变性的特点，如果让判决理由具有既判力或者拘束力，就会妨碍行政主体自由裁量权的依法行使，并且也不一定对行政相对人有利……行政诉讼实行的是职权主义的诉讼模式，法院可以在当事人的主张范围之外依职权调查收集证据，因此，行政判决的判决理由并不完全取决于当事人双方的攻击与防御，如果让其产生既判力或者拘束力就缺乏必要的程序法依据。”② 本书认为，原则上来说，课予义务判决之理由部分不具有既判力，但如若判决理由为判决主文的必要构成部分或前提，则承认其具有既判力。

既判力不仅仅是在原告胜诉、法院作出课予义务判决时才产生，而是无论原告胜诉或败诉，均会产生判决的既判力。当课予义务诉讼被驳回时，说明原告无理由，对诉请作成的行政行为不具有公法上的请求权。基

① 田勇军：《论我国行政诉讼中法定判决理由既判力》，载《政治与法律》2011年第2期。

② 邓辉辉：《行政判决与民事判决既判力客观范围之比较》，载《广西社会科学》2007年第6期。

于法院的既判力，原告不得再在其他诉讼中主张该请求权的存在；被告的不作为或拒绝申请行为合法，且并未侵害原告的合法权益。法院在其后的诉讼也受到原告不享有此请求权的拘束。但如果法院判决并未明确原告所要求的行政行为不与现行法相抵触，不排除行政机关嗣后作成该要求下的行政行为，尤其是在行政机关享有裁量权时更具有意义。当原告获得胜诉判决时，基于既判力理论，原告享有请求被告作成系争行政行为的请求权，同时确认被告行政机关不作为或者驳回申请之行政行为系违法，侵害了原告的合法权益。如果判决仅确定被告应当依照法院之判决见解重新作成行政行为，则确认被告应当按照法院判决作成行政行为之请求权存在，同时确认被告拒绝申请和不作为违法，损害了原告的合法权益。如若作为判决基础的事实或法律状态发生变更，即行政机关以法院未审查的理由或其他新的情势状况为由重新作成拒绝履行的行政行为，则不算抵触既判力。

既判力之主观范围，主要在于判决的第三人效力问题上。一般认为，课予义务判决不具有第三人效力。例如，原告请求法院判令行政机关作出第三人的规制，如原告胜诉，法院作出课予义务判决，该判决不具有针对第三人的效力。虽然如此，并不影响第三人在行政机关履行课予义务判决以后提起撤销诉讼，请求法院撤销该行政行为的诉讼。因此，有可能存在撤销诉讼与课予义务诉讼结果矛盾的情形。

二、课予义务诉讼判决的执行

“行政诉讼的执行，是指对已生效的行政案件的法律文书，在义务人逾期拒不履行时，执行机构依法采取强制措施，从而使法律文书确定的权利义务得以实现的活动。”① 一般而言，当行政诉讼中原告相对人败诉时，

① 马怀德主编：《行政诉讼原理》（第2版），法律出版社2009年版，第425页。

不容易出现执行困难的问题，行政机关可以依自身的职权采取强制执行措施。不享有自力执行的行政机关也可以申请人民法院强制执行。当原告在诉讼中获得胜诉判决，被告行政机关不履行判决文书所确定的义务时，原告可申请人民法院强制执行，法院也可依职权采取强制执行。但在我国目前的政治结构下，司法权处在难以与行政权抗衡的弱势地位，法院往往对恶意不履行判决的强势被告束手无策，却又无法替代被告作出原告所要求的行政行为。在一般给付诉讼中，因为给付的对象通常为金钱或实物，法院尚可通知银行直接从被告行政机关的账户予以划拨。但对以一定行政行为为给付内容的课予义务判决，法院则一筹莫展。故而，在司法实践中，原告败诉涉及执行时多数不成疑问。但原告胜诉、被告败诉时的执行成为疑难。此时，原告即便获得胜诉，也不过是难以执行和"兑现"的一纸空文。造成行政判决"执行难"的原因主要有两个方面：一方面是现行立法规定没有以保障原告弱势地位为立足点，亦存在粗疏不甚完备之处；另一方面是行政权独大，司法权与行政权的力量并不平衡。

2014年《行政诉讼法》进行修订时为了破解"执行难"的问题，针对判决的执行一章有所修改，具体有以下几个方面：其一，增加了执行的对象。调解在行政诉讼中得到承认，调解书也自然成为执行的对象。其二，增加了执行的主体。当公民、法人或其他组织拒不执行时，除行政机关外，第三人也可成为申请强制执行的主体。其三，增加了行政机关拒不履行时法院可采取的措施。在旧有的对行政机关处以罚款、提出司法建议、追究刑事责任等措施外，新增将行政机关拒绝履行情况予以公告、对直接负责的主管人员和其他责任人员予以拘留的强制手段。除此之外，其他涉及行政判决的执行没有太大的变化。例如，1990年《行政诉讼法》规定在期限内不履行的，将对行政机关处以罚款变更为对行政机关负责人的处罚，但是现行法对于处罚金额并未调整，仍为每日50

元至100元。

毫无疑问，以上举措对于破解我国行政诉讼执行难的问题起到了一定的积极作用。但与此同时，亦存在需要进一步探讨的问题。

第一，现行《行政诉讼法》第96条规定对被告行政机关拒不履行生效判决的，可以对被告行政机关负责人处以每日50元至100元的罚款，并可向上一级行政机关提出司法建议。问题有三点：首先，虽然对拒不执行生效裁判文书的被告而言这是一种责任追究机制，但很明显，其惩罚力度较低。《行政诉讼法》制定于20世纪90年代初，当时每日50元至100元的罚款金额的确能够起到敦促行政机关及时履行生效裁判确定的义务的积极作用。但随着经济高速发展和通货膨胀的影响，该处罚金额相较于目前经济发展状况已显然不具有强效惩处力度。其次，向上一级行政机关提出司法建议。行政机关对于法院正式作出的判决都拒绝履行，更遑论毫无执行力的司法建议。何况被告行政机关的上一级与被告有着千丝万缕的利益联系，寄希望于向上级行政机关提出司法建议敦促被告履行生效判决，有时只是一种理想。最后，被告行政机关拒绝履行生效裁判文书时，并不以该行政机关作为罚款对象，而是该行政机关的负责人。虽然惩处行政机关负责人在多数情况下更能有效实现裁判文书的执行，但行政机关的负责人并不是真正的责任主体，对其实施处罚属于对象认识错误。被告行政机关才是承担义务、履行职责的主体。同理，对行政负责人予以拘留也并不恰当。

第二，《行政诉讼法》第95条对原告不履行生效裁判的执行与第96条被告不履行时采取的措施不符合当事人平等原则。按照第95条规定，行政机关可以申请法院强制执行，法院可参照《民事诉讼法》所赋予的各种强制执行措施，包括扣押、冻结、划拨、变价金融资产、扣留、提取收入、强制迁出等。法院还可依据第255条，对拒不履行的被执行人采取或者通知有关单位协助采取限制出境、在征信系统记录、通过媒体公布不履行义务信息等措施。但是第96条规定当行政机关拒绝履行时，可采取的强制执行措施包括划拨、罚款、公告、司法建议、拘留或刑事责任。“这种对拒不履行法院生效裁判的诉讼当事人分别适用不同的强制执行措施的做法，从根本上违背了法律的公平原则。”①

除以上立法缺漏之外，造成执行难的还有非属法律制度层面的原因：第一，行政机关官本位思想浓重，法律意识淡薄。行政机关工作人员代表行政机关履行职责，在大力倡导依法行政和服务型政府的背景下，部分行政机关仍然不能积极、及时、适当地履行其法定职责。第二，司法体制原因。司法权与行政权仍未被矫正到理想状态。按照我国权力分配体制，司法权与行政权虽属同级，但实际上司法权却处处受制于本地行政部门。人事、财政都由同级政府部门掌管，导致法院不仅无法有效制约行政机关滥用权力反而受其不当干预，同时导致司法权威受损。

在大陆法系国家，德国《联邦行政法院法》第172条规定了对行政机关的强制金制度：“在第113条第1款第2句与第5款、第123条规定的情况下，如果行政机关不履行向其作出的判决或临时命令所确定的义务，则一审法院基于申请、以裁定方式，警告行政机关将处以不超过1000欧元的强制金并设定履行期限，如果行政机关逾期仍不履行的，法院确定该强制金并依职权执行。强制金可反复警告、确定与执行。”法国《行政诉讼法典》对判决的执行规定得极为详细，分为一般原则和分别适用于基层法院、上诉法院和最高法院的具体条款。一般原则中第L911－3条规定：“根据诉讼请求，可在公法人或管理公共服务的私法人被要求采取规定的执行措施时，附带设置逾期罚款执行罚，并规定该逾期罚款执行罚的生效日期。”第L911－5条规定：“若行政审判机关作出的裁判未得到执行，最高行政法院

① 肖萍、裴春光：《行政裁判执行制度研究——以对行政机关的强制执行为视角》，载《法学评论》2009年第1期。

可依职权对相关公法人或管理公共服务的私法人设置逾期罚款执行罚以保障裁判得到执行。”第 L911 – 6 条还规定既可设置临时性的逾期罚款执行罚也可设置永久性的逾期罚款执行罚。我国台湾地区“行政诉讼法”第 305 条规定了给付裁判的执行，法院应当先向债务人通知其履行；逾期不履行的，强制执行。根据我国台湾地区“强制执行法”第 128 条之规定：“依执行名义，债务人应为一定之行为，而其行为非他人所能代为履行者，债务人不为履行时，执行法院得定债务人履行之期间。债务人不履行时，得拘提、管收之或处新台币三万元以上三十万元以下之怠金。其续经定期履行而仍不履行者，得再处怠金。”在英美法系国家，美国在《联邦程序法》中规定，对行政机关不作为或拖延行为，法院可以通过直接颁布执行令的方式要求其履行职责。但法院在实践中通常采取一些较为灵活的方式。例如，责令行政机关在判决下达后一个月内提交一份日程表，或通过让行政机关定期提交执行情况报告的方法对行政行为进行连续的监督。①

从域外立法例来看，手段较为简单，主要包括罚款以及通过上级行政机关的敦促保障生效裁判内容的实现。但其中有一个共同的规律在于，以上国家（地区）均设置了行政机关在某一设定期限内仍不履行生效裁判的处罚金。该处罚金的执行与我国采取的罚款惩处措施并不相同。首先，罚款的执行以一定期限内行政机关仍不履行为结果，在设置的固定期限内，行政机关能够主动履行的，该罚款也就不会执行；其次，该罚款可以反复设置，直到被告行政机关履行为止；最后，罚款金额设置较高，德国以 1000 欧元，我国台湾地区以 3 万元以上 30 万元以下台币为限。我国较之德国、法国在设置罚款时，不以一定期限为基准，而是以超过法定生效判决履行期限为起点，日处 50 元至 100 元的罚款直到行政机关履行生效裁判

---

① 参见冯慧：《美国行政不作为司法审查的现状与未来》，载《南京大学法律评论》2005 年秋季号。

为止。但案情有轻重缓急，在时间紧急情况下，因罚款金额过低，难以对被告产生震慑和督促作用。设置一段期间并同时以高额处罚为代价的执行措施，法院可根据应当被执行的行政行为的紧迫性决定执行期间的长短，对于紧急案件，倘若行政机关不在规定期限内履行即将面临高额的处罚，且该处罚可反复设置。相比较而言，域外国家（地区）此种执行措施较之我国单纯以日处罚款的方式更为科学、合理、有效，实现了社会公共利益与私人利益之间的平衡。此外，以上国家和地区对于被告行政机关不履行生效判决，在程序规则上采取的维护和保障行政机关声誉的方法值得我们借鉴和学习。在施行强制措施时，给予行政机关一定的执行期限，或者在强制执行前发送通知督促其先予履行。此种举措均是针对行政机关作为公法人的特殊职责设定的。在执行程序中预先以通知或设定期限的方式督促行政机关先予自动履行，可以避免因强制执行所带来的负面社会影响，维护其良好的声誉，更有利于社会公共管理与社会公共利益的实现。虽然我国《行政诉讼法》在处理当事人拒不履行生效裁判文书时采取了不同的执行措施，未切实保障当事人法律地位平等，但这并不意味着对被告行政机关的强制执行也可依照《民事诉讼法》所规定的所有强制执行措施。例如，限制出境以及记录征信系统的方式即不合适。以上两种方式均是间接执行措施，并不针对执行标的而是对债务人施以精神上的压力迫使其主动履行。“但这些间接执行措施无疑会影响行政机关公共管理能力，或阻碍其及时顺畅地履行公共管理职能，最终致使社会公益受损。作为社会公共秩序管理者的公法人如若遭遇间接强制执行措施的适用，必然导致其公共管理能力的下降，有碍社会公益的实现。”① 故而，不宜对行政机关公法人采取在征信系统记录和限制出境的方式。

---

① 唐力：《论对“公法人”民事强制执行的限度》，载《法律科学》（西北政法大学学报）2020 年第 1 期。

综上所述，可从以下几点着手解决我国行政判决执行难的问题。首先，在设置较高强制执行的处罚金额的同时，以应当作出的行政行为的难易程度、案件紧急程度为主要考量因素设置行政机关的履行期限。其中，处罚金额的核定以当地经济发展水平为主要参考依据设置。如此一来，加大对被告行政机关拒不履行生效裁判文书的罚款惩处力度，既可维护原告合法权益，又可保障社会公共利益的实现。其次，科以一定金钱制裁的执行措施必须考虑到作为债务人行政机关的特殊属性。行政机关的经费均源于国库，该经费是以实现社会管理与公益为目的。“在公法人既无为履行特定给付义务之预算资金，也无可供执行之非公共财产的情况下，公法人债务的履行只能通过临时性调整预算或在下一财政年度制定预算来加以解决。”[①] 再次，程序规则上给予行政机关一定的尊重。在执行强制措施以前，宜以通知的形式督促行政机关自觉履行生效裁判文书确定的义务，维护其良好的声誉。最后，对行政机关实施强制措施不宜使用拘留行政机关负责人的方式。就目前立法所规定对行政机关直接负责的主管人员和其他直接责任人员予以拘留的措施属于责任主体认识错误，并且此种举措对于行政机关的名誉有极大的消极影响，不利于维护其良好的社会形象，从而无法有效推行公务。当然，执行难问题的根本性解决有赖于行政机关执法水平和法治意识的提升。因此，除了前述制度层面上的改进措施，还须从深化司法改革中司法机关与行政机关关系的纠偏上，使司法机关逐渐摆脱行政机关的不当影响。同时加强对行政机关执法人员的法治教育培训，提高其依法行政的意识。

---

① 唐力：《论对“公法人”民事强制执行的限度》，载《法律科学》（西北政法大学学报）2020 年第 1 期。

本章小结

法院审理课予义务诉讼案件，针对课予义务诉讼标的展开，亦即被告拒绝或单纯不作为行为违法并侵害原告合法权益。具体而言，包括以下六个方面：一是原告请求权基础是否存在。原告必须就其是否享有要求被告作出一定或特定行政行为的请求权进行举证，这是原告获得胜诉的关键。二是被告是否不履行法定职责。行政机关单纯不作为在实务操作中较容易判断。从时间经过角度来看，但凡被告超出法定期限或法律虽未规定具体期限，但明显超出合理期限的也将被判定为行政不作为。在拒绝申请类案件中则需要通过行政程序过程视角以及内容和结果视角观察。三是被告是否负有法定职责的义务。该事项的判断与原告请求权有无的判断属于一体两面的问题。被告不履行法定职责违法的前提是被告负有履行该职责的义务，原告有要求被告作出该行为的请求权，否则将不被认定为违法行为，自然也就没有侵害原告合法权益的可能。行政机关不履行法定职责建立在义务来源法定理论基础上，但并非全部源于立法，还应包括行政职责以及行政先行行为。四是被告不履行有无正当理由。有时候被告未履行其应当履行的法定职责，在特殊情况下也不必然导致违法的后果，如没有条件履行职责或者履行职责存在阻碍，导致被告无法履行。该要件用以判断行政不作为的违法性，因被告有职责却无现实作为的可能，不履行职责行为不能判定为违法。五是被告是否超出履行期限。这一事项的判断主要出现在相对人起诉被告对于申请毫无反应的情况。法院审查被告是否未作为，还须进一步审查被告履行期限是否到期。被告具有履行义务，且规定有履行期限，需要审查被告是否超出履行期限。如若尚在履行期内，被告仍有自由裁量的余地，不能判定为不作为。如若没有规定具体履行期限的，在具体案件中可结合期待行政机关作出保护的权利受损害的紧急程度和一般必要时间作为衡量标准，这一点须结合个案进行审查。六是当事人提出申请是否符合要求，这一事项仅在申请型课予义务诉讼中才存在。如若行政机关履行职责不以当事人的申请为前提，而依法应依职权主动履行职责的，因无提交申请的必要，也自然不必对当事人是否提交申请进行审查。

法院围绕上述内容完成本案的实质审理以后，法院将进入裁判阶段，此时涉及裁判基准时的问题。行政诉讼一般存在处分时说与判决时说两种对峙观点，以行政机关作出行为时和以言词辩论结束时作为裁判的基准时，两种学说各有侧重，并无孰是孰非的问题。在撤销诉讼中宜以处分时为判断基准时，而在课予义务诉讼中，法院判决之时刻确认原告是否仍有给付请求权的存在，故以言词辩论终结时，即判决时的事实及法律状态为准。由于提起拒绝申请型课予义务诉讼时合并提起撤销诉讼为宜，此时涉及两种不同诉讼类型的判断基准时。根据修正的判决时说，行政行为作出时合法，但嗣后因情势变更违法的，行政行为在判决时不应被继续维持，故自违法时点往后丧失效力。

课予义务诉讼有四种判决类型：第一，当原告请求权成立，被告拒绝履行或不予答复违法，且裁判时机成熟，法院作出判决所具备的事实和法律要件齐备则应当作出判令被告作成原告要求的法定职责，即课予义务判决。第二，案件尚需被告调查或裁量的，则说明裁判时机不成熟，法院应该审慎恪守司法权的边界，不得代替行政机关作出调查或决定。但《行诉解释》第 91 条规定责令被告对原告的请求重新处理的判决不甚妥当。在判决既判力效力范围不明确的当下，仅作成重新处理的判决将会导致循环诉讼。对此应借鉴德国和我国台湾地区做法，责令被告按照法院判决理由或见解重新作出行政行为，即命为决定判决。第三，在诉讼过程中，被告改变其行政行为或者判令被告履行原告所要求的法定职责已然无意义时，原告可改变其诉请，请求法院确认被告原行政行为违法，即确认违法判决。第四，该判决的意义在于可提供原告向被告提起行政赔偿之依据。当法院审查认为原告请求权不存在时，法院应判决驳回原告的诉讼请求，即驳回诉讼请求判决。

法院经过审理对课予义务诉讼作出相应判决，该判决必然产生相应的法律效果，即判决效力。根据民事判决效力之基础理论，行政判决亦产生形式效力与实质效力两大类。形式效力方面应当包括对法院和当事人双方均产生约束的确定力，法院不可随意撤销或变更已作出的判决，当事人不可就生效判决再行争辩。在实质效力方面应当包括既判力、执行力、撤销判决之效力（包括形成力、对世效力、拘束力）。撤销判决效力之拘束力乃是针对被告原行政行为被撤销后重新作出行政行为。根据课予义务之特殊性，结合行政判决效力的一般属性，课予义务诉讼判决将产生确定力、既判力和执行力三大效力。原则上来说，既判力的客观范围仅限于判决主文，但有时须结合判决理由部分综合判断。既判力的主观范围则限于本案当事人，不及于另案当事人或第三人。既判力的时间范围以当事人言词辩论终结时为基准。

行政诉讼案件中执行难的问题主要集中在被告行政机关败诉后却不按期履行法院生效法律文书确定的法律义务。在我国目前政治结构下，司法权处在难以与行政权抗衡的弱势地位，司法机关往往对恶意不履行判决的强势被告束手无策，又无法替代被告作出原告所要求的行政行为。“执行难”的原因一方面来自强制执行措施的设置不尽科学；另一方面来自行政机关“官本位”思想浓重，法律意识淡薄。司法权按照现行体制，由本地行政部门管理。人事、财政都由同级政府部门掌管，导致法院不仅无法有效制约行政机关滥用权力反而受其不当干预。结合域外国家（地区）考察来看，强制执行措施通常是罚款和通过上级行政机关的敦促，其中罚款的同时设置履行期限是其主要形式，罚款额度较高，且可反复适用，该措施可供我国借鉴。但是，罚款的额度必须以该机关年度预算中为履行特定给付义务之预算资金以及可供执行之非公共财产为限。此外，考虑到行政机关作为公法人的特殊属性，应以公共利益优先为原则，在实施强制执行手段前应通知行政机关及时履行生效法律文书所确定的义务，对行政机关保持一定的程序规则上的礼遇，避免强制执行带来的负面社会影响，维护其良好的声誉，更有利于社会公共管理与社会公共利益的实现。但是，“执行难”问题最终解决或缓解有赖于行政机关法治意识和权利保护意识的提升。

第五章　课予义务诉讼之引入

经过行政诉讼立法的修订以及司法解释的强化，行政履行判决不断朝着课予义务诉讼方向发展，履行判决一般被认为是课予义务诉讼在我国的萌芽。然则，学界虽多有呼吁和倡导，但我国行政诉讼目前仍未明文建立诉讼类型制度，因此，履行判决无法等同于课予义务诉讼。履行判决在规则设计与实际运行中尚存不同程度的疏漏。究其原因，一方面在于履行判决制度下所蕴含的基础理论研究尚不够深入，司法运行中容易出现错误运用的情形。尤其是在行政权与司法权的关系尚未被理顺的背景下，影响法院判决作出的限度，司法权显得过于谦抑。另一方面则在于该类案件在撤销一体主义的影响下，并未立足于自身的特殊性发展出具有独立价值的规则设计，如起诉要件、审理制度、裁判制度等。从诉讼类型角度出发，在既有履行之诉基础上，有必要以域外课予义务诉讼为蓝本，依循诉讼类型建构的方向完善相关制度。

第一节　我国行政履行判决概述

欲引入课予义务诉讼制度，则必须从与其密切联系的行政履行判决着手进行综合考察，该判决是我国行政诉讼制度建立之初即已存在的判决类型。随着立法和司法解释的不断完善和强化，履行判决朝着正确的方向逐步发展。

一、行政履行判决的内涵

当行政机关不履行法定职责违法时，法院即可运用履行判决判令被告行政机关在一定期限内履行。履行判决之独特性在于，系以未为作出的行政行为（在我国还包括部分事实行为）给付为要旨，是一种典型的给付判决类型。

（一）履行判决的含义

行政机关的法定职责不仅表现为对违法行为的惩处，也表现为对民众需求的应答。行政机关不履行法定职责既是对法律的违背，也是对相对人合法权益的侵害，因此法院可依照履行判决的规定，要求被告履行其法定职责。现行《行政诉讼法》第72条对履行判决作出了定义式的规定："人民法院经过审理，查明被告不履行法定职责的，判决被告在一定期限内履行。""履行判决是指人民法院经过对行政案件的审理作出的责令被告履行其法定职责和义务，作出一定的行政行为或者给付义务的判决。"① 原《适用解释》第22条对履行判决予以了进一步强化，更加有利于司法实践的操作，"原告请求被告履行法定职责的理由成立，被告违法拒绝履行或者无正当理由逾期不予答复的，人民法院可以根据行政诉讼法第七十二条的规定，判决被告在一定期限内依法履行原告请求的法定职责；尚需被告调查或者裁量的，应当判决被告针对原告的请求重新作出处理"。2018年2月，最高人民法院颁布《行诉解释》，《适用解释》第22条被《行诉解释》第91条全面承袭。

① 林莉红：《行政诉讼法学》（第4版），武汉大学出版社2015年版，第188页。

（二）履行判决的适用范围

根据我国现行《行政诉讼法》第 12 条受案范围的规定，履行判决可适用于以下几种情形：第一，第 12 条第 3 项规定的行政许可案件。行政机关拒绝或者在法定期限内不予答复，或者对行政机关作出的有关行政许可的其他决定不服的；第二，第 12 条第 6 项规定的申请行政机关保护人身权、财产权案件，行政机关拒绝履行或不予答复的；第三，第 12 条第 11 项规定的要求行政机关依法履行、按照约定履行政府特许经营协议、土地房屋征收补偿协议等协议案件。

由此看出，履行判决既涉及秩序行政领域，也涉及给付行政领域和确认领域。秩序行政领域，如申请行政许可，公民欲修建房屋须获得建筑许可，欲经营娱乐场所须向主管部门申请获得营业许可。根据“附带许可保留的禁止”，法规对公民权利的行使，首先预设一般性的禁止规定，对于符合条件的公民基于其自身的申请而作出个别的解除禁止。在现代社会，公民想要有所决定，应先达到禁止解除的条件，获得行政机关的许可以后方可施行。一旦行政许可的申请被拒绝或者不作为，则须借助履行判决，恢复其行为自由。给付行政领域是指公民为了获得生存的基本物质经济基础，需要向行政机关申请给付，要求行政机关作出一定给付的行政行为。例如，要求人力资源和社会保障机关给付其退休待遇。确认证明领域，如孤儿请求民政部门为其出具出生证明和户籍证明；学生要求学校为其保留学籍，发放毕业证书和学位证书。或者请求行政机关对他人作出负担行政行为。再如，认为邻居的建筑损害了自身的通风、采光等相邻权，请求行政机关予以处理。

（三）履行判决的限度

根据《行政诉讼法》第 72 条的规定，行政机关不履行法定职责的，法院可判决被告在一定期限内履行。至于如何履行，具体在什么时间内履行，立法并未作出进一步指引。此种仅要求被告履行职责，而不问其履行职责的方式与内容的裁判方式通常称为程序性裁判或原则判决。《行诉解释》第91条在立法基础上对履行判决的限度作出了细化规定：在条件允许的情况下，法院不仅可以判决被告在一定期限内履行原告请求的法定职责，还可具体指定被告履行职责的方式与内容。此种判决方式可称为实体性裁判或具体判决。

履行判决在我国行政诉讼立法上一直存在诸多争议，焦点之一在于何为“不履行法定职责”，“不履行”是否包含拒绝履行。焦点之二在于，法院可否作出实体性裁判。如若可以，又当如何作出实体性裁判。前者涉及对不作为以及不履行的理解，后者则涉及司法权与行政权的界限问题。上述两大焦点问题随着立法和司法解释的变迁而有所改变。

二、行政履行判决的立法变迁

履行判决规定在1990年《行政诉讼法》第54条第3项中，是我国行政诉讼初期即已建立的数种判决类型之一。2014年修法时，履行判决作为第72条被单独设置，同时立法将条文中“拖延履行”的表述删除。2015年《适用解释》第22条针对履行判决予以了强化。2018年2月，最高人民法院发布《行诉解释》，对于该解释，江必新副院长在新闻发布会上表示：“《行诉解释》依据新法规定，作了许多针对性的规定。主要是……丰富行政裁判方式，强化课予义务判决、给付判决的运用，通过具体判决的方式确保诉判一致。”[①] 但该解释第91条并未对履行判决作出新的调整，而是承袭了《适用解释》第22条的规定。

① 《最高人民法院关于适用〈中华人民共和国行政诉讼法〉的解释新闻发布会》，载最高人民法院新闻网：http：//www.court.gov.cn/zixun-xiangqing-80332.html，最后访问日期：2018年2月7日。

（一）1990 年《行政诉讼法》实施阶段

行政诉讼制度建立之初，履行判决即告存在。1990 年《行政诉讼法》第 54 条第 3 项①的规定是法院作出履行法定职责判决的基础规范，也是我国行政履行判决最初之形态。2000 年《若干解释》第 60 条第 2 款②与第 57 条第 2 款第 1 项③进一步对履行判决进行补充，与立法第 54 条第 3 项共同构成了我国行政履行判决的初级结构。

1. 实物与金钱之给付

结合 1990 年《行政诉讼法》受案范围第 11 条第 6 项④之规定，虽然仅指明了抚恤金这一种形式，但实质上也能包含社会保险金、赔偿金在内的其他类似金钱的给付。按照当年我国行政判决类型的设计，金钱和实物的给付似乎也只能从履行判决中实现。对此，有学者认为，我国行政诉讼类型研究滞后，并没有给付诉讼以及给付判决形式，应当修改立法予以法定化。⑤ 也有学者认为，我国履行判决类似于课予义务判决，给付类判决应当包括一般给付判决、课予义务判决、禁令判决。⑥

2. 不履行与拖延履行

（1）不履行。关于不履行的界定，有一种观点认为："所谓不履行，

---

① 1990 年《行政诉讼法》第 54 条第 3 项规定："被告不履行或者拖延履行法定职责的，判决其在一定期限内履行。"

② 2000 年《若干解释》第 60 条第 2 款规定："人民法院判决被告履行法定职责，应当指定履行的期限，因情况特殊难于确定期限的除外。"

③ 2000 年《若干解释》第 57 条第 2 款第 1 项规定："被告不履行法定职责，但判决责令其履行法定职责已无实际意义的"。

④ 1990 年《行政诉讼法》第 11 条第 6 项规定："认为行政机关没有依法发给抚恤金的。"

⑤ 参见吴红宇、肖帮华：《试析给付判决应当成为我国行政判决种类》，载《行政法学研究》2009 年第 4 期。

⑥ 参见梁凤云：《行政诉讼判决研究》，中国政法大学研究生院 2006 年博士学位论文，第 89 页。

又称拒绝履行，即行政机关以默示的或明示的方式，否定合法申请人的申请。”[①] 但该理解或与受案范围中“不予答复”矛盾。如果“不予答复”存在于1990年《行政诉讼法》第54条第3项中，那么“不履行”包括“不予答复”，二者是包含与被包含的关系。但受案范围中却将“不予答复”与“拒绝履行”并立，表示二者之并列关系。那么，如果“不履行”又称作“拒绝履行”，将会导致“拒绝履行”与“不履行”之间到底是并列还是包容关系无法作出合理解释。倘若“不予答复”不存在于第54条第3项中，那么其又当适用何种判决予以救济呢？另外，如果将“拒绝履行”适用于履行判决，法院判令被告履行法定职责的，被诉的拒绝行为在没有被依法撤销之前，其存续力的问题如何解决？基于法律规定内部的周延，有学者认为：“拒绝相对人申请的作为的行政行为，应适用撤销拒绝行为的判决，并可判决行政机关重新作出具体行政行为。”[②] 这一观点较好地规避了行政诉讼法体系内规范之间冲突的矛盾，并且解决了拒绝行为存续力的问题。《许可规定》第11条规定，[③] 相对人不服“不予许可决定”的可诉请法院撤销该决定，此时“不予许可决定”被视作一个行政作为。同法第12条规定，[④] 相对人不服“拒绝原告审阅”的，法院可判决被告准予查阅，此时“拒绝原告审阅”被视作行政不作为。此种区分方式遵从了“程序主义路径”，将拒绝申请视作行政作为，从而适用于撤销重作判决。不过，仍令人困惑的是，“不予许可决定”与“拒绝原告审阅”均系对相对人申请的拒绝，为何被视作行政不作为适用于履行判决？“不予许可决

---

① 姜明安主编：《行政法与行政诉讼法》（第3版），北京大学出版社2007年版，第597页。

② 林莉红：《行政诉讼法学》（修订版），武汉大学出版社2001年版，第204~205页。

③ 《许可规定》第11条规定：“人民法院审理不予行政许可决定案件，认为原告请求准予许可的理由成立，且被告没有裁量余地的，可以在判决理由写明，并判决撤销不予许可决定，责令被告重新作出决定。”

④ 《许可规定》第12条规定：“被告无正当理由拒绝原告审阅行政许可决定及有关档案材料或者监督检查记录的，人民法院可以判决被告在法定或者合理期限内准予原告查阅。”

定”和“拒绝原告审阅”的不同之处在于，相对人不服提起行政诉讼时前者要求的是一种行政法律行为，后者要求的是一种行政事实行为，但行政法律行为与行政事实行为并非区分撤销判决与履行判决的标准。此种差异在一定程度上反映出我国学界和实务界对于“不履行”在理解上存在根本性差异。

最高人民法院于2004年1月14日发布了《关于规范行政案件案由的通知》，该通知将行政案件的案由分为作为类案件、不作为类案件、行政赔偿类案件。“不作为案件以‘诉’‘行政主体’‘不履行特定行政职责和义务’三大要素共同构成案由。”[①] 而根据现行《行政诉讼法》第12条第6项，[②] 当事人不服行政机关拒绝履行行为提起行政诉讼时，并不具体区分不作为或拒绝作为。在司法实践中，根据诉判相一致的理论，法院通常按照当事人的诉讼请求划分种类。如若原告诉请撤销行政机关作出的拒绝履行决定，则以撤销重作判决思路予以救济；如若原告诉请行政机关履行其某项职责，则以履行判决予以救济。也就是说，同样是行政机关拒绝相对人申请的行为，根据当事人起诉时的事由不同，法院将采取不同的判决形式进行救济。

对“不履行”的解释，如若将“拒绝履行”囊括在内，谋求更为经济、实效地对当事人的合法权益予以救济，则忽视了此解释在《行政诉讼法》规范体系上的一致性。持相反观念的学者则更加注重法解释规范的逻辑自洽，故而将“拒绝履行”划出履行判决之外。可是，倘若法院采取撤销重作判决对当事人起诉行政机关的“拒绝履行”行为进行救济，因撤销重作判决的局限性和既判力范围的不明确，无法为相对人提供完整、经

---

① 宋智敏：《论行政拒绝履行行为的司法审查——以42份行政拒绝履行案件判决书为分析样本》，载《法学评论》2017年第5期。

② 《行政诉讼法》第12条第6项规定：“申请行政机关履行保护人身权、财产权等合法权益的法定职责，行政机关拒绝履行或者不予答复的。”

济、实效的救济。总之，无论将“拒绝履行”从理论自洽的角度定位为行政行为从而适用撤销重作判决，抑或从救济的彻底性角度将其适用于履行判决，均存在难以避免的理论或实践问题。

（2）拖延履行。拖延履行，即行政机关既没有承认也没有否认当事人之申请，而使申请在法律上一直处于不确定的状态。有学者认为：“拖延履行，是指行政机关在合理的时间内不履行其行政法上的义务，不对相对人的申请作出明确的答复。”① 此处的“合理的时间”解释为当法律没有明文规定行政机关履行职责的法定期限时，以一个合理的时间对其予以约束。有学者认为：“拖延履行是指行政机关对于法律、法规未明确规定履行职责的有关事项故意拖延办理，或者对于某些紧急事项不及时办理（虽未超过法定期限）。”② 亦有学者认为，以上两种看法均有失妥当，第一种观点没有考量在法定期限内可能拖延履行的问题，第二种观点会增加原告的证明责任，加大法院的审查难度。因此，“拖延履行是指行政机关在法定期限或者合理期限内不作出可以终结行政程序的行政行为之状态”。③

3. 判决的限度

履行判决如何作出，涉及行政权与司法权的边界问题。这一理论问题由来已久，可追溯到日本行政首次判断权理论，再由该理论阐发出司法权界限理论。以日本学者田中二郎为代表，他认为：“司法权的功能是通过以法律上的争诉作为前提的‘裁判’的形式而进行的矫正、控制的功能，而不允许法院在此之外对立法、行政机关进行积极的干预和控制。”④ 以此理念为出发点否定了实体裁判。因此，行政诉讼中撤销判决和履行判决一

---

① 罗豪才主编：《中国司法审查制度》，北京大学出版社 1993 年版，第 179 页。

② 罗豪才、应松年主编：《行政诉讼法学》，中国政法大学出版社 1990 年版，第 252 页。

③ 章剑生：《行政诉讼履行法定职责判决论——基于〈行政诉讼法〉第 54 条第 3 项规定之展开》，载《中国法学》2011 年第 1 期。

④ 江利红：《论日本的课予义务诉讼》，载《云南大学学报》（法学版）2012 年第 6 期。

般仅能作出程序性裁判，既不能代替也不可命令行政机关作成某一特殊内容的行政行为的判决。

合法性审查是我国《行政诉讼法》确立的基本原则之一。时任全国人大常委会副委员长王汉斌在《行政诉讼法（草案）》说明中曾指出："行政机关在法律、法规规定范围内作出的具体行政行为是否妥当，原则上应由行政复议处理，人民法院不能代替行政机关作出决定。"① 最高人民法院行政审判庭庭长王秀红也曾指出："在司法审查中应注意司法审查的强度，不能代替行政权，更不能越俎代庖，以司法权代替行政权。"② 在此理念的指导下，《行政诉讼法》第 54 条第 3 项并未蕴含实体性裁判之旨趣。学界也有与之类似的观点："我们认为，这涉及行政机关与司法机关权力划分问题……对于行政机关拒绝相对人请求的，法院认定拒绝违法，则可撤销行政机关的决定，并判决被告重新作出行政行为。由于行政机关不能根据同一事实和理由作出同一决定，因此，行政机关认定事实上将会作出满足相对人请求的决定。所以，不必由法院代替行政机关在判决中作出决定。"③ "行政不作为违法与行政作为违法在性质上有很大的不同。不作为违法是指负有法定的作为义务的行政主体未作为的行为，而并不涉及如何作为的实体问题……法院审查时只要行政主体在程序（方式）上有不作为之情形，即不必再去审查相对人的实体问题，就可判决行政主体不作为违法，判决行政主体在一定期限内必须作出行为。"④

虽然程序性裁判是主流，但与此同时，亦不乏倾向于实体性裁判的学

① 王汉斌：《关于〈中华人民共和国行政诉讼法（草案）〉的说明——1989 年 3 月 28 日在第七届全国人民代表大会第二次会议上》，载《最高人民法院公报》1989 年第 2 期。

② 王秀红：《在全国行政审判工作座谈会上的讲话》，载最高人民法院行政审判庭编：《行政执法与行政审判》（2003 年第 4 集），法律出版社 2004 年版，第 91 页。

③ 张步洪、王万华：《行政诉讼法律解释与判例述评》，中国法制出版社 2000 年版，第 433 页。

④ 李战良：《略论行政不作为违法的司法救济》，载《行政法学研究》1999 年第 4 期。

者。“行政诉讼救济的方式应在司法权与行政权保持恰当分立的基础上，与公民的权利能得到有效保护相适应。基于此……在履行判决中，若条件成熟，法院应可能详细确定被告所应履行义务的具体内容。”[①] 在司法实务中，法院也在某些个案中小心翼翼地拓展了司法审查的范围，在判决内容中对被告如何履行职责作出了指示。例如，公布在《最高人民法院公报》上的“彭某诉上海市工商局不履行法定职责纠纷案”[②] 即具有一定的指导意义。实体性裁判虽未成为主流，但至少反映出最高人民法院对待行政不作为适用履行判决的倾向性态度。无可否认，实体性裁判更能够带给原告经济、彻底的救济，但法院的司法权并不能为崇高的目的而脱逸法律的框架，在立法并未有实体性裁判设计以前，此种裁判方式不得不说有僭越法律之嫌。

（二）2017 年《行政诉讼法》实施阶段

1. 行政行为与金钱、实物相区分

《行政诉讼法》经过 2014 年的修订后，第 54 条第 3 项被分立出来，还在履行判决之外，新增了第 73 条一般给付判决。[③] 从第 72 条与第 73 条的条文内容可以看出，我国行政给付诉讼始以给付内容为区分，将金钱的给付适用于第 73 条一般给付判决；行政法律行为和行政事实行为的给付则适用于第 72 条履行判决。据此，在外观上，可以说，基本具备给付诉讼类型之萌芽。不过，“事实行为”应适用于履行判决还是给付判决却并不明确。

---

① 杨伟东：《履行判决变更判决分析》，载《政法论坛》（中国政法大学学报）2001 年第 3 期。

② 《彭某诉上海市工商局不履行法定职责纠纷案》，载《最高人民法院公报》2003 年第 5 期。法院的判决主文如下：“被告上海市工商行政管理局应于本判决生效之日起三个月内，履行对上海有线电视台戏剧频道 2000 年 8 月 16 日 20 时播出的专题报道节目是否构成违法医疗广告进行调查处理的法定职责，并将结果告知原告彭某。”

③ 2015 年《行政诉讼法》第 73 条规定：“人民法院经过审理，查明被告依法负有给付义务的，判决被告履行给付义务。”

在司法实践中，事实行为的给付如政府信息均以履行判决予以救济，这一点与域外课予义务诉讼仅适用于行政法律行为，行政事实行为适用一般给付诉讼的规定有较大不同。

2. 删除“拖延履行”

《行政诉讼法》修改以后，将旧法中“拖延履行”的表述删除，仅留下“不履行”。立法者认为，“在逻辑上讲，行政机关履行法定职责需要一定期限，超过期限仍未履行的，构成不履行法定职责，而不是拖延履行”。①

但现行法对“不履行”的范围依然未作出明确指示，因此对于不履行范围的争议延续到修法以后，不履行是否包括拒绝履行，拒绝履行究竟适用撤销重作判决抑或履行判决仍悬而未决。但法律出版社法规中心对此的理解是：“不履行包括拒绝履行和拖延履行两种情形。”② 最高人民法院副院长江必新也认为：“所谓不履行，指的是行政机关以默示的或明示的方式，否定合法申请人的申请。”③ 但如前所述，有关案由的规定，实务部门在审理行政机关不履行法定职责案件时，通常并不实际区分拒绝履行或不作为，以原告的诉讼请求确定案件审理的思路和裁判形式。拒绝履行到底是何属性，应该适用哪一种判决类型这一问题并未得到妥善处理，学理和实践中的做法割裂之态势持续。

3. 履行判决的限度

2017 年《行政诉讼法》虽针对履行判决进行了修改，但难说有实质性变化。在司法实务中，程序性裁判非常常见，仍代表着主流观点。例如，最高人民法院于 2015 年 1 月 15 日发布的“关于行政机关不作为十大案

---

① 江必新、邵长茂：《新行政诉讼法修改条文理解与适用》，中国法制出版社 2015 年版，第 270 页。

② 《中华人民共和国行政诉讼法》（注释本），法律出版社 2015 年版，第 79 页。

③ 江必新、邵长茂：《新行政诉讼法修改条文理解与适用》，中国法制出版社 2015 年版，第 270 页。

例”，均是以程序性裁判为裁判结果的案件类型，其案件类型主要涉及对行政机关是否全面履行法定职责如何认定的问题，法院的最终判决也多以要求被告履行法定职责为限。

也有学者持实质性裁判见解，“在今后的裁判中，法官应充分借鉴域外成功经验，在尊重行政机关自由裁量权、专业技术认定权、事实调查的首次判断权的基础上，作出具体履行判决，有利于‘案结事了’和对行政权的规制”。① 实务界也不乏实体性裁判的出现。例如，在“徐某诉海城市人力资源和社会保障局拒绝履行原告办理退休职责案”中，法院判决被告海城市人力资源和社会保障局在判决生效后60日内履行为原告徐某依法办理养老保险待遇行政行为。② 法院不仅要求被告在60日的规定期限内履行职责，还要求为原告办理养老保险待遇。虽然实体性裁判并未成为主流，但却迎合了纠纷实质性解决原则和“案结事了”的司法政策。最高人民法院于2014年12月25日发布的第38号指导性案例“田某诉北京科技大学拒绝颁发毕业证、学位证案”也有所体现。该案对于行政诉讼受案范围的影响更引人瞩目，高等学校因违反校规、校纪而拒绝颁发学位证书、学历证书的，受教育者可以向人民法院提起行政诉讼。原因在于，高等学校对受教育者进行学籍管理、奖励和处分的权力来自法律法规的规定，高校是代表国家行使职责，二者是教育行政管理关系，受教育者对于高等学校涉及受教育者基本权利的管理行为可以通过行政诉讼获得救济。不过在此就有关该案件对受案范围的影响因与论述主题不具有直接关联故而不过多赘述。

---

① 宋智敏：《论行政拒绝履行行为的司法审查——以42份行政拒绝履行案件判决书为分析样本》，载《法学评论》2017年第5期。

② 参见《徐某诉海城市人力资源和社会保障局》，载 open law 裁判文书网：http：//openlaw. cn/judgement/794bc56547ca42ea9539683a05845a35?keyword =，最后访问日期：2017 年 10 月 13 日。

该案基本案情如下：原告田某于1994年9月考取北京科技大学，取得本科生的学籍。1996年2月29日，田某在电磁学课程的补考过程中，随身携带写有电磁学公式的纸条。考试中，去上厕所时纸条掉出，被监考教师发现。监考教师虽未发现其有偷看纸条的行为，但还是按照考场纪律，当即停止了田某的考试。被告北京科技大学根据原国家教委关于严肃考场纪律的指示精神，于1994年制定了校发（94）第068号《关于严格考试管理的紧急通知》。该通知规定，凡考试作弊的学生一律按退学处理，取消学籍。被告据此于1996年3月5日认定田某的行为属作弊行为，并作出退学处理决定。同年4月10日，被告填发了学籍变动通知，但退学处理决定和变更学籍的通知未直接向田某宣布、送达，也未给田某办理退学手续，田某继续以该校大学生的身份参加正常学习及学校组织的活动。1996年9月，被告为田某补办了学生证，之后每学年均收取田某交纳的教育费，并为田某进行注册、发放大学生补助津贴，安排田某参加了大学生毕业实习设计，由其论文指导教师领取了学校发放的毕业设计结业费。田某还以该校大学生的名义参加考试，先后取得了大学英语四级、计算机应用水平测试BASIC语言成绩合格证书。被告对原告在该校的四年学习中成绩全部合格，通过毕业实习、毕业设计及论文答辩，获得优秀毕业论文及毕业总成绩为全班第九名的事实无争议。1998年6月，田某所在院系向被告报送田某所在班级授予学士学位表时，被告有关部门以田某已按退学处理、不具备北京科技大学学籍为由，拒绝为其颁发毕业证书，进而未向教育行政部门呈报田某的毕业派遣资格表。田某所在院系认为原告符合大学毕业和授予学士学位的条件，但由于当时原告因毕业问题正在与学校交涉，故暂时未在授予学位表中签字，待学籍问题解决后再签。被告因此未将原告列入授予学士学位资格的名单交该校学位评定委员会审核。因被告的部分教师为田某一事向原国家教委申诉，国家教委高校学生司于1998年5月18日致函被告，认为被告对田某违反考场纪律一事处理过重，建议复查。同年6月10日，被告复查后，仍然坚持原结论。田某认为自己符合大学毕业生的法定条件，北京科技大学拒绝给其颁发毕业证、学位证是违法的，遂向北京市海淀区人民法院提起行政诉讼。北京市海淀区人民法院经过审理后，于1999年2月14日作出（1998）海行初字第00142号行政判决：（1）北京科技大学在本判决生效之日起30日内向田某颁发大学本科毕业证书；（2）北京科技大学在本判决生效之日起60日内组织本校有关院、系及学位评定委员会对田某的学士学位资格进行审核；（3）北京科技大学于本判决生效后30日内履行向当地教育行政部门上报有关田某毕业派遣的有关手续的职责；（4）驳回田某的其他诉讼请求。北京科技大学提出上诉，北京市第一中级人民法院于1999年4月26日作出（1999）一中行终字第73号行政判决：驳回上诉，维持原判。①

这一案例对法院和行政机关之间的关系把握恰当，对司法实践具有切实的指导意义。首先，法院对本案事实作了深入调查，认为田某的学籍并未被取消。被告虽认定原告存在作弊行为，并作出退学处理，但既未依法向当事人送达处理决定，也未实际给原告办理注销学籍等手续，反而为原告补办了学生证及注册等行为。可以认定，被告作出的退学认定并未生效，当然也不产生拘束效力。既然原告学籍未被取消，被告就应当为其颁发毕业证书。因此判决第一项明确要求被告在判决生效之日起30日内为其颁发本科毕业证书。此时，案件事证明确，被告除了为原告颁发毕业证书并没有作出其他选择的余地。其次，根据学位条例的规定，颁发学位证牵涉毕业生的成绩等其他方面的审查鉴定，原告是否符合学位条例的规定，是否应当被授予学位有待被告进一步调查认定。换言之，此时案件涉及

---

① 参见《指导案例38号：田某诉北京科技大学拒绝颁发毕业证、学位证案》，载最高人民法院网：http：//www. court. gov. cn/shenpan-xiangqing－13222. html，最后访问日期：2017年10月30日。

被告的裁量权，事实尚未明确，法院不能直接指定被告的履行方式和内容。故而判决主文第2项判令被告在判决生效后60日内组织学位评定委员会对田某是否具备学位申请资格进行审核。虽然法院没有直接要求被告为原告颁发学位证，但在履行职责的期限上作出了60日的限制性规定。最后，根据《普通高等学校毕业生就业工作暂行规定》，既然田某学籍并未被取消，仍保留学籍，被告就有义务为田某将毕业资料上报所在地的教育部门，以供其审查和颁发毕业派遣证。此时案件事实明确，所引用的规定属于羁束性规定，因此判决被告有义务为原告办理派遣等手续。这一指导性案例从上述三个层次将案件层层剖析，细致入理，表明了最高人民法院对待履行判决实体性裁判的倾向性态度，也为后续司法解释的颁布作出铺垫。

（三）2015年《适用解释》实施阶段

2015年最高人民法院发布的《适用解释》第22条[①]对履行判决进一步强化，在一定程度上缓和了拒绝履行性质和裁判限度之争。《行诉解释》于2018年2月8日施行，全面覆盖了《若干解释》和《适用解释》，但该解释第91条对《适用解释》第22条有关履行判决的规定却并未作出任何调整。从《行诉解释》第91条的规定来看，履行判决有以下三大进步之处：

1. 明确引入拒绝履行行为

拒绝履行之争旷日持久，鉴于此，此次司法解释将该问题予以确定，代表了最高人民法院的倾向性态度。该解释明确将拒绝履行行为纳入不履

---

① 2015年《适用解释》第22条规定："原告请求被告履行法定职责的理由成立，被告违法拒绝履行或者无正当理由逾期不予答复的，人民法院可以根据行政诉讼法第七十二条的规定，判决被告在一定期限内依法履行原告请求的法定职责；尚需被告调查或者裁量的，应当判决被告针对原告的请求重新作出处理。"

行职责范畴。一方面，《行政诉讼法》第72条不履行包括了“拒绝履行”与“不予答复”两种形式，此种表述方法也与《行政诉讼法》第12条受案范围之申请行政许可时行政机关拒绝或不予答复，申请保护人身权、财产权等合法权益拒绝履行或不予答复保持了一致，从而保证了《行政诉讼法》规范内的一致性。另一方面，缓和了拒绝履行行为在司法实践中的割裂状态，减少同案不同判现象，起到了统一司法行为的作用。

2. 允许作出实体性裁判

基于权力分立原则，履行判决是否可以作出实体性裁判一直是履行判决的另一争议焦点，《行诉解释》对此亦给予了回应，“人民法院可以根据行政诉讼法第七十二条的规定，判决被告在一定期限内依法履行原告请求的法定职责”，司法解释相较于立法的进步之处在于，赋予了法院在条件成熟的情况下，可判决被告作出原告请求的法定职责的权力。实质性裁判的允许代表着法院对原告请求的直接肯定，而不仅仅是以判令被告履行法定职责这样的程序性裁判为限。就这一层面而言，我国履行判决与课予义务判决具有真正意义上的同义性。履行判决在司法实践中将更具备救济之彻底性、实效性与经济性，更加契合《行政诉讼法》实质性解决争议的立法目的，有利于法院在行政机关履行法定职责案件中能动地发挥司法权应有之功能。

3. 作出实体性裁判的限制

虽然实体性裁判获得允许，但不代表毫无限制。《行诉解释》第91条同时规定了实体性判决的限制性条件，“尚需被告调查或者裁量的，应当判决被告针对原告的请求重新作出处理”。实体性裁判的限制条件根据司法解释的规定包括尚待被告调查以及被告仍有裁量余地。此一限制性规定暗含了首次判断权理论之内涵。“根据首次判断权理论，法院在司法审查的过程中，应尊重行政机关对行政事务作出优先判断及处理的权力；对行政机关职权范围内的事项，法院一般只能在行政机关首次判断之后，才能进行审判。”① 换言之，当行政机关尚有调查和裁量空间时，说明裁判时机并不成熟，不可作出实体性判决。首次判断权理论在日本从否定实体性裁判转变为对实体性裁判的限制，经历了数十年的演变。但我国理论界对首次判断权的研究较为少见，在立法规范上，也未有明确首次判断权的立法条文。该术语首先出现在官方文件上是在最高人民法院于 2013 年发布“信息公开”十大案例中，两次使用了“尊重”“行政机关首次判断权”的明确表述。嗣后，在中国裁判文书网上，陆续出现少量以该表述作为判决理由的判决书。虽然《行诉解释》第 91 条并未有该理论的表述，却蕴含了该理论之旨趣，体现了我国行政诉讼履行判决的进步之处。不仅认识到了司法权的能动性，也认识到了司法权的局限性，较好地把握了履行法定职责案件中司法机关和行政机关的关系。不过，首次判断权理论进入我国学者们的视野不久，理论发展并不十分完整与成熟，实务界对该概念也较为陌生，是否能够正确理解并适用该理论尚有疑问。

不过在司法实践中，已有运用裁判时机成熟理论作出裁判的案例出现。如“晏某诉安阳市文峰区人民政府信息公开案”中，最高人民法院认为：“履行法定职责之诉的诉讼目的，就是要求人民法院判令行政机关作出特定行政行为。因此，在裁判时机成熟的情况下，人民法院应当直接判决行政机关作出原告所申请的行政行为。所谓裁判时机成熟，意味着作出这样一个具体的、全面满足原告诉讼请求的判决所依赖的所有事实和法律上的前提都已具备。如果‘案件事证尚未臻明确’，或者‘尚需被告调查或者裁量’，就属于裁判时机不成熟。”②

从我国行政履行判决立法变迁的脉络可以看出，履行判决随着立法和司法解释的发展逐步趋于完善。在建立行政诉讼制度之初，由于社会经济

---

① 黄先雄：《行政首次判断权理论及其适用》，载《行政法学研究》2017 年第 5 期。

② 最高人民法院（2018）最高法行申 543 号行政裁定书。

关系较为简单，行政行为多以行政处罚、行政强制措施等干预形式出现，对履行判决的规定较为简陋和粗疏。随着我国从计划经济向市场经济转型的过程中民众大量需求的出现和社会管理秩序的需要，“最少干预的政府即为最好的政府”已转变成“最多给付的政府即为最好的政府”，对于行政机关不作为的研究逐渐引起了学者们的注意。但是，对于行政不作为表现形式和分类的理解差异，导致行政机关拒绝履行行为一直悬而未决。该争议在学界难以达成一致观点，司法实践也同样因此产生困扰。在司法实务中并不严格区分行政作为与行政不作为，法院作出何种判决以原告的诉讼请求为准。倘若原告诉请撤销行政拒绝履行行为，法院则以撤销重作判决予以回应；倘若原告诉请要求被告履行法定职责，法院则以履行判决予以回应。此种由原告诉请决定判决类型的被动做法造成了拒绝履行行为在司法裁判中的不一致。另外，基于行政权和司法权的分立以及司法权谦抑理论，实务界和学界起初均不承认实体性裁判。但在司法实践中，却仍有少数案例有意或者无意地添加一些具体的指示，对被告行政机关作出实体性指引。正如有学者所说：“行政诉讼救济的方式应在司法权与行政权保持恰当分立的基础上，与公民的权利能得到有效保护相适应。”① 在立法未肯定实体性裁判合法性的前提下，法院审理行政机关不履行法定职责案件时，已出现了在判决主文中增加对被告履行法定职责内容和方式上的明确指定的案例，尤其以最高人民法院发布的第 38 号指导性案例“田某诉北京科技大学拒绝颁发学位证书、毕业证书案”为表征，代表了司法实务部门对待实体判决的倾向性态度。职是之故，最高人民法院发布的《行诉解释》第 91 条将拒绝履行行为纳入履行判决中，并且将实体性裁判予以确认。可以说，在把握司法权和行政权恰当的界限上，司法解释给予了原告更为实效、彻底的保护。

---

① 杨伟东：《履行判决变更判决分析》，载《政法论坛》2001 年第 3 期。

第二节　我国行政履行判决评析

我国行政履行判决之适用对象与作出限度的难题，在司法实务和理论争鸣的共同推动下，随着立法的变迁而逐步趋向完善。但同时也带来了新的问题，这些问题或源于立法的不严谨，或源于司法运行的障碍，或源于制度的粗疏。

一、行政履行判决的疏漏

从现阶段行政履行判决的文本规定来看，虽有进步之处，但仍有些许疏漏，影响履行判决发挥应有之功能。

（一）适用范围不清

司法解释以明文形式将“拒绝履行”纳入履行判决的适用对象中，但笔者在中国裁判文书网搜索发现，该解释发布施行以后，仍然有一些法院对于拒绝履行行为适用撤销重作判决。例如，“张某诉临淄市国土资源局临淄分局拒绝履行信息公开义务案”中，法院依据《行政诉讼法》第70条判决撤销被告作出的《政府信息公开告知书》，并责令其对原告的申请重新作出行政行为。① 又如“佛山市南海区裕荣工业气体经营部诉佛山市南海区人力资源和社会保障局劳动行政处理案”中，法院撤销被告作出的工伤认定结果，责令其在法定期限内重新作出工伤认定行为。② 还有“傅某诉叙永县社会保险事业管理局不履行法定职责案”，法院判决撤销被告

---

① 参见淄博市临淄区人民法院（2017）鲁0305行初10号判决书。

② 参见广东省佛山市中级人民法院（2015）佛中法行终字第880号判决书。

针对原告申请作出的回复，责令其重新作出行政行为。[①] 在司法解释明文确定将行政机关拒绝履行纳入履行判决适用对象之后，仍然出现以撤销重作判决予以救济的情形，究其缘由，本书认为大致有以下四点原因：第一，《许可规定》第 11 条和《信息公开规定》第 9 条均是以撤销重作判决应对行政机关不予许可和不予公开的拒绝履行行为。[②] 虽然 2015 年《若干解释》第 27 条规定，“以前发布的司法解释与本解释不一致的，以本解释为准”，但《许可规定》和《信息公开规定》有关条文不作改变，仍无法避免沿用旧制的状况出现。第二，司法解释对拒绝履行的定位并未平息“拒绝履行”行为的性质争议，分歧意见依然存在。以“程序主义路径”对拒绝履行予以界定，很难将“拒绝履行”纳入“不履行”范畴。第三，根据《关于规范行政案件案由的通知》，法院并不区分拒绝履行或不作为，一般以当事人的诉讼请求确定案由。为了保证诉判一致，原告若起诉申请撤销拒绝履行的行政行为，法院通常只能以撤销判决予以回应。第四，《若干解释》第 22 条规定，违法拒绝履行可以适用《行政诉讼法》第 72 条履行判决的规定，此处的“可以”是一种模棱两可的柔性规则，其不确定性对拒绝履行的适用判决也产生一定的消极影响。

虽然司法解释将拒绝履行行为纳入了履行判决之中，但对“拒绝履行”及“不履行”之间的关系仍待梳理。对被告“不履行”法定职责的理解，重点在于何为“不履行”，是仅指消极不作为？还是包括积极的拒绝履行行为？遵从程序主义路径的学者认为：“只要行政主体作出了一系

---

① 参见四川省叙永县人民法院（2016）川 0524 行初 9 号判决书。

② 《许可规定》第 11 条规定：“人民法院审理不予许可决定案件，认为原告请求准予许可的理由成立，且被告没有裁量余地的，可以在判决理由写明，并判决撤销不予许可决定，责令被告重新作出决定。”《信息公开规定》第 9 条：“被告对依法应当公开的政府信息拒绝或者部分拒绝公开的，人民法院应当撤销或者部分撤销被诉不予公开决定，并判决被告在一定期限内公开。尚需被告调查、裁量的，判决其在一定期限内重新答复。”

列的实质性程序行为，即表现出积极的作为行为状态，无论该行为在实体内容上反映的是‘为’或‘不为’，都应该是行政作为。”① 遵从实质主义路径的学者则认为，“拒绝履行和不予答复均属于不履行法定职责。拒绝请求从程序上来看具有行为的特征，但对于请求履行法定义务来讲，拒绝等同于不履行，属于不作为的范畴。不履行也有不置可否、拒绝请求等情形”。② 本书认同遵循程序主义路径学者对拒绝履行行为的定性。一方面，拒绝是一种否定性的评价，而不作为则是一种消极表现。需要注意的是，“否定”与“消极”不同，前者恰恰在行为上表现出一种积极的“为”，在程序上的表现方式是对相对人申请的拒绝，是一种作为的形式，只不过有合法与否的法律评价问题。因此，拒绝履行不可归于行政不作为范畴。行政机关根据当事人申请作出驳回的决定与置之不理是完全不同性质的行为，若将二者等同将严重挫伤行政机关行为的积极性。至于相对人不服行政机关作出的拒绝履行行为寻求何种途径进行救济，法院是否应适用撤销重作判决则是另一个层面的问题。另一方面，遵从程序主义路径的学者乃是从行政程序步骤的角度对拒绝履行行为进行界定，遵从实质主义路径实际上以行政相对人角度观察拒绝履行行为。从表面上看，似乎也是以行政程序步骤，将履行分为了程序形式上的履行以及实质上的履行两部分，但实质上的不履行是行政相对人的视角而非行政程序视角。否则，行政机关全面履行义务就包括了不仅需要在程序上启动，还需要在实质上对申请予以认可才属于全面履行法定职责。显然，这不符合依法行政的原理。就行政程序角度而言，行政机关只有启动行政程序，对行政相对人的申请进行实质性的核查才能作出准许或不予准许的决定。

---

① 周佑勇：《行政不作为构成要件的展开》，载《中国法学》2001 年第 5 期。

② 田华：《明示拒绝请求案件的司法审查——以行政不作为类案为视角》，载《法律适用》2010 年第 2 期。

程序的启动代表行政机关履行了职责，至于是否作出相对人所期待的决定在所不问。

本书认为，无论是从理论意义上还是从实践意义上来讲，拒绝履行均不宜适用撤销重作判决（当事人请求撤销拒绝履行行为有值得保护的利益除外），而宜以课予义务判决获得救济。

就理论意义上而言，撤销判决是秩序行政下的产物，其主旨在于除去对行政相对人可能产生损害的行政行为。虽然相对人有将该拒绝履行决定溯及既往撤销其效力的意愿，但除此之外，相对人更想获得的是行政机关按照其申请作出相应的给付行为。撤销判决可以溯及既往地使驳回申请行为失效，但无法涵盖行为给付这一根本性功能。相比较而言，对于拒绝履行行为的救济，履行判决比撤销判决更具优势。从诉讼经济的角度出发，如若相对人可通过提起履行之诉获得全面救济就不得提出其他诉讼类型，包括撤销诉讼，这是作为诉讼要件之诉的利益所要求的。虽然有重作判决可对撤销诉讼加以填补，但重作判决并不具有独立价值，其附随于撤销判决，是否在作出撤销判决的同时附加重作判决取决于当事人是否提起该诉以及法官的裁量自由。重作判决仅是要求被告不得以同一事实和理由对同一相对人作出基本相同的行为，除此之外，行政机关即便不作出相对人要求的行政行为也并不违背撤销重作判决之效力。另外，根据诉讼标的和既判力理论，撤销之诉围绕行政行为是否违法并侵害当事人合法权益展开，只要被诉行政行为的合法性在法律评价上存在任意一种瑕疵（主要证据不足、适用法律法规错误、违反法定程序、超越职权、滥用职权、明显不当）即会被科以撤销判决。根据既判力理论，既判力的客观范围通常仅限于判决主文部分而不涉及判决理由，该撤销判决所产生的法律效果是该行政行为违法且损害相对人合法权益，溯及既往不产生拘束相对人的效力，该行政行为将不在今后的任何程序中再行争执或有相反的主张。根据撤销判决，仅能获得被告行政行为违法并侵害原告合法权益的结论，却无法获取原告是否对被告享有公法上请求权的结论。所以被告重新作出的行政行为也不当然地能够满足原告的需求。在这一点上，履行判决即具备更优价值。即便法院在事证尚未明确时仅能作出命为决定判决，但此时原告享有公法上请求权是确定且清晰的，被告必须按照法院的见解作出新的行政行为。

就实践意义上而言，撤销重作判决无法带给原告彻底的、完整的救济，相反会使原告陷入反复诉讼的旋涡。此处以一案例作为示例，在“女职工去世南平人社局不予认定工伤被法院撤销后再次不认定”① 一案中，死者家属第一次申请南平人社局对去世女职工进行工伤认定时，南平人社局不予认定，并作出了《不予认定决定书》。家属向法院提起行政诉讼，法院判决撤销南平人社局作出的《不予认定决定书》，并责令其在60日内重新作出行政行为。嗣后，南平人社局却再一次作出《不予认定决定书》，该局负责人表示：“当事人可以再行向法院起诉，法院判决重新作出行政行为，但并不表示人社局就应当作出予以认定的决定。再次拒绝，也并非违反第71条重新作出行政行为的限制性规定，因其在不予认定的事由中增加了新的事实与理由。”此时，家属只能再行向法院提起诉讼，撤销人社局第二次作出的《不予认定决定书》，案件又回到了起点。不予认定工伤实则为拒绝履行行为，仅予以撤销重作判决显然不利于当事人获得全面的救济。

将拒绝履行行为纳入履行判决中则更具理论和实际上的适恰性。第一，履行判决审查的关键是原告的请求权是否成立。在原告请求权成立的前提下，才有审查被告拒绝履行是否违法的必要。请求权不成立，原

---

① 《澎湃新闻：女职工去世南平人社局不予认定工伤，被法院撤销后，再次不认定》，载百度新闻网：http：//baijiahao. baidu. com/s?id =1585565984425087344&wfr =spider&for =pc，最后访问日期：2017 年 12 月 2 日。

告欠缺法律利益保护的必要性，必然无法获得胜诉判决。即便在被告仍然享有裁量和调查余地的情形下，法院虽然无法作出责令被告履行原告所要求的特定行政行为的判决，但仍可作出命为决定判决。根据该判决之效力，原告请求权是依法成立并获得认可的。即便行政机关尚有裁量空间，也不可违背这一确定事项作出与法院判决相反的行为，否则即是对生效判决既判力的违背。第二，对于行政相对人来说，绝大多数情况下不服行政机关拒绝履行行为，除要求撤销该行政行为外，最终必然落脚到要求被告允许该申请，作出其所要求的行政行为。该请求包含两个部分：一为撤销该拒绝履行行为；二为行政机关作出行为的给付。显然，撤销判决不具备给付性质，无法涵盖履行判决的给付功能。不过在当事人就拒绝履行行为提起诉讼时是否需要同时提起撤销该拒绝履行行为之诉仍然存在争议。本书认为，为防止后诉再行争议，相对人提起拒绝履行之诉时宜应同时提起撤销该拒绝履行行为之诉。第三，在实体性裁判获得允许的前提下，适用履行判决对于争议的解决更加具有彻底性和实效性。显而易见的是，相较于法院作出撤销拒绝履行行为的判决，直接作出责令被告按照原告要求履行职责的判决更能满足原告的最终需求，不仅能满足权利救济的完整性与实效性，还能满足诉讼的经济与效率原则。履行判决在这一点上的优势更为突出和明显。

（二）司法审查强度单一

在19世纪以前，行政机关享有裁量空间时不受司法审查的干预。但随着分权原则的理解深化和司法审查技术的提高，所谓的“自由裁量”亦逐渐纳入司法审查范围。现代行政法治不再满足于合法性审查，如若不审查合理性，则无法解决所有的行政争议。我国在《行政诉讼法》第6条确立了合法性审查原则，但立法在修改时亦在撤销判决与变更行政处罚判决中增加“明显不当”的合理性审查事项。“不当”是合理性审查的范畴，本不应予以司法审查，但“明显不当”的行政行为因超过一般理性人对合法行为的判断而被纳入司法审查。在行政权运用日益广泛的今日，在司法审查中加入合理性审查对于弥补合法性审查的不足十分必要。

法院审理行政机关不履行法定职责案件时，在合法性审查的框架下，是否允许合理性审查的介入从当前立法和司法解释规定来看很难推测。目前法院在审理该类案件的思路大体上遵从了“被告是否负有法定职责（原告是否享有请求权）——被告是否已经履行法定职责——被告不履行法定职责有无正当理由”的三重判断基准。首先，考察被告是否负有法定职责，须从被告法定职责的来源着手。如若将“法定”限缩解释为实定法，那么司法审查的强度较低。如若将“法定”解释为除法律、法规以外其他所有低层次的规范性文件，甚至扩张解释为立法背后的目的与精神，则会对被告进行较强的审查。对“法定”理解的宽窄，直接决定了司法审查在这一基准上审查的强弱。其次，被告是否已经履行法定职责。审查被告是否已经履行法定职责，问题在于怎么判断“已经履行”。在起诉行政机关依申请不履行法定职责的案件中，因有法定期限和实体标准的规定，审查较为容易。但在行政机关依职权主动履行监管和保护职责避免损害发生及继续扩大的危险防止型案件中，如何判断则比较复杂。另外，不履行法定职责是否包含被告故意不创造条件实现目的的情形，被告在法定期限内开启实体程序，但采用与达到目的明显不配套的手段是否应当被法院认定为不履行法定职责是不确定的。例如，前述“北京福寿螺案”已不单纯是行政机关作为或不作为的问题，而是不完全作为的问题。“该案暴露出行政不作为传统理论中未关照到在某种特殊条件下，只有一种选择是没有瑕疵的情形，从而放纵了行政主体所应尽职责的专业化。”[①] 最后，不履行法定职责有无正当理由。这一判断基准牵涉行政机关的专业性判断与合理性判

① 王贵松：《行政裁量收缩之要件分析——以危险防止型行政为中心》，载《法学评论》2009 年第 3 期。

断的问题，如何判断是否有正当理由较为复杂。复杂的原因在于，根据法律规定，行政机关一般享有是否做、何时做、怎么做的选择自由，有时还涉及行政机关依据专业技术和知识进行专业判断。但随着个人权利意识的觉醒，公民越来越希望政府能够提供更多的服务与监管，准确无误地作出决定，此时法院审查力度的强弱则决定了对公民权益的保障程度。

从上述履行判决中对行政机关不履行法定职责的判断基准来看，根据现有立法和司法解释的规定难以明确获得审查的标准和界限，法院基于不同的理解和目的，甚至是个案法官的专业素养的高低决定了司法审查的强度，或弱或强，此种不确定性显然是危险的。过强的司法审查会挫伤行政机关的积极性，超越司法权的界限；而太弱的司法审查又无法起到监督行政权力、保护公民合法权益的作用。

（三）首次判断权理论适用错误

首次判断权属于“舶来品”，并非源于我国行政法学体系，该理论旨在确保司法机关和行政机关权力的各自分配与分工互相不受干预，在行政诉讼法上的意义在于司法权无法代替行政权作出决定。如果涉及某些行政机关还未判断过的事实，而该事实又是作出判决所必要的要件事实时，出于对行政权的尊重，法院应等待行政机关作出判断以后才能介入，否则即有僭越行政权之虞。“太湖县海乐烟花制造有限公司诉安庆市人民政府、太湖县人民政府行政决定及补偿案”的判决即体现了法院对行政机关首次判断权理论的正确适用，对于各地法院正确把握该理论具有指导意义。“提起请求金钱补偿的一般给付之诉，必须是请求金额或者补偿标准已获明确，如果行政机关在作出实际给付之前尚有优先判断或者裁量余地，则不能直接起诉，而是应与行政机关先行协商解决。作出这种要求，系基于行政首次判断权原则，即对于行政机关职权范围内未予判断处理的事项，应待行政机关先行处理后，法院再对其是否合法以及明显不当进行审查。

如果司法机关过早介入，就会有代替或者干预行政权行使的嫌疑。”①

但需要格外注意的是，虽然首次判断权理论强调的是司法权的谦抑性，但是司法权的谦抑必须保持在合适的尺度内。过分被动，让渡司法审查权力，也是不被允许的。首次判断权理论在日本作为课予义务判决作出的限制性条件，为了确保行政权的行使而使用。但在我国，由于该理论尚属陌生，在司法实践中法院混淆尊重行政机关行使首次判断权与尊重行政机关行使首次判断权的结果，从而错误适用该理论情形者亦有发生。笔者在裁判文书网上搜索到以“首次判断权”理论为裁判理由的判决，排除重复与不相关的案例，虽然大多数法院能够较为清楚地认识到尊重行政机关首次判断权理论的内涵并正确运用，但也有部分判决出现错误适用该理论的情况。例如，在江苏省南通市港闸区人民法院作出的（2014）港行初字第00249号判决书中，被告在答辩期间已经向法院明确表示认为原告不具有复议申请人资格，法院以被告未在决定书中载明而应尊重行政机关首次判断权为由，不宜直接责令被告的行政复议申请作出授予的决定。此时，行政机关在答辩期间已然行使首次判断权，明确表示原告不具有复议申请人的资格，法院应直接就被告的判断进行审查作出判决。再如，甘肃省酒泉市中级人民法院作出的（2016）甘09行初第15号判决书认为，原告申请公开的事项之一还未由被告判断，但被告在答辩中已然明确该事项是否应为公开行使了首次判断权。又如，江苏省宿迁市中级人民法院作出的（2016）苏行终初第7号判决书认为，被上诉人所申请的信息有几种不同的理解，其欲公开的内容存在一定的不确定性。上诉人要求被上诉人补充描述内容后再行申请，应当予以尊重。但事实上，这并非尊重行政机关的首次判断权，而是直接认可了行政机关行使首次判断权后所形

① 最高人民法院（2017）最高法行申317号行政裁定书。

成的结果。[①] 正确把握首次判断权理论对于判断行政机关是否履行其职责，确定行使首次判断权和介入司法审查的时机具有十分重要的意义，否则将会导致过早介入侵害行政权或不介入造成相对人合法权益遭受侵害的后果。

（四）重作判决规制失当

《行诉解释》第 91 条规定，当案件尚待被告调查和裁量时，应当作出责令被告对原告申请重新作出处理的判决。遵循权力分立原则下司法权的审慎克制，法院不得以自己的判断代替行政机关的判断，这种理解是正确的，但将如何裁量的权力全部交给行政机关处理的规制则并不妥当。另外，《许可规定》第 11 条和《信息公开规定》第 9 条也同样移植了重作判决。根据《许可规定》，相对人起诉不予许可决定案件中，即使原告请求理由成立，被告没有裁量余地时，法院也仅能作出责令被告重新作出决定的判决，而不能直接作出课予义务判决。

重作判决与命为决定判决确有相似之处，二者均系法院以判决的形式要求被告作出一定的行政行为，如何作出行为取决于行政机关。区别在于，二者对行政机关的限制性程度不同。在重作判决的规制下，禁止行政机关以同一事实和理由作出与前一个被法院撤销的行政行为基本相同的行政行为。换言之，只要行政机关不以同一事实和理由对同一当事人作出基本相同的行政行为皆可，均不违背该硬性规定。命为决定判决则是在原告请求权成立的前提下，责令被告作出依照法院的认定和判决旨趣的行政行为。一旦行政机关作出的行政行为与法院判决旨趣不一致或相悖，即可追究行政机关不履行生效裁判文书的法律责任。简言之，行政机关重新作出的行政行为必须受到法院认定的限制，超出限制即违法。例如，前述南平

---

① 参见黄先雄：《行政首次判断权理论及其适用》，载《行政法学研究》2017 年第 5 期。

市人社局一案，法院判决被告重新作出行政行为，但实际上案件又回到了原点，当事人必须就行政机关重新作出的行政行为再行诉讼。重新作出判决的处理机制不仅让当事人耗费了过多的精力而未获得满意的结果，同时也损害了司法的公信力，浪费了司法资源，这种现象在我国司法实践中具有相当的普遍性。

在我国台湾地区课予义务诉讼中，当原告理由成立，被告拒绝或不予答复“违法”，但案件事证尚未明确或者涉及行政机关之裁量决定时，则应当判命行政机关遵照其判决之见解作出决定。虽仍由原行政机关作成行政行为，法院不具体指定行为内容，但其见解可以约束行政机关如何作出决定。在命为决定判决中，原告的请求权是不存在疑问的，只不过鉴于司法权与行政权的界限，此时被告尚有其他的选择余地，司法机关不能代替行政机关作出决定，只能要求被告根据法院对原告请求权审理的见解作成决定。该判决实际上仍能在一定程度上起到维护原告权益之作用，有效防止行政机关基于权力傲慢而作出臆断。

（五）柔性规则适用模糊

“……可以根据行政诉讼法第七十二条的规定，判决被告在一定期限内依法履行原告请求的法定职责……应该判决被告针对原告的请求重新作出处理。”《行诉解释》第 91 条前半段的“可以”与后半段的“应该”对比鲜明，颇耐人寻味。前半段无论是理解成“可以”根据《行政诉讼法》第 72 条的规定作出判决，还是“可以”判决被告作出特定的行政行为似乎均能成立。如果理解成法院可以按照《行政诉讼法》第 72 条规定作出判决，亦即法院在原告理由成立，被告行为违法的前提下，既可以按照第 72 条规定作出履行判决，也可作出其他种类判决。如果理解为可以判决被告作出特定的行政行为则意味着法院也可以不作出判令被告作出特定行政行为的判决，如重作判决。无论作何理解均影响履行判决实体性裁判功能的发挥。此处以柔性规则替代刚性规则或许出于以下两点原因：第一，司法解释的职责范围限制。最高人民法院作出的司法解释仅能对立法作出细化规定而不得突破立法。该条文基于司法实践中实体性裁判的大胆尝试，出于对当事人权益的实效性保护的目的肯认了实体性裁判的允许性，但现行《行政诉讼法》第72条却并未蕴含该旨趣。如若将其予以刚性规制，恐有僭越法律之嫌。“可以”的柔性缓和了该矛盾的明显性。第二，在目前我国行政权独大的权力分配背景下，孱弱的司法权难以与行政权抗衡。柔性规则给予了法官根据实际情况具体裁量的空间，但无可否认，有时亦成为司法权自我放弃的借口，是一种过度谦抑的表现。

二、行政履行判决的剖析

我国履行判决在规则设计和实际运行中存在的问题，基本可以从理论和现实两方面原因进行检视。理论原因源于对履行判决所蕴含的基础理论准备不足，现实原因则源于司法权受到行政权的牵制，存在过度尊重和谦抑的情况。

（一）理论准备不够充足

1. 首次判断权理论的误用

以首次判断权为基础理论，要求尊重行政机关尚未调查或仍须裁量的权力是正确的。但行政机关首次判断权理论进入我国学者视野的时间尚短，研究深度和广度尚浅，如何正确理解并运用尚不十分确定。在该理论研究层次浅、数量少的前提下，不到十个字的规则设计容易导致在适用时产生如前述案例中将尊重行政机关的首次判断权与尊重行政机关运用首次判断权的结果相混淆的现实问题，毕竟尊重行政机关的首次判断权与尊重其行使首次判断权而作出的判断结果是不同的事情。前者是司法权恪守其界限让位于行政权，但在后者的问题上也让位于行政权，“尊重”其行使首次判断权作出的结果，无异于放任了行政机关作出错误判断的可能，不仅妨碍当事人权利救济的实现，也使行政机关逃避了司法审查的监督。虽然法学理论的大胆实践在司法实务中有时是必要的，但同时也是危险的，它必须建立在正确的理解基础之上，否则不仅无法达到预期的良好效果，反而会造成放任违法行政行为存续的危害。

2. 裁量收缩理论尚属陌生

我国是“一国两制三法系四法域”的国家，四个法域分别是大陆、台湾地区、香港特别行政区和澳门特别行政区。在四个法域中，仅台湾地区较为明确地存在裁量收缩理论。其“司法院大法官”在 1998 年作出的释字第 469 号解释被认为是采纳了收缩理论：“惟‘法律’之种类繁多，其规范之目的亦各有不同，有仅属赋予主管机关推行公共事务之权限者，亦有赋予主管机关作为或不作为之裁量权限者，对于上述各类‘法律’之规定，该主管机关之公务员纵有怠于执行职务之行为，或尚难认为人民之权利因而遭受直接之损害，或性质上仍属适当与否之行政裁量问题，既未达‘违法’之程度，也无在个别事件中因各种情况之考虑，……倘‘法律规范’系为保障人民生命、身体及财产等法益，且对主管机关应执行职务行使公权力之事项规定明确，该机关公务员依此规定对可得特定之人负有作为义务已无不作为之裁量空间，犹因故意或过失怠于执行职务或拒不为职务上应为之行为，致特定人之自由或权利遭受损害，被害人自得向‘国家’请求损害赔偿。”① 但在我国大陆，理论上鲜有裁量收缩理论的研究，实务上也没有明确使用该术语的案例。虽有犹如前述暗含裁量收缩理论于个案的司法案例出现，但毕竟是个例，个例即代表该理论的运用尚未成为

---

① 我国台湾地区“司法院大法官”释字 469 号解释，1998 年 11 月 20 日。转引自王贵松：《行政裁量的构造与审查》，中国人民大学出版社 2016 年版，第 188～189 页。

主流，也意味着认识和适用具有个体差异性。在立法和司法解释的规范未明确时，这种不确定性有可能带来司法消极或过于能动的现象。更为重要的是，裁量收缩理论于课予义务诉讼中的运用是对被告行政机关进行严格的司法审查，提出较高的作为要求，并且需要在满足特定要件的情况下方能适用。这其中还牵涉行政职责与行政义务之间的区别与转换，私人要求行政机关介入请求权与国家保护义务的推导。在目前我国行政法制建设尚未精细化分析与操作的背景下，基本概念分析尚不深入，现有法律概念尚无法承载法律关系的复杂性，有待今后的细化研究。

（二）现实基础不够稳固

1. 司法权的现实状态

依照《宪法》的规定，我国最高权力机关是全国人民代表大会，司法权与行政权设置于其下，理论上二者处于平等地位，各司其职。但实际上，体制机制上没有理顺。正如有学者指出："司法权和行政权这两种不同性质的权力体系共同存于法院机构，并同时作用于法官，使法官在行使司法权力时无法严格地予以界分，造成司法权力的行政化。司法去行政化改革的实质在于真正地还司法权力给法官，使司法权力与行政权力各自按照自身逻辑运行，杜绝行政权力对司法权力的制度性或非制度性的干预。"① 最高人民法院于2015年2月4日发布《关于全面深化人民法院改革的意见》，其中对确保人民法院依法独立公正行使审判权进行了专门的政策研究，包括推动人民法院财物管理体制改革，理顺法院司法行政事务管理关系等，以期实现司法权摆脱行政权的干预，将人、财、物的管理去除行政化。但改革刚施行几年，二者的关系到目前为止尚未被矫正到理想状态。

---

① 梁平、陈焘：《司法权力去行政化改革——基于H省某中院案件评查纠错与动态式主审法官责任制的调研》，载《河北法学》2015年第10期。

2. 司法谦抑的过度运用

司法谦抑在法学研究中，最初由日本刑法学者引入，之后才为我国学者借鉴，逐渐成为《刑法》和《刑事诉讼法》领域研究的理论。西原春夫教授认为："刑法谦抑主要是作为近代欧洲刑法近代化的一个重要的支柱而存在的，也就是说它是近代欧洲从18世纪后期开始的启蒙思想的一个重要的产物。"① 随着司法谦抑理论进入我国学者的视野，行政诉讼中也出现了司法谦抑的身影。"司法谦抑指的是在裁判案件的过程中，在司法自由裁量权的范围内，法院及法官对立法机关和行政机关的谦让与自我克制。"② 在美国司法审查中，司法谦抑是许多法官所奉行的司法哲学之一。"在美国，形成司法谦抑的理论与现实基础主要是司法审查的反多数难题和民主渠道的优势，分权原则的要求以及现代行政的专业性、技术性和程序正当性的不断增强，以及行政自由裁量大量存在、司法权相对弱小的现实格局。"③ 司法权相较于行政权和立法权而言是一种被动的权力，既不能驱使社会力量和财富，也无法作出决议，只有被动的"裁判"，通常展示的是一种克制的力量，但司法的权威在司法谦抑里才能得到体现。

在美国，联邦法院一般不会作出变更判决。法院代替行政机关作出决定在他们看来打破了法院和行政机关及立法机关的权力分配结构与平衡。虽然法院不可作出变更判决，但是在议会监督专员、财政、公共舆论等监督机制下，行政机关通常在重新作出行政行为时都会有利于原告，并不会一意孤行。因此，即便法院在司法谦抑司法哲学的引导下不会要求被告作出某一行政行为，但被告也会在外部机制的有效监督下作出有利于原告的

① 徐卫东等:《刑法谦抑在中国——四校刑法学高层论坛》，载《当代法学》2007年第1期。

② 黄先雄:《司法谦抑的理论与现实基础——以美国司法审查为视角》，载《湘潭大学学报》(哲学社会科学版)2007年第5期。

③ 黄先雄:《司法谦抑的理论与现实基础——以美国司法审查为视角》，载《湘潭大学学报》(哲学社会科学版)2007年第5期。

行为。在我国行政履行判决中，从司法审查的强度来说，如若使用传统的合法性审查，虽然在很大程度上有助于法院掌握司法权的界限，但也容易阻碍法院有效实现司法监督的职能。而合理性审查如何运用，法律没有明确规定，目前主要依赖于司法实践中各个法院的判断。从实体性裁判来说，司法解释在立法之上允许了实体性裁判的作出，表达了司法权对行政权监督力度的加强。只不过“重新作出处理”在没有外部监督力量的制约时，行政机关通常会作出与法院的见解相悖的不利于原告的行政行为。在缺少外部有效制约的背景下，过分强调司法谦抑不利于充分实现保护公民合法权益的目的。

第三节　我国引入课予义务诉讼的必要性与可行性

履行判决（课予义务判决）是课予义务诉讼中的一个有机组成部分，也是课予义务诉讼的核心部分。判令被告作出某一或特定行政行为的前提是整个诉讼经历了完整的诉讼要件和实质审理程序。但履行判决（课予义务判决）的设立本身并不意味着课予义务诉讼的存在，诉讼类型目前依旧仅是学理概念。在以经典干预行政为核心的行政诉讼法并未随着行政行为多样化的趋势而产生以请求权为核心制度的转变，而以干预性管理手段为轴心所形成的撤销主义诉讼理论深刻地影响其他诉讼类型相关制度的构建与完善。在我国现有履行判决之基础上导入课予义务诉讼之诉讼类型，具有弥补行政诉讼制度缺陷、提供无漏洞权利救济的作用。

一、引入课予义务诉讼的必要性

课予义务诉讼作为一种给付诉讼类型，与判决类型密切相关，但二者并非一一对应的关系。在课予义务诉讼类型下，以给付性质作为核心发展出契合其特质的各项制度能够克服撤销诉讼为中心所带来的种种弊端，从而起到完善行政诉讼规则、拾遗补阙的作用。

（一）诉讼类型的不可替代性

1. 行政诉讼类型的含义

所谓行政诉讼类型，我国台湾地区学者蔡志方教授认为，“各国之行政诉讼，习惯上仍循一定之方式、形式或类型，原告始得就其所受之侵害，请求行政法院提供救济，而行政法院亦仅能就法定之诉讼种类所相应得以救济之方法为裁判”。[①] 翁岳生教授认为，“诉讼类型是就当事人间各式各样之纷争性质、原告之请求以及法院裁判之方式，依其共通性予以整合、分类，并考量诉讼救济与其他救济途径之关系，以提供适当（适时、正确、完整、有效、经济）之权利保护模式，并使法院得以统一且合目的地处理复杂而大量发生之诉讼事件”。[②] 马怀德教授认为：“行政诉讼类型，即公民、法人和其他组织可以提起行政诉讼请求救济且法院仅在法定的裁判方法范围内裁决的诉讼形态。”[③] 章志远教授认为：“所谓行政诉讼类型化，意指公民、法人或者其他组织可以行政诉讼请求救济且法院仅在法定的裁判方法范围内裁判的诉讼形态。”[④]

除法国以外的大陆法系国家（地区）均普遍注重行政诉讼类型的法定化，且大多通过法律明文规定的形式予以确定，如德国、日本及我国台湾地区，且逐步呈现诉讼类型多样化及复杂化的特点。我国台湾地区在2000年“修法”时增加课予义务诉讼类型，日本也在2004年修改《行政事件

---

① 蔡志方：《行政救济法新论》，台北，元照出版有限公司2000年版，第169～170页。

② 翁岳生：《行政法》（下），中国法制出版社2002年版，第1338页。

③ 马怀德主编：《行政诉讼原理》（第2版），法律出版社2009年版，第99页。

④ 章志远：《行政诉讼类型化模式比较与选择》，载《比较法研究》2006年第5期。

诉讼法》时增加了课予义务诉讼和禁止诉讼两种新型抗告诉讼。在英美法系国家，虽未明文确定行政诉讼类型，但判例与学说均承认诉讼类型，如英国建立统一的综合程序规则，适用于申请提审令、禁止令、执行令、阻止令、宣告令五种救济手段。可见，类型化处理是大陆法系与英美法系共同的发展趋势。

虽然我国学者在教科书中对行政诉讼类型有所涉及，但均较为简单。对每种诉讼类型的内涵、外延、要件以及各个诉讼类型之间的关联缺乏深入研究。行政诉讼类型是原告向法院寻求救济的一条路径，诉讼类型决定了相应的判决类型。诉讼类型的建构有助于当事人根据行为性质的差异选择不同的诉讼类型，从而适用不同的审理规则和裁判形式予以救济。我国行政诉讼一般采取将《行政诉讼法》第 12 条规定的受案范围结合判决类型，或将当事人诉讼请求结合判决类型定位我国的诉讼类型。在此需要强调的是，行政诉讼类型的法定化与诉讼类型的分类并不相同，目前诉讼类型付之阙如系就法定化角度上而言的，实际上我国行政诉讼大致有撤销之诉、履行之诉、给付之诉、变更之诉、确认之诉。

2. 行政诉讼类型的意义

"在现代法治社会，公民权利保护内在地具有完整性和有效性的双重要求，前者表明了权利保护的广度，后者则昭示了权利保护的深度。事实上，权利保护的完整性和有效性都必须借助于行政诉讼的类型化才能得以实现。"①

首先，诉讼类型有助于提供无漏洞救济。公民在公法上享有的实体请求权投射于诉讼程序中表现为诉权，而行政诉讼类型直接影响公民诉权的行使。就课予义务诉讼而言，在以传统的撤销诉讼为核心的行政诉讼中起初并未考虑到给付行政诉讼类型。随着福利国家的出现，给付行政比重增

① 章志远：《行政诉讼类型化模式比较与选择》，载《比较法研究》2006 年第 5 期。

高，为了满足日益扩大的公民对公法上请求权，德国、我国台湾地区、日本先后建立义务之诉或课予义务诉讼。行政机关“违法”不作为或拒绝作为的，原告可依循课予义务诉讼向法院起诉寻求权利的救济。从此意义上来说，诉讼类型的拓展是公民权利无漏洞保护的有力保障。在课予义务诉讼中，原告不仅可以撤销行政机关不作为和拒绝行为（或确认“违法”），还可运用该诉讼特殊的给付功能恢复被侵害的权益，有效地解决行政机关消极作为侵犯公民合法权益的司法救济问题。

其次，诉讼类型有助于完善行政诉讼规则。从原告提起诉讼到法院作出裁判被视作一个法的空间形成过程，有赖于一套完整且理性的程序规则作为支撑。把相同或类似的案件以归类的程式化方式进行处理，可以促使法院高效地处理纠纷，避免因诉讼程序的混乱产生审理的障碍。例如，课予义务诉讼在诉讼要件、审理程序、举证责任、暂时权利保护措施以及裁判种类方面与撤销诉讼均存在不同程度的差异。

最后，诉讼类型有助于把握司法权与行政权的界限。在行政诉讼中，司法权的作用不仅仅在于传统意义上的解决纠纷，还具有监督行政机关依法行政的控权功能。准确把握司法权和行政权的界限是有效解决行政争议的关键。

3. 诉讼类型与判决类型

诉讼类型与判决类型虽有紧密相连之处，但二者的差别也极为明显。诉讼类型和判决类型的关系可以引用数学理论上集合的概念予以简单阐明：如果诉讼类型是一个集合，那么判决类型就是这个集合的子集，而完整的诉讼类型除了判决以外，还包括了受案范围、起诉条件、当事人资格、审理规则和临时救济措施等，这些可以说是集合中判决类型的补集。判决类型与诉讼类型的关系体现在原告提起何种诉讼请求，决定了法院将开启何种相对应的诉讼程序，以及法院将作出何种类型的判决。根据原告的诉讼请求，在原告提出的诉讼请求于法有据时，如诉请撤销行政机关作出的处罚决定，那么法院则以撤销判决回应之；如诉请要求行政机关准许原告提出的许可申请，那么法院则以履行判决回应之；如诉请要求确认行政机关作出的行政行为违法，那么法院则以确认判决回应之。然则，诉讼类型不可等同于判决类型。在一种诉讼类型中，或有多种不同的判决类型可以适用，而一种特定的判决类型有时仅可适用于一种诉讼类型中。如课予义务判决不能出现在撤销诉讼或确认诉讼中，而仅能出现在课予义务诉讼中。但课予义务诉讼却不仅包含课予义务判决，还有命为决定判决、确认判决、驳回诉讼请求判决。

那些作为“补集”的制度在诉讼类型法定化的框架下才得以以某一诉讼类型为轴心塑造出与其他诉讼类型相区别的完整的、有独立特征的统一体。以一般要件和特别要件作为区分，一般要件适用通用的诉讼制度，如法院的管辖、被告的选择、公开审理等；特别要件则以该诉讼类型为中心进行建构。每个诉讼类型的一般要件与特别要件并不完全相同。虽然我国履行判决已具备课予义务诉讼之外观，但实际上与课予义务诉讼相去甚远，主要原因即在于诉讼类型尚未法定化。故而，以判决类型反推诉讼类型的做法从表面上迎合了诉讼类型的外部构造，但在实质上欠缺诉讼类型的功能。当事人在提起行政诉讼时，有时不知如何提起诉讼请求，起诉后法院也无法根据不同的诉讼类型将案件予以分流，对不同性质的案件作出不同的处理。不仅如此，诉讼类型的缺乏容易导致对某种诉讼类型的特殊性质给予足够关照，从而适用了并不合适的制度予以审理。

（二）缓和撤销诉讼中心主义

“行政撤销诉讼中心主义是指行政诉讼制度以行政撤销诉讼为中心而构建，忽视其他诉讼类型的特殊性，而将行政撤销诉讼的规定适用于所有行政诉讼活动的一种现象。”[①] 撤销诉讼主要运用于干预行政领域，特别是在秩序维护、警察及税务行政方面，其目的在于除去违法行政行为的效力，使因该行为而受损的权益能够得到恢复，防止行政机关违法行为的侵害是其建立的核心目的。撤销诉讼中心主义的产生和发展具有一定的必然性。起初，在“夜警国家”背景下，为了防止行政机关的违法行为对公民造成权利侵害，撤销诉讼可使不法行政行为溯及既往地丧失效力，是一种典型的防御型诉讼。法国1799年建立最高行政法院的职责便是针对撤销行政机关的不当行为提出建议。随着时代的发展，最高行政法院的建议权到审判权均是以撤销不法行政行为为核心进行演变。由此，越权之诉也成为法国颇具特色的诉讼制度之一。撤销诉讼的防御性特征决定了其在传统行政法领域的统摄地位，即便是转向“福利国家”过程中逐渐兴起的现代法治社会，因给付行政而生的给付诉讼也无法撼动撤销诉讼的中心地位。只不过，在“最少干预即为最好政府”的自由法治主义国家观念的影响下，监督行政机关依法行使职权的行政诉讼最为恰当。而在“最多给付则是最好政府”的新型观念产生的背景下，仅以撤销诉讼来应对新时期的疑难杂症已不再完全符合时代的需要。在以撤销诉讼为中心的行政诉讼中，撤销诉讼具有优先适用的地位，但此种优先性在理论上和实务上均存在一定的弊病。长期过于偏重撤销诉讼，导致当撤销诉讼的优势地位不复存在时，我们仍然难以从旧有的思维惯性中挣脱出来，往往将撤销诉讼之理念扩张至其他诉讼类型，在给付诉讼中沿用撤销诉讼规则将会引起诉讼程序的矛盾与混乱，课予义务诉讼的建立即有助于缓和撤销诉讼中心主义问题。

目前我国在受案范围、合法性审查原则、原告资格、起诉期限、举证责任等方面均明显体现出强烈的撤销诉讼中心主义，引入课予义务诉

① 熊勇先：《论行政撤销诉讼中心主义及其缓和》，载《政治与法律》2013年第6期。

讼类型，实现诉讼种类的多样化，能够在一定程度上缓和该倾向。具言之，在建立法定诉讼类型的前提下，根据原告的诉求和诉讼标的将行政争议进行分类，对相同或类似的案件作统一的程式化处理。在给付诉讼下区分建立课予义务诉讼与一般给付诉讼，在课予义务诉讼下继续划分为怠为作为与拒绝作为两种子类型，充实给付诉讼类型，从而契合给付行政兴起下保障公民给付请求权实现的现代国家基本任务，向民众提供无漏洞保护机制。

（三）补充诉讼程序规则

“不同行政诉讼类型在构成要件、案件审理规则方面存在差别，如果不加以区别，可能导致案件审理规则的不明确，影响行政争议的顺利解决。”① 将诉讼类型予以法定化并结合本国国情需要拓展诉讼种类不仅有助于补充并完善诉讼程序规则，实现公民司法救济的精细化，还有助于建立结构完备、规则齐全的诉讼类型体系。

就原告资格的认定而言，现行立法所确立的“利害关系”理论并未一以贯之地适用于给付诉讼中。例如，在申请政府信息公开案件中，申请的信息是否与申请人具有“利害关系”并不是对原告资格的考察，仅影响原告实体权利能否实现。一般认为，受到行政行为损害的直接相对人具有原告资格，大多数相对人也确实能够在给付诉讼中获得原告地位，但“相对人理论”在课予义务诉讼中存在例外情况：当公民向不具备某一行政事务管辖权的行政机关递交申请时，该公民即可根据相对人理论获得向法院诉请判令该行政机关作出一定行政行为的原告资格显然是难以接受的。例如，某公民向税务部门提交颁发营业许可证照的申请，由于税务部门并不具备核准营业执照的行政事务管辖权，必然会以驳回的方式拒绝该公民的

① 闫尔宝：《论我国行政诉讼类型化发展趋向与课题》，载《山东审判》2017 年第 5 期。

申请。但该公民却不能因驳回决定获得向法院提起课予义务诉讼、要求税务部门向其颁发营业许可证照的原告资格。而就举证责任而言，立法和司法解释数度强调被告承担证明其作出行政行为的合法性的义务，并应提供其作出行政行为合法的证据和依据的规范性文件。虽然现行《行政诉讼法》第38条特别规定了原告的举证责任，但也仅限于在申请型不履行法定职责案件中证明其曾经提交申请的事实这一范围。更何况，该事项的证明责任很难说是原告举证责任的体现。因为在提起履行之诉时，原告必须证明其曾经提交过申请是必备的起诉要件，无法证明其曾经提交过申请的案件由于诉讼要件不具备，根本无法进入实体审理阶段。根据证明责任理论，课予义务诉讼中证明责任的分配并不适宜援用行政诉讼立法所确定的被告承担证明责任的分配规则。主张法律关系存在的一方当事人须承担该法律事实存在的证明责任，亦即在课予义务诉讼中应当由原告承担证明其享有被告作出某项或特定行政行为的请求权存在。但现行立法和司法解释显然没有注意到这一点。就暂时性权利保护措施而言，当前《行政诉讼法》明文规定的暂时性权利保护制度包括起诉停止执行（起诉停止执行原则的例外）和先予执行（限于支付抚恤金、最低生活保障金和工伤、医疗社会保险金四类金钱给付案件），对于行政行为的先予执行却只能从《行诉解释》第76条第1款推导，临时对被告课予义务的条件也不甚明晰，在司法实践中容易出现错误启动临时救济措施的情形，或者因为该条款的隐蔽性而使原告丧失及时获取临时救济的机会。另外，在行政复议制度和行政诉讼的衔接上，相对人开启行政诉讼以前，是否需要经过行政复议以及经过行政复议以后是否还可提起行政诉讼的规定大多散见于各类法律规范中，其复杂混乱程度不便于当事人寻求救济。在德国，行政复议与行政诉讼的衔接主要通过诉讼类型来划分，公民提起确认无效诉讼和课予义务诉讼之前通常必须先行复议（但原行政机关或复议机关单纯不作为的除外）。将诉讼类型与其他诉讼制度相勾连，更加方便原告诉权的行使。

如此种种，我国现行行政诉讼程序规则的诸多设计存在简单化、片面化、绝对化的弊病，并未独立发展出呈现履行之诉应有价值和特殊属性之制度。不同诉讼类型应当有不同的规则设计，将不同的案件有意识地进行分类与分流，进而科学设计适用于特殊案件的审理规则，有助于推动案件的审理进程，补充并完善现行行政诉讼程序规则的设计。

二、引入课予义务诉讼的可行性

我国行政履行判决自行政诉讼制度建立之初即已存在，后经过立法的修订和司法解释的强化，行政履行判决已初具课予义务诉讼之外观。在40年的行政司法实务中，法院对于行政机关不履行法定职责案件业已形成了较为成熟的审理思路，建立课予义务诉讼类型完全具备可行性。

（一）行政诉讼类型初具雏形

其实，“行政诉讼的诉讼类型本身就来自民事诉讼的诉讼类型”，① 故而目前我国行政诉讼类型大致上可区分为“形成之诉”“确认之诉”“给付之诉”，与民事诉讼类型完全一致。在上述诉讼类型的基本框架下，学界通常根据我国行政诉讼法受案范围与判决类型确立以撤销之诉、履行之诉（课予义务之诉）、一般给付之诉、确认之诉为框架的诉讼类型制度。至于诉讼类型是否应当法定化，学界目前存在分歧，主流观点认为，诉讼类型法定化的明确性和可操作性，对于当事人和法官均具有一定教导作用，应当确立诉讼类型的法定化。少数学者持反对意见，认为诉讼类型的法定化容易成为限制诉讼类型发展的羁绊。本书赞同主流观点意见，认为

① 龙非：《行政诉讼类型法定化之反思——基于比较法分析的视角》，载《行政法学研究》2016年第6期。

应当尽速实现行政诉讼类型的法定化。相比较法定化可能带来的诉讼类型僵化的问题，当前更为困扰的是因诉讼类型未能法定化所带来的对原告行使诉权、法院顺畅审理案件的阻碍，以及在撤销之诉中心主义的影响下其他各类诉讼类型未能发展符合其特点的规则设计。在目前已形成行政诉讼类型的前提下，进一步将诉讼类型予以法定化也能为课予义务诉讼的发展提供制度支撑。

（二）现有法律基础与实践基础

从法律文本上来说，我国早在1990年行政诉讼制度建立之初即针对行政机关不履行法定职责侵犯相对人权益建立履行判决予以救济，相比日本和我国台湾地区在建立课予义务诉讼之前仅能以撤销诉讼或确认诉讼进行救济而言尚有进步之处。但仅以该条款显然不足以指导司法实践，履行判决的适用范围以及作出实质性裁判的条件与限制均未为进一步规范。2017年《行政诉讼法》将履行判决单独拎出作为第72条，与第73条一般给付判决并立。虽然条文内容并没有太大的实质性变化，但学界普遍认为第72条履行判决与第73条给付判决即为课予义务诉讼与一般给付诉讼的雏形，代表着我国行政诉讼类型的进一步明确。2018年《行诉解释》第91条在第72条基础上作出强化处理，使履行判决在司法实践中更加具备可操作性和可确定性。首先，将“拒绝履行”予以明确定位。学界争论已久的拒绝履行行为是否应当纳入“不履行”范畴从而影响其适用撤销重作判决抑或履行判决的争议，随着司法解释的出台有所缓和。此一做法与德国、日本及我国台湾地区保持一致。其实，就行政相对人而言，无论行政机关是怠于作出行政行为还是拒绝作出某一行为并没有太大不同，均是未能满足其要求的表现。其次，实体性裁判获得肯定。法院不仅可判决被告在一定期限内履行，条件满足时法院可在判决中对被告行政机关作出具体的指示。实体性裁判是课予义务诉讼最具魅力之处，只不过在作出实体性裁判时仍有限制，当裁判时机尚未成熟或者事证尚未明确时，课予义务判决是被禁止的。目前，司法实践中已有运用该“裁判时机成熟”作出裁判的案例出现，起到了较好的示范引导作用。最后，《行诉解释》第 91 条较好地恪守了司法权的边界。行政机关尚有裁量和调查空间的，司法权应保持克制。此时，事证尚未明确，法院不可作出对被告履行职责的具体指示。虽然该司法解释在植入重作判决之处尚有不足，但可以说已经较好地把握了课予义务诉讼的核心要义。司法解释的强化规定对于课予义务诉讼的引进具有十分重大的现实和理论意义。

在司法实践中，虽然作出程序性裁判仍为履行判决的主流，但亦不乏实体性裁判的案件。例如，最高人民法院公报案例“彭某诉上海市工商局不履行法定职责案”即可作为各级人民法院之参考、借鉴。另外还有“左某诉北京市住房与城乡建设委员会”“徐某诉海城市人力资源和社会保障局拒绝履行为原告办理退休职责”等案件中，法官正确把握了行政权与司法权的关系，合理运用了“裁判时机成熟理论”，无疑是我国履行判决对课予义务诉讼中裁判时机成熟理论的大胆实践。从履行之诉案件的审理来看，全国各地区各级法院在 40 年的行政审判实践中已累积了相当的实务经验，基本形成了审查原告是否有请求权、被告是否具有履行职责、被告是否未在法定期限内履行这一审理思路。总体而言，履行判决逐渐向课予义务诉讼方向发展和完善，较好地处理了司法权与行政权分立原则以及对原告合法权益维护彻底性、实效性之间的关系。

（三）课予义务诉讼类型已具备雏形

“构建服务型政府是全面建成小康社会的重要任务，在这个背景下，政府给付义务是行政诉讼不可回避的一个领域。于履行判决外，增设给付判决，符合实际需要。”[①] 因此，2014 年修法时，在履行判决之外建立了狭义的给付判决（一般给付判决）。《行诉解释》第 92 条规定，原告申请被告依法履行支付抚恤金、最低生活保障待遇或者社会保险待遇等给付义务的理由成立，被告依法负有给付义务而拒绝或者拖延履行义务的，法院可以根据《行政诉讼法》第 73 条规定，判决被告在一定期限内履行相应的给付义务。虽然各界对该判决的适用范围尚存争议，但不可否认，一般给付判决从 1990 年《行政诉讼法》第 54 条第 3 项中分离，以金钱、实物为给付标的作为区分其与履行判决的重要指标，为区分狭义的给付诉讼与课予义务诉讼提供了现实可能。

另外，“我国行政诉讼法虽未采纳诉讼类型法定的做法，但结合目前行政诉讼类型的理论，对照新行政诉讼法及司法解释有关受案范围、诉讼请求、申请救济期限、证据制度、审理规则乃至判决类型的相关规定，可以认为，我国的行政诉讼制度已具有类型化发展的趋向”。[②] 现行立法对行政机关不作为或拒绝履行的争议采用“申请行政机关履行法定职责”的表述，因此，在学理上概括为“履行之诉”，有以下几个方面内容：（1）受案范围包括：现行《行政诉讼法》第 12 条第 3 项，申请行政许可，行政机关拒绝或在法定期限内不予答复，或者对行政机关作出的有关行政许可其他决定不服的。第 6 项，申请行政机关保护人身权、财产权等合法权益，行政机关拒绝履行或不予答复的。（2）诉讼参加人。被告：以行政不作为的行政机关或法定授权组织作为行政诉讼的被告。（3）起诉期限：《行政诉讼法》第 47 条，行政机关在接到原告申请保护人身权、财产权等合法权益的申请 2 个月内不履行的，原告可向法院提起诉讼。另有规定的，从其规定。公民、法人或其他组织在紧急情况下请求保护其人身权、财产权

① 江必新、邵长茂：《新行政诉讼法修改条文理解与适用》，中国法制出版社 2015 年版，第 272 页。

② 闫尔宝：《论我国行政诉讼类型化的发展趋向与课题》，载《山东审判》2017 年第 5 期。

的，起诉期限不受前款规定的限制。《行诉解释》第66条规定，公民、法人或者其他组织依照《行政诉讼法》第47条第1款的规定，对行政机关不履行法定职责提起诉讼的，应当在行政机关履行期限届满之日起6个月内提出。(4) 复议程序：如果法律、法规规定向法院提起诉讼前需要先申请复议的，则起诉必须符合该要求。(5) 举证责任：在起诉被告不履行法定职责的案件中，原告应当提供其向被告提出申请的证据。(6) 临时课予义务制度：《行诉解释》第76条第1款，双方当事人均有权向法院提出保全申请。亦即，在一定条件下，原告可依据该规定向法院申请被告作出一定行政行为从而保障生效裁判的实现。(7) 裁判方式：《行政诉讼法》第72条，被告不履行法定职责，判决其在一定期限内履行。《行诉解释》第91条，原告申请被告履行法定职责的理由成立，被告违法拒绝履行或无正当理由逾期不予答复的，法院可以依据《行政诉讼法》第72条的规定，判决被告在一定期限内履行原告请求的法定职责。案件尚待被告调查或裁量的，应判决被告针对原告的请求重新作出处理。

虽然在诉讼参加人之原告资格、起诉期限的填充、复议的提起、举证责任的完善、裁判方式的选择上尚有进一步改进的必要，但在现行立法及司法解释的框架下，已有建立课予义务诉讼的雏形。

本章小结

我国行政履行判决经历了从1990年《行政诉讼法》第54条第3项、2017年《行政诉讼法》第72条、2018年《行诉解释》第91条三大阶段。起初，有关履行判决的规定主要表现在1990年《行政诉讼法》第54条第3项中，行政机关“拖延履行”和“不履行”法定职责的，法院均可以履行判决予以回应。2014年《行政诉讼法》修改以后，鉴于“拖延履行”

也是“不履行”法定职责的一种表现形式，因此立法将“拖延履行”删除，仅保留“不履行”。但是，对于如何理解“不履行”则一直未有定论。主要可划分为两类：一类以程序视角认为“不履行”并不包括“拒绝履行”，因为在行政程序上只有当行政机关完成了相应的步骤才能作出驳回的决定，这是一种“作为”，而非“不作为”，因此不应当适用履行判决；另一类以实体视角认为行政机关在实体上并未满足行政相对人的申请，故而属于广义的“不作为”，应当纳入履行判决中。最高人民法院颁布《行诉解释》第91条对此问题予以了回应，不予回复和拒绝履行行为都将纳入履行判决中。另外，当原告请求权成立且被告行为违法，法院可根据《行政诉讼法》第72条的规定判令被告履行法定职责。实体性裁判在履行判决中获得肯定，但被告尚需调查或裁量的，则仅能判决被告重新作出处理而不能作出履行判决。总体而言，履行判决的嬗变朝着正确的方向发展，在外观上也颇具行政课予义务诉讼之特点。

但是，履行判决存在的问题仍然是明显的：第一，司法实务中仍有将行政机关拒绝履行法定职责行为纳入撤销重作判决中施以救济的情况。此种同案不同判的现象在于诉讼类型付之阙如，法院作出何种判决在很大程度上由原告提起的诉讼请求决定，原告提起撤销驳回申请的行政行为的，法院自然以撤销诉讼回应；原告提起要求被告履行法定职责时，法院则将以履行判决予以回应。第二，立法的单一性和片面化导致缺乏必要的司法审查强度，使司法对于行政权的监督力度不足，从而影响当事人获得实效、完整的救济。行政诉讼立法规定以合法性审查为原则，合理性审查为例外（撤销判决中“明显不当”的认定以及变更判决中“显失公平”的认定）。在合法性审查的框架下，是否允许合理性审查的介入从当前立法和司法解释规定来看很难推测。但随着个人权利意识的觉醒，公民越来越希望政府能够提供更多的服务与监管，能够准确无误地作出决定，此时法院审查力度的强弱决定了对公民权益的保障程度。在履行判决的适用中也必然存在合理性审查的因素。第三，首次判断权理论适用错误。在司法实践中，有少量案件以“首次判断权”作为理论支撑审理涉及行政机关尚有裁量余地的案件，但其中有少数案件因未能正确把握该理论之核心要义从而出现错误运用，将尊重行政机关首次判断权和尊重行政机关行使首次判断权以后形成的结果予以混淆。第四，在重作判决的规制上，由于目前行政判决既判力效力不明，判决行政机关重新作出处理可能使原告陷入循环诉讼中，不利于对原告进行完整且彻底的救济。第五，司法解释的柔性规定虽缓和了司法解释与立法之间的矛盾与冲突，但也成为司法权自我放弃的借口。以上问题主要有理论与现实两种原因。在理论准备上，履行判决所蕴含的行政机关首次判断权理论和裁量收缩至零理论在我国尚处于探索阶段，难以有效地指导实践。而现实原因在于，在我国目前司法体制下，法院的人、财、物均由同级人民政府管理，在司法实践中常常出现被不当干预的情形，司法权无法发挥其应有的功能，有时甚至自我放弃，对行政权过度谦抑或尊让。

履行判决的问题在很大程度上源于我国行政诉讼类型未能实现法定化。诉讼类型囊括了案件的起诉、审理、判决，具体包括诉讼要件、审理规则、临时救济措施、判决作出等。目前我们习惯以判决类型结合受案范围反推诉讼类型，虽也能作出学理上的划分，但在撤销诉讼中心主义的影响下，履行之诉并未能发展出以其给付特征为核心的各个组成部分。诉讼类型的欠缺深刻影响公民诉权的行使和权利无漏洞保护机制的发挥。在我国履行判决既有规则和诉讼类型已具备雏形的基础上引入课予义务诉讼，将不同的行政争议纳入相应的司法救济渠道，并借助对应的程序规则实现纠纷的迅速解决，有助于提高行政诉讼案件的审理效率，缓和撤销诉讼中心主义，建立理性的诉讼程序规则。

参考文献

一、国内中文著作

1. 蔡志方:《行政救济法新论》,台北,元照出版有限公司 2000 年版。

2. 陈敏:《行政法总论》,台北,三民书局 1998 年版。

3. 陈清秀:《行政诉讼法》,法律出版社 2016 年版。

4. 陈清秀:《行政诉讼法》,台北,翰芦图书出版有限公司 2002 年版。

5. 杜仪方:《行政不作为的国家赔偿》,中国法制出版社 2017 年版。

6. 樊崇义:《诉讼原理》(第 2 版),法律出版社 2009 年版。

7. 何海波:《行政法治奠基时:1989 年〈行政诉讼法〉史料荟萃》,法律出版社 2019 年版。

8. 何海波:《行政诉讼法》(第 2 版),法律出版社 2016 年版。

9. 何海波:《司法审查的合法性基础——英国话题》,中国政法大学出版社 2007 年版。

10. 胡建淼主编:《行政诉讼法学》,高等教育出版社 2003 年版。

11. 黄先雄:《司法谦抑论》,法律出版社 2008 年版。

12. 江必新、邵长茂:《新行政诉讼法修改条文理解与适用》,中国法制出版社 2015 年版。

13. 江利红:《日本行政诉讼法》,知识产权出版社 2008 年版。

14. 江伟主编：《中国民事诉讼法专论》，中国政法大学出版社 1998 年版。

15. 姜明安主编：《行政法与行政诉讼法》（第 3 版），北京大学出版社 2007 年版。

16. 姜明安主编：《行政法与行政诉讼法》，北京大学出版社、高等教育出版社 1999 年版。

17. 孔祥俊：《行政行为可诉性、原告资格与司法审查》，人民法院出版社 2005 年版。

18. 林俊盛：《行政诉讼起诉期限制度研究》，法律出版社 2014 年版。

19. 林莉红：《行政诉讼法》（第 4 版），武汉大学出版社 2015 年版。

20. 林莉红：《行政诉讼法问题专论》，武汉大学出版社 2010 年版。

21. 林莉红主编：《行政法治的理想与现实》，北京大学出版社 2014 年版。

22. 刘飞：《德国公法权利救济制度》，北京大学出版社 2009 年版。

23. 刘宗德、赖恒盈：《台湾地区行政诉讼：制度、立法与案例》，浙江大学出版社 2011 年版。

24. 罗豪才、应松年主编：《行政诉讼法学》，中国政法大学出版社 1990 年版。

25. 罗豪才、湛中乐主编：《行政法学》，北京大学出版社 2006 年版。

26. 罗豪才主编：《行政法学》，北京大学出版社 1996 年版。

27. 罗豪才主编：《中国司法审查制度》，北京大学出版社 1993 年版。

28. 马怀德主编：《行政诉讼原理》（第 2 版），法律出版社 2009 年版。

29. 马立群：《行政诉讼标的研究——以实体与程序连接为中心》，中国政法大学出版社 2013 年版。

30. 马原主编：《中国行政诉讼教程》，人民法院出版社 1992 年版。

31. 齐树洁主编：《美国司法制度》（第 2 版），厦门大学出版社 2010

年版。

32. 田平安：《民事诉讼法学》（第4版），法律出版社2015年版。

33. 汪汉斌：《行政判决既判力研究》，法律出版社2009年版。

34. 王丹红：《日本行政诉讼类型法定化制度研究》，法律出版社2012年版。

35. 王贵松：《行政裁量的构造与审查》，中国人民大学出版社2016年版。

36. 王静：《美国行政法法官制度研究》，国家行政学院出版社2009年版。

37. 王名扬：《美国行政法》（上、下），中国法制出版社2005年版。

38. 王名扬：《英国行政法比较行政法》，北京大学出版社2016年版。

39. 王天华：《行政诉讼的构造：日本行政诉讼法研究》，法律出版社2010年版。

40. 翁岳生：《行政法》（上、下），中国法制出版社2009年版。

41. 吴庚：《行政法之理论与实用》，中国人民大学出版社2005年版。

42. 吴庚：《行政争讼法论》，台北，三民书局1999年版。

43. 吴华：《行政诉讼类型研究》，中国人民公安大学出版社2006年版。

44. 薛刚凌主编：《外国及港澳台行政诉讼制度》，北京大学出版社2006年版。

45. 杨海坤、章志远主编：《行政诉讼法专题研究述评》，中国民主法制出版社2006年版。

46. 杨红：《行政复议与行政诉讼衔接研究》，中国政法大学出版社2017年版。

47. 杨伟东：《行政行为司法审查强度研究——行政审判权纵向范围分析》，中国人民大学出版社2003年版。

48. 杨寅、吴偕林：《中国行政诉讼制度研究》，人民法院出版社 2003 年版。

49. 应松年：《行政诉讼法学》，中国政法大学出版社 1994 年版。

50. 应松年：《行政诉讼法学》，中国政法大学出版社 2002 年版。

51. 袁杰主编：《中华人民共和国行政诉讼法解读》，中国法制出版社 2014 年版。

52. 占善刚：《民事证据法研究》，武汉大学出版社 2009 年版。

53. 张步洪、王万华：《行政诉讼法律解释与判例述评》，中国法制出版社 2000 年版。

54. 张尚鷟主编：《走出低谷的中国行政法学》，中国政法大学出版社 1991 年版。

55. 张卫平：《诉讼的架构与程式——民事诉讼的法理分析》，清华大学出版社 2000 年版。

56. 张文郁：《权利与救济——以行政诉讼为中心》，台北，元照出版有限公司 2005 年版。

57. 张旭勇：《行政判决的分析与重构》，北京大学出版社 2006 年版。

58. 章志远：《行政行为效力论》，中国人事出版社 2003 年版。

59. 赵清林：《行政诉讼类型研究》，法律出版社 2008 年版。

60. 郑雅方：《行政裁量基准研究》，中国政法大学出版社 2013 年版。

61. 周佑勇：《行政裁量基准研究》，中国人民大学出版社 2015 年版。

62. 周佑勇：《行政法原论》，北京大学出版社 2018 年版。

二、中文译著

1. ［德］奥拓·迈耶：《德国行政法》，刘飞译，商务印书馆 2013 年版。

2. ［德］弗里德赫尔穆·胡芬：《行政诉讼法》，莫光华译，法律出版社 2003 年版。

3. ［德］格奥格·耶利内克：《主观公法权利体系》，曾韬、赵天书译，中国政法大学出版社 2012 年版。

4. ［德］哈特穆特·毛雷尔：《行政法学总论》，高家伟译，法律出版社 2000 年版。

5. ［德］汉斯·J. 沃尔夫、［德］奥托·巴霍夫、［德］罗尔夫·施托贝尔：《行政法》（第一卷），高家伟译，商务印书馆 2002 年版。

6. ［德］卡尔·拉伦茨：《法学方法论》，陈爱娥译，商务印书馆 2003 年版。

7. ［奥］凯尔森：《法与国家的一般理论》，沈宗灵译，商务印书馆 2013 年版。

8. ［美］肯尼斯·卡尔普·戴维斯：《裁量正义》，毕红海译，商务印书馆 2009 年版。

9. ［法］让·里韦罗、［法］让·瓦立纳：《法国行政法》，鲁仁译，商务印书馆 2008 年版。

10. ［日］市桥克哉、［日］榊原秀训、［日］本多滝夫、［日］平田和一：《日本现行行政法》，田林、钱蓓蓓、李龙贤译，法律出版社 2017 年版。

11. ［日］田村悦一：《自由裁量及其界限》，李哲范译，中国政法大学出版社 2016 年版。

12. ［日］小早川光郎：《行政诉讼的构造分析》，王天华译，中国政法大学出版社 2014 年版。

13. ［日］新堂幸司：《新民事诉讼法》，林剑锋译，法律出版社 2008 年版。

14. ［日］盐野宏：《行政救济法》，杨建顺译，北京大学出版社 2008 年版。

15. ［日］原田尚彦：《诉的利益》，石龙潭译，中国政法大学出版社2014年版。

三、中文论文

1. 毕可志：《论对不作为行政违法的确认与救济》，载《天津市政法管理干部学院学报》2000年第3期。

2. 曹鎏：《五国行政复议制度的启示与借鉴》，载《行政法学研究》2017年第5期。

3. 陈鹏：《行政诉讼原告资格的多层次构造》，载《中外法学》2017年第5期。

4. 崔巍：《谈行政诉讼原告资格的界定》，载《行政法学研究》1993年第3期。

5. 邓刚宏：《行政诉讼举证责任分配的逻辑及其制度构建》，载《政治与法律》2017年第3期。

6. 邓辉辉：《行政判决与民事判决既判力客观范围之比较》，载《广西社会科学》2007年第6期。

7. 邓辉辉：《行政判决与民事判决既判力主观范围之比较》，载《广西社会科学》2007年第7期。

8. 范德浩：《浅论我国司法审查的对象》，载《法学评论》1993年第4期。

9. 方世荣：《我国行政诉讼调解的范围、模式及方法》，载《法学评论》2012年第2期。

10. 冯慧：《美国行政不作为司法审查的现状与未来》，载《南京大学法律评论》2005年第2期。

11. 伏创宇：《行政判断余地的构造及其变革——基于核能规制司法审查的考察》，载《华东政法大学学报》2014年第5期。

12. 韩思洋：《“裁量收缩理论”在国内司法实践中的运用——以行政复议案例为基础的整理》，载《行政法学研究》2012 年第 4 期。

13. 何海波：《论行政行为“明显不当”》，载《法学研究》2016 年第 3 期。

14. 胡煜：《我国行政诉讼自认之反思与完善》，载《重庆社会科学》2017 年第 6 期。

15. 黄先雄：《行政首次判断权理论及其适用》，载《行政法学研究》2017 年第 5 期。

16. 黄学贤：《行政诉讼调解若干热点问题探讨》，载《法学》2007 年第 11 期。

17. 黄学贤：《行政诉讼原告资格若干问题探讨》，载《法学》2006 年第 8 期。

18. 黄学贤：《形式作为而实质不作为行政行为探讨》，载《中国法学》2009 年第 5 期。

19. 江利红：《论日本的课予义务诉讼》，载《云南大学学报》（法学版）2012 年第 6 期。

20. 姜波：《行政诉讼裁判基准时研究》，载《湖南社会科学》2015 年第 4 期。

21. 姜鹏：《不履行法定职责行政案件司法审查强度之检讨》，载《华东政法大学学报》2017 年第 4 期。

22. 李爱民、陆伟明：《调解在行政诉讼中的选择性适用》，载《云南大学学报》（法学版）2000 年第 3 期。

23. 李战良：《略论行政不作为违法的司法救济》，载《行政法学研究》1999 年第 4 期。

24. 梁凤云：《行政诉讼判决研究》，中国政法大学研究生院 2006 年博士学位论文。

25. 梁君瑜:《行政诉讼裁判基准时之考量因素与确定规则》,载《河南财经政法大学学报》2016 年第 5 期。

26. 林俊盛:《论行政诉讼起诉期限制度的完善——兼谈我国〈行政诉讼法〉的修改》,载《行政法学研究》2013 年第 3 期。

27. 林莉红、李家斌:《也论行政案件的审理对象》,载《河北法学》1998 年第 6 期。

28. 刘东亮:《论行政诉讼中的调解——兼与朱新力教授商榷》,载《行政法学研究》2006 年第 2 期。

29. 刘善春:《行政诉讼举证责任分配规则论纲》,载《中国法学》2003 年第 3 期。

30. 刘欣琦:《新〈行政诉讼法〉实施后重作判决适用探析》,载《政治与法律》2016 年第 4 期。

31. 刘宇:《再议行政复议与行政诉讼的关系》,载《中国农垦经济》2000 年第 10 期。

32. 隆及之、李季:《关于行政诉讼原告资格的探讨》,载《政法论坛》1993 年第 3 期。

33. 陆春燕:《行政复议与诉讼关系简论》,载《行政法学研究》1998 年第 4 期。

34. 邵明:《诉讼标的论》,载《法学家》2001 年第 6 期。

35. 沈福俊:《对行政复议的司法监督:现实问题与解决构想》,载《法学》2003 年第 12 期。

36. 沈岿:《因开放、反思而合法——探索中国公法变迁的规范性基础》,载《中国社会科学》2004 年第 4 期。

37. 宋炉安、李树忠:《行政诉讼的审理对象》,载《行政法学研究》1997 年第 2 期。

38. 宋智敏:《论行政拒绝履行行为的司法审查——以 42 份行政拒绝

履行案件判决书为分析样本》，载《法学评论》2017 年第 5 期。

39. 唐力：《论对“公法人”民事强制执行的限度》，载《法律科学》（西北政法大学学报）2020 年第 1 期。

40. 唐力：《论民事上诉利益》，载《华东政法大学学报》2019 年第 6 期。

41. 唐力：《民事诉讼立审程序结构再认识——基于立案登记制改革下的思考》，载《法学评论》2017 年第 3 期。

42. 田华：《明示拒绝请求案件的司法审查——以行政不作为类案为视角》，载《法律适用》2010 年第 23 期。

43. 王本存：《论行政法上的反射利益》，载《重庆大学学报》（社会科学版）2017 年第 1 期。

44. 王丹红：《日本行政诉讼法新增的诉讼类型：课赋义务诉讼》，载《南昌大学学报》（人文社会科学版）2006 年第 4 期。

45. 王贵松：《行政裁量权收缩论的形成与展开——以危险防止型行政为中心》，载《法学家》2008 年第 4 期。

46. 王贵松：《行政裁量权收缩之要件分析——以危险防止型行政为中心》，载《法学评论》2009 年第 3 期。

47. 王贵松：《论行政裁量的司法审查强度》，载《法商研究》2012 年第 4 期。

48. 王贵松：《论行政裁量理由的说明》，载《现代法学》2016 年第 9 期。

49. 王贵松：《论行政诉讼的权利保护必要性》，载《法制与社会发展》2018 年第 1 期。

50. 王贵松：《论无瑕疵裁量请求权》，载《学习与探索》2010 年第 5 期。

51. 王汉斌：《关于〈中华人民共和国行政诉讼法（草案）〉的说

明——1989年3月28日在第七届全国人民代表大会第二次会议上》，载《最高人民法院公报》1989年第2期。

52. 王克稳：《论行政拒绝行为及其司法审查——以郑广顺申请规划认定案为例》，载《安徽大学法律评论》2009年第2期。

53. 王凌光、宋尧玺：《行政组织法与行政复议法的新发展》，载《行政法学研究》2015年第4期。

54. 王天华：《裁量收缩理论的构造与边界》，载《中国法学》2014年第1期。

55. 韦武斌：《行政诉讼适格被告质疑与被告确定》，载《行政法学研究》1995年第2期。

56. 吴红宇、肖帮华：《试析给付判决应当成为我国行政判决的种类》，载《行政法学研究》2009年第4期。

57. 吴华：《论课予义务诉讼——对行政不作为的救济形式》，载《行政法学研究》2006年第1期。

58. 伍劲松：《行政判断余地之理论、范围及其规制》，载《法学评论》2010年第3期。

59. 向忠诚：《论行政诉讼中的调解》，载《江西行政学院学报》2004年第4期。

60. 熊菁华：《论行政不作为的救济》，中国政法大学研究生院2001年博士学位论文。

61. 熊菁华：《论课以义务诉讼》，载《行政法学研究》2001年第3期。

62. 熊勇先：《行政履行判决之反思与重构》，载《学术探索》2010年第3期。

63. 薛刚凌：《行政判决制度研究》，载《河南省政法管理干部学院学报》2003年第2期。

64. 闫尔宝：《论我国行政诉讼类型化的发展趋向与课题》，载《山东审判》2017 年第 5 期。

65. 闫尔宝：《新〈行政诉讼法〉中的第三人确定标准论析》，载《行政法学研究》2017 年第 3 期。

66. 阎巍：《行政诉讼禁止判决的理论基础与制度构建》，载《法律适用》2012 年第 3 期。

67. 杨海坤、马生安：《中外行政诉讼第三人制度比较研究》，载《比较法研究》2004 年第 3 期。

68. 杨建顺：《论行政裁量与司法审查——兼及行政自我约束原则的理论根据》，载《法商研究》2003 年第 1 期。

69. 杨伟东：《行政复议与行政诉讼的协调发展》，载《国家行政学院学报》2017 年第 6 期。

70. 杨伟东：《履行判决变更判决分析》，载《政法论坛》（中国政法大学学报）2001 年第 3 期。

71. 杨小军：《怠于履行行政义务及其赔偿责任》，载《中国法学》2003 年第 6 期。

72. 叶必丰：《行政不作为略论》，载《法制与社会发展》1996 年第 5 期。

73. 张福广：《德国行政判断余地的司法审查》，载《行政法学研究》2017 年第 1 期。

74. 张海棠、娄正涛：《行政不作为案件的审理思路》，载《东方法学》2012 年第 3 期。

75. 张宏：《反思行政诉讼之重作判决》，载《行政法学研究》2003 年第 3 期。

76. 张扩振：《论行政诉讼原告资格发展至历程与理念转换》，载《政治与法律》2015 年第 8 期。

77. 张卫平：《论行政不作为违法的司法救济》，载《社会科学》1991年第8期。

78. 张卫平：《诉的利益：内涵、功用与制度设计》，载《法学评论》2017年第4期。

79. 章剑生：《行政诉讼履行法定职责判决论——基于〈行政诉讼法〉第54条第3项规定之展开》，载《中国法学》2011年第1期。

80. 章志远：《给付行政与行政诉讼法的新发展》，载《法商研究》2008年第4期。

81. 章志远：《行政复议与行政诉讼衔接关系新论——基于解决行政争议视角的观察》，载《法律适用》2017年第23期。

82. 章志远：《司法判决中的行政不作为》，载《法学研究》2010年第5期。

83. 赵宏：《主观公权利的历史嬗变与当代价值》，载《中外法学》2019年第3期。

84. 周兰领：《行政复议强制前置模式的重建》，载《长安大学学报》（社会科学版）2008年第4期。

85. 周佑勇：《行政不作为的理论界定》，载《江苏社会科学》1999年第2期。

86. 周佑勇：《行政不作为构成要件的展开》，载《中国法学》2001年第5期。

87. 周佑勇：《论行政不作为的救济和责任》，载《法商研究》1997年第4期。

88. 周佑勇：《论行政作为与行政不作为的区别》，载《法商研究》1996年第5期。

后　　记

此时正值2019年与2020年交替之际，但今年的新年与以往不同，全国上下均关注、牵挂着武汉新型冠状病毒肺炎疫情。自疫情爆发以来，全国各省市政府和相应部门均积极采取了相应防护措施，许许多多的医学科研人员、医务工作者更是奋战在抗疫一线，各界力量众志成城，共同努力着。

随着全球工业化高度发展以及福利社会的转型，人民对国家的依赖与日俱增，国家的职能不仅仅局限于稳定社会秩序，还要积极为人民提供经济、社会、文化等方面的扶助与照顾。但对于人民之需求，政府不予置否或拒绝者不在少数，人民应当如何通过诉讼途径获得救济显得尤为重要。

自我2012年考入武汉大学法学院诉讼法专业行政诉讼法方向已逾6年。行政诉讼的特殊性在于，它多牵涉行政权与司法权的界限问题，由此问题引发的思考，我决定以课予义务诉讼制度研究作为博士学位论文的选题。该制度在我国行政诉讼法学领域尚属"年轻"，学界对该制度的关注亦不算多。本书由我的博士学位论文修订而成，经过几番修改和完善后与论文答辩时有较大不同，同时针对论文中部分观点予以了相应修正。

在此感谢我的博士导师李傲教授、硕士导师庄汉副教授对博士论文写作的指引和教导，以及在博士论文答辩时给予我指导和帮助的卞建林教授（主席）、章志远教授、林莉红教授、陈岚教授、占善刚教授。感谢博士后合作导师唐力教授给我的鼓励和指点。惠蒙多位老师的协助，让本书内容更加完备。但因本人有限的学术功力，某些探讨还有待于时间和实践的检验。在此，敬希各位行政法学和行政诉讼法学界学者谅解，并不吝指正，留待将来进一步补充完善。

胡　煜

谨识于武汉

2020 年 1 月 24 日

中国法学会后期资助项目文丛

BOOK SERIES FUNDED BY CHINA LAW SOCIETY

1.《行政程序法典化研究》姜明安 等著

2.《解读青年马克思的黑格尔法哲学批判》姚远 著

3.《清代“杀一家三人”律、例辨析》吴杰 著

4.《中央地方关系中的民主集中制研究》苗泳 著

5.《证券内幕交易构成要件比较研究》曹理 著

6.《欧洲婚姻财产法的未来》樊丽君 译

7.《德国刑法教义学上的客观处罚条件》王钰 著

8.《结果加重犯的基本原理与认定规则研究》邓毅丞 著

9.《刑事诉讼中法院职权调查问题研究》林铁军 著

10.《人民陪审员角色研究》刘方勇 著

11.《非典型劳动者权益保护研究》班小辉 著

12.《创新与反垄断——互联网企业滥用行为之法律规制研究》仲春 著

13.《不得援引国家豁免的商业交易诉讼研究》纪林繁 著

14.《国家侵权的国际私法问题研究》李华成 著

15.《法律的空间意象性》朱垭梁 著

16.《罗马体育法要论》赵毅 著

17.《〈大清律例〉律目研究》张田田 著

18.《陕派律学家事迹纪年考证》闫晓君 著

19.《论行政法上的意思表示——兼论行政行为构成中的意识要件》田勇军 著

20.《新农村建设中保障农民政治参与权利的制度创新研究》蔡振亚　王为东 著

21.《国家赔偿法研究述评》上官丕亮 主编

22.《个人信息与权利配置——个人信息自决权的反思和出路》刘金瑞 著

23.《从“大陆”走向“混合”的路易斯安那民法典》李宁 著

24.《防控网络恐怖活动立法研究》皮勇 著

25.《背信犯罪：当代社会的白领犯罪》刘荣 译

26.《刑事诉讼中的鉴定意见质证制度研究》王跃 著

27.《互联网规制的国际贸易法律问题研究》孙南翔 著

28.《相关市场界定研究——以技术许可协议为视角》周围 著

29.《外资并购国家安全审查制度的平衡机制研究》杨静 著

30.《司法改革背景下裁判文书说理繁简分流研究》罗灿 著

31.《当代中国法制的政治逻辑》瞿郑龙 著

32.《美国行政法规的司法审查研究》杨蕾 著

33.《非上市公司股份交易法律问题研究》黄爱学 著

34.《中国商事立法研究》张保红 著

35.《日本民事再审事由研究——以判例分析为中心》翟志文 著

36.《论民法教义体系与家庭法的对立与融合：现代家庭法的谱系生成》刘征峰 著

37.《香港与内地刑事法制冲突问题研究》马正楠 著

38.《刑事程序性法律后果研究》马永平 著

39.《抢劫罪量刑经验研究》赵学军 著

40.《生态安全义务履行与人的致灾性法律控制》王建平 著

41.《税法的分配功能研究》侯卓 著

42.《裁判结果透明化的制度审思和完善路径》胡玉明 著

43.《德国判例使用方法研究》高尚 著

44.《现代性视域下的法律数字研究》高一飞 著

45.《商周刑罚制度研究》魏晓立 著

46.《面向行政任务的听证程序构造》石肖雪 著

47.《我国物流法律私法体系之建构——以方法论为视角》张敏 著

48.《再保险法》杨帆 译

49.《金融稳定法论》袁达松 著

50.《中国民事检察监督制度的改革与完善研究》路志强 著

51.《规范论在刑法解释中的作用》李世阳 著

52.《北京市盗窃罪量刑实证研究——以2736份判决书为样本》董晓华 著

53.《德国证据禁止规则研究——法典与判例的有效融合》张袁 著

54.《中国主权观的演进与发展》杨永红 著

55.《中国涉外商事仲裁裁决撤销：机制与实证》张春良 等著

56.《国际投资背景下的跨国公司与人权保护》隽薪 著

57.《法律解释权模式研究》徐凤 著

58.《中国共产党党内法规理论逻辑研究》侯嘉斌 著

59.《行政课予义务诉讼研究》胡煜 著

60.《民法典体系化的哲学》许中缘 著

61.《当代知识产权研究与实践的生态逻辑：基于马克思主义的反思》薛华 著

62.《实现担保物权非讼程序研究》李林启 著

63.《共同过失犯罪理论争鸣与探索》王东明 著

64.《交通犯罪对策研究》杨宁 译

65.《以审判为中心诉讼制度改革视野下的刑事诉讼法律关系研究》边慧亮 著

66.《科学测谎之认知脑电的法庭证据适用原理和方法》刘洪广 著

67.《金融科技监管法律制度构建研究》张永亮 著

68.《生态利益的物权法表达》项波 孟春阳 著

69. 《亚投行技术援助机制构建研究》孟于群 著

70. 《海上人身伤亡赔偿法比较研究》刘焕省 著

71. 《涉外监护法律适用理论与实证研究》秦红嫚 著